国际中文教育研究丛书

国际中文教育研究报告

（2021~2022）

INTERNATIONAL CHINESE LANGUAGE EDUCATION RESEARCH REPORT (2021-2022)

主　编　王彦伟

社会科学文献出版社
SOCIAL SCIENCES ACADEMIC PRESS (CHINA)

丛书策划 马晓乐　王彦伟

主　　编 王彦伟

副 主 编 周汶霏

编　　委（按音序排列）

龚　阳　孔　梓　王彦伟　张　云

赵玉洁　周汶霏

前 言

作为教育国际交流合作的重要组成部分，国际中文教育日益成为中国融入世界、世界了解中国的重要平台，日益成为助力各国民众满足中文需求、推动职业发展的有效途径。近年来，中国积极发挥中文母语国优势，推动构建更加开放、包容、规范的现代国际中文教育体系的进程业已初见成效。

实践是理论生发的源泉，也是检验、修正、完善理论的通路。国际中文教育的理论话语在实践中不断酝酿、生发，并走向丰富，又成为对实践本身的一种理性反映，为实践中的国际中文教育行动者提供了回溯、审视、反思和再出发的思想支持。2019 年底召开的国际中文教育大会，被业内普遍认为是一个新的起点，本报告也以此为起点，梳理了之后逾 8000 篇相关中外学术文献，开展基于研究成果的探究与思考，凸显学术话语体系中的国际中文教育镜像。

在此过程中，一种认识逐渐清晰起来：从语言学、教育学、社会学、传播学等学科视角出发的理论探讨与国际中文教育的多维行动交相呼应，跨学科理论与跨领域实践在“双向奔赴”中互构着彼此，勾勒出新时代背景下国际中文教育持续向外发展与向内探寻的足迹。鉴于此，找寻、梳理、呈现与分析这种足迹的定位、形态与意义，以此探究国际中文教育及孔子学院的研究发展脉络、洞悉其发展规律要义、判断其发展动态导向，成为报告编撰团队的追求目标。

为了系统呈现“国际中文教育”这一概念被明确提出后的理论与实践进展，报告从教学、发展、影响、政策与机构四个角度展开。其中，教学研究从教育转型与综合研判、学科建设与人才培养、中文教学与教师发展，以及教学资源与智慧教育等维度呈现和评述国际中文教育教学方面的理论研究成果；发展研究立足历程回顾与前景展望，国际化、本土化与标准化，多元主体与资源配置，以及后疫情时代专题等内容呈现和评述国际中文教育在内外部环境中建设新的治理和管理体系的探索过程；影响研究从教育国际化、国际关系与多边合作、语言服务与经济效应以及文化传播与体育外交等维度分析了有关国际中文教育的影响认知；政策与机构研究则分两方面展开，一方面，通过汇总、梳理和呈现海内外有关语言政策与规划的研究成果，评述新时期国际中文教育发展格局、纳入海外国民教育体系、后疫情时代的创新发展、国别/区域政策和华文教育语言政策等问题的相关研究成果，另一方面，梳理了有关参与国际中文教育事业的各类组织机构的研究成果，重点围绕开展国际中文教学的国民教育机构、华文教育机构以及孔子学院三类机构予以呈现和评述。

探索中国语言与文化国际传播的多元化实现路径，是国际中文教育践行“着力赓续中华文脉、推动中华优秀传统文化创造性转化和创新性发展”要求、推进高质量发展的重要使命。报告将围绕这一主题持续耕耘、蓄力探索。为此，编撰团队付出了艰辛努力，在交流甚至交锋中逐渐厘清认识，形成文本。报告第一章至第五章的负责人分别是赵玉洁、张云、王彦伟、周汶霏和孔梓，其中第二章至第五章的负责人以“小结与思考”的形式分别撰写了主题文章。岳昕燃、宋玉硕、张亦潇、刘琳、张文慧、贾明慧、钟一竹、鲁胜楠在报告编撰过程中承担了大量文献分析与文稿校对工作。

本报告在编撰过程中得到了多方关注与支持。特别感谢社会科学文献出版社邓泳红社长和张超、秦丹两位编辑。邓社长和两位编辑老师的专业、细致、严谨为报告的顺利出版提供了强有力保障。囿于时间、经验与能力等因素，报告在文献择取、分析与呈现等方面或存在不当之处，敬请方家指正。

目 录

第一章

国际中文教育研究概述

第一节　基于基础数据的统计与分析

一　文献的来源与选择

《国际中文教育研究报告（2021～2022）》是对2020年和2021年国际中文教育领域相关的研究文献进行考察、综合梳理与整体研判。

延续以专题研究[①]、相关研究[②]为基础的分类检索传统，报告确定文献检索的关键词及检索条件，并制定跨数据库检索、多数据库文献合并、重复项筛除的文献采集流程。文献来源主要为国内通用的中文数据库，包括知网、维普、万方等，同时以百度学术、标准书目网、超星、读秀等网站作为补充。根据检索条件分别对不同类型文献进行跨数据库精确检索，采集并本地化各类文献信息，利用NoteExpress等软件工具进行重复文献筛查。为保证报告分析文献的准确性和科学性，报告对已采集的文献样本进行两次人工干预：一是剔除通讯文章，以及内容与国际中文教育研究无关或不符合基本学术规范的无效文献；二是补充本领域重要学者、团队的研究文献。外文文献将在报告中作为专题单独分析，本章不再赘述。

---

① 专题研究是指，研究文献题名包含“孔子学院”“国际中文教育”及其相近词语，以孔子学院研究和国际中文教育研究为核心展开的研究。

② 相关研究是指，将与国际中文教育领域相关话题视为重要的概念、案例、举证等展开的研究。

根据前述文献检索与筛选的原则与标准，本报告最终确定2020年的3843篇（部）和2021年的4223篇（部）中文文献为研究对象，进行框架设计、总体概述、择要摘录和探究分析，基本反映2020年以来国际中文转型升级后研究文献的概貌，涵盖了跨学科视域下国际中文教育研究的代表性成果。

二　国际中文教育研究成果的基本情况及其特点

2020年3843篇（部）国际中文教育研究文献，包括期刊文献2198篇、学位论文1572篇、图书文献29部、会议文献24篇、辑刊文献20篇。2021年4223篇（部）国际中文教育研究文献，包括期刊文献2362篇、学位论文1797篇、图书文献17部、会议文献21篇、辑刊文献26篇。以上数据如表1-1所示。

表1-1　2020~2021年国际中文教育研究文献数量统计

单位：篇(部)，%

年度	期刊文献		学位论文		会议文献		辑刊文献		图书		总计	
	数量	占比	数量	占比	数量	占比	数量	占比	数量	占比	数量	占比
2020	2198	57.2	1572	40.9	24	0.6	20	0.5	29	0.8	3843	100
2021	2362	55.9	1797	42.6	21	0.5	26	0.6	17	0.4	4223	100

从研究文献年度总量来看，2020年孔子学院和国际中文教育研究成果数量较往年有较大增长，2021年稳步上升。从文献类型来看，期刊文献与学位论文依旧是主要组成部分，而会议文献数量有所下降，辑刊文献数量略有上升。关于图书的数量，2021年相比2020年有所减少。

为进一步呈现2020~2021年国际中文教育研究各类成果情况及其特点，报告分别对期刊文献、学位论文、会议文献和图书文献的几组数据与信息进行统计，经数据分析发现，国际中文教育研究文献在总体保持稳定的同时，也呈现以下特点。

（一）期刊文献稳中求进，国际中文教育话题渐显

在2019年12月举行的国际中文教育大会之后，“国际中文教育”一词受到业界广泛关注，并在相关文章命题中得以体现。2020年，以“国际中

文教育”为题名的文章有27篇，期刊来源十余种，主要发表于《世界汉语教学》《国际汉语教学研究》《语言教学与研究》《海外华文教育》等语言学专业期刊；2021年，以“国际中文教育”为题名的文章增加至147篇，期刊来源近90种，涉及语言学、社会学、教育学、传播学等多个领域。排名靠前的专题研究期刊及学科属性统计见表1-2。

表1-2 2020~2021年排名靠前的国际中文教育专题研究期刊及学科属性统计

单位：篇

2020年			2021年		
来源期刊	学科	数量	来源期刊	学科	数量
《世界汉语教学》	语言学	6	《国际汉语教学研究》	语言学	15
《国际汉语教学研究》	语言学	4	《国际中文教育》（中英文）	语言学	8
《语言教学与研究》	语言学	3	《汉字文化》	语言学	6
《海外华文教育》	语言学	2	《民族教育研究》	教育学	6
《教育研究》	教育学	1	《天津师范大学学报》（社会科学版）	社会学	5
《侨园》	社会学	1	《语言教学与研究》	语言学	5
《湖北开放职业学院院报》	社会学	1	《云南师范大学学报》（对外汉语教学与研究版）	语言学	4
《常熟理工学院学报》	社会学	1	《世界汉语教学》	语言学	2
《南亚东南亚研究》	社会学	1	《出版广角》	传播学	1
《科学咨询》	教育学	1	《比较教育研究》	教育学	1

学术期刊是开展学术研究交流的重要平台，也是传播思想文化的重要阵地，是促进理论创新和学科进步的重要力量。创新栏目设计、围绕重大主题打造重点专栏，是提升期刊开放办刊水平和学术服务能力的重要之举。为促进国际中文教育跨学科发展，推动国际中文教育领域学术研究，2021年底，在教育部中外语言交流合作中心（简称教育部语合中心）的支持下，世界汉语教学学会在部分高水平学术刊物上陆续开设“国际中文教育”专栏，包括《民族教育研究》、《天津师范大学学报》（社会科学版）、《首都师范大学学报》（社会科学版）、《对外汉语研究》、《四川师范大学学报》（社会科学版）、《河

南大学学报》（社会科学版）、《汉语学习》等刊物。专栏的开设，为国际中文教育研究拓展了新的学术发表阵地，为国际中文教育学界搭建了学术前沿信息和研究成果交流平台，激励广大国际中文教育学者和一线教师关注教学和科学规律探究、分享最新研究成果，促进国际中文教育师资队伍的专业化建设。

（二）学位论文授予单位逐渐向综合类院校过渡

关于国际中文教育专题研究的学位论文，授予单位由此前年份的以外语和师范类院校为主，逐渐过渡为以综合类、师范类、外语类三类院校为主，2020~2021 年排名靠前的国际中文教育专题研究学位论文来源院校见表 1-3。

表 1-3　2020~2021 年排名靠前的国际中文教育专题研究学位论文来源高校

单位：篇

2020 年			2021 年		
高校名称	类别	数量	高校名称	类别	数量
广东外语外贸大学	外语类	9	浙江科技学院	专业类	11
北京外国语大学	外语类	8	安徽大学	综合类	7
上海外国语大学	外语类	7	吉林大学	综合类	7
西北师范大学	师范类	7	湖北工业大学	综合类	6
中央民族大学	综合类	6	上海师范大学	师范类	6
大连外国语大学	外语类	5	浙江师范大学	师范类	6
山东大学	综合类	5	河北大学	综合类	5
河北大学	综合类	4	兰州大学	综合类	5
兰州大学	综合类	4	山东师范大学	师范类	5
山东师范大学	师范类	4	大连外国语大学	外语类	4
天津师范大学	师范类	4	哈尔滨师范大学	师范类	4
西安石油大学	专业类	4	山东大学	综合类	4
			浙江大学	综合类	4

2020 年，在发表国际中文教育研究学位论文排名靠前的高校中，外语类院校占比 33%，师范类院校和综合类院校各占比 25%。其中，广东外语外贸大学、上海外国语大学的排名近年来有所上升。2021 年，在排名靠前的高校中，综合类院校占比跃居第一，达到 54%，师范类院校次之，占比 31%，外语类院校的占比为 7%。

国际中文教育学科发展经历了从“对外汉语教学”到“汉语国际教育”，再到“国际中文教育”的转型升级。2012 年，在中华人民共和国教育部颁布的《普通高等学校本科专业目录和专业介绍》中，对外汉语专业更名为“汉语国际教育专业”，对汉语国际教育专业培养目标有了新的界定。2021 年，国务院学位委员会下发《关于对〈博士、硕士学位授予和人才培养学科专业目录〉及其管理办法征求意见的函》，将“汉语国际教育”更名为“国际中文教育”，授予教育学硕士，与其他学术型学位并列，专业型汉语国际教育博士也进行了更名。2020～2021 年国际中文教育研究的博、硕士论文分别共计 1572 篇和 1797 篇，与往年相比，保持每年 200 余篇的增长。2020～2021 年学位论文基本情况见表 1-4。

表 1-4　2020～2021 年国际中文教育研究博、硕士学位论文统计

单位：篇，%

文献来源		2020 年		2021 年	
		篇数	占比	篇数	占比
博士论文	专题研究	0	0. 00	1	0. 06
	相关研究	39	2. 48	21	1. 17
硕士论文	专题研究	143	9. 10	115	5. 40
	相关研究	1390	88. 42	1660	92. 38
总计		1572		1797	

2020～2021 年，国际中文教育专题研究博士论文仅 1 篇，为中央民族大学《多语背景下突尼斯中文教育发展研究》。文章立足于语言规划和汉语国际传播理论，对突尼斯中文教育进行历时与共时的研究，聚焦突尼斯中文教育的“三教”（教师、教材、教法）问题，分析突尼斯汉语教学存在的问题和突尼斯中文教育发展的主要影响因素，评析中文教育在突尼斯的地位，提出突尼斯中文教育发展的对策。① 2020～2021 年国际中文教育相关研究博

① 海客（HAYKEL TOUMI）：《多语背景下突尼斯中文教育发展研究》，中央民族大学博士学位论文，2021。

士论文数量相对较多，但是2021年与2020年相比有所下降，探讨主题多涉及国外语言政策与高校汉语教学研究、国际关系与国际传播、国家形象、经贸服务、高等教育交流合作等。

（三）国际中文教育会议议题受到广泛关注，后疫情时代线上会议常态化

一个重大概念的形成，通常是历史积淀与时代命题的结合，“国际中文教育”也不例外。[①] 2019年12月，国际中文教育大会在湖南长沙召开，主题是“新时代国际中文教育的创新和发展”。本次大会是在孔子学院创办15年并连续成功举办13届全球孔子学院大会基础上召开的，标志着国际中文教育进入全新发展阶段。从此次大会起，国际中文教育的概念内涵与外延，成为受到广泛关注与被普遍应用的“热词”或“符号”。同时，关于国际中文教育运行体制机制的优化与创新陆续启动。

2020年以来，围绕国际中文教育政策、标准、师资、教材、教学方法、考试、品牌项目建设以及深化中外合作等国际中文教育相关议题的学术会议如雨后春笋，不胜枚举。为更好地服务世界各国中文学习者，促进中外语言交流合作，教育部中外语言交流合作中心与关注参与国际中文教育的众多伙伴一同发起“国际中文教育交流周”，已经连续举办两年。面对持续蔓延的新冠疫情，交流周采用线上线下相结合、以线上为主的活动方式，为全球广大中文学习者、爱好者和教育工作者搭建展示成果、分享经验、加强协作、谋划未来的新平台，是新冠疫情影响下延续和创新举办国际中文教育大会的新举措。2020年，交流周场次多达23场，分议题60多项，包括国际中文教育愿景与使命、创新与发展等论坛，中文教师专业发展、在线教学资源建设等研讨，“中文+职业技能”项目、区域/国别中文教育政策等交流，以及“汉字风景”“民以食为天”“唱歌学中文”等线上展示体验等活动。2021年，交流周以“携手合作、共创未来”为主题，通过线上线下相结合的方式举办近40场精彩活动，展示成果、分享经验、加强协作、谋划未来，推动国际中文教育可持续高质量发展。

---

① 宁继鸣：《国际中文教育研究报告（2020）》，商务印书馆，2021，第1~2页。

作为 2021 国际中文教育活动周的重要内容之一，世界汉语教学学会第十四届国际中文教学研讨会以“新需求、新理念、新路径——新时代国际中文教育高质量发展”为主题，围绕国际中文教育理论创新、国际中文教育标准认证与应用推广、国际中文教育人才培养与发展、跨文化多领域的国际中文教育、科技创新与国际中文智慧教育、青年学者与研究生的议题，设立六个分论坛。来自美国、俄罗斯、英国、法国、日本、韩国、新加坡、马来西亚、泰国、埃及、肯尼亚等 30 多个国家的业界人士观看会议直播。会上宣布成立“教师发展专业委员会”“语言理论与语言教育研究分会”“标准与认证工作委员会”“‘国际中文教育+中医药’专业委员会”“国际中文教育学术交流与出版专业委员会”等分支机构。五个分支机构将通过开展以汉语教师发展为中心的学术研究、协作交流和教育培训等，推动中文各领域内的理论研究成果在中文教学课堂的有效应用，加强国际合作、推动国际汉语教师标准与认证成为国际标准，丰富“国际中文+”系列内涵、促进中国传统医学的世界认知，制定世界汉语教学学会国际中文教育学术出版标准等，进行理论和实践创新，为国际中文教育事业发展服务。

此外，世界汉语教学学会自 2020 年发起“全球中文教育主题学术活动资助计划”，面向单位会员和国际中文教育组织资助学术年会、专题论坛、专题研讨会、学刊学报专栏编审会等。

2020~2021 年举办的国际中文教育专业研讨会议如表 1-5 所示。

表 1-5 2020~2021 年国际中文教育专业研讨会议

序号	举办时间	会议名称
1	2020 年 6 月 5 日	第一届华语教学发展史国际研讨会
2	2020 年 6 月 20 日	第三届语言教学与研究国际学术研讨会
3	2020 年 6 月 24 日	全美中文大会
4	2020 年 7 月 31 日	2020 第三届南太平洋地区中文教育研讨会
5	2020 年 8 月 6 日	2020 第四届东南亚中文教育国际学术研讨会
6	2020 年 9 月 27 日	第 17 届汉语国际教育国际学术研讨会
7	2020 年 10 月 9 日	第六届语言学与汉语教学国际论坛

续表

序号	举办时间	会议名称
8	2020年10月31日	印尼语/马来语情境下的国际中文教学网络研讨会
9	2020年11月21日	第二届“国际汉语教学理论与实践研讨会”
10	2020年12月14日	“新形势下国际中文教育教学资源建设”国际学术研讨会
11	2020年12月15日	新项目、新伙伴、新发展 ——国际中文教育创新与发展论坛
12	2021年1月7日	2020年上海高校来华留学课程建设与国际中文教育线上教学研讨会
13	2021年4月27日	教育部中外语言交流合作中心国际中文教育重点创新项目研讨会
14	2021年5月29日	第一届欧洲华文教育学术研讨会
15	2021年6月18日	第三届“‘一带一路’背景下的汉语国际教育”国际研讨会
16	2021年6月26日	首届专门用途中文学术研讨会
17	2021年6月28日	第十八届高校国际汉语教学研讨会暨2020年英国汉语教学研究会年会
18	2021年7月2日	欧洲汉语教学协会第三届国际研讨会： 欧洲视角之汉语二语教学学科的前世、今生与未来发展
19	2021年7月10日	第17届国际中文教育学术研讨会
20	2021年7月16日	2021年全国汉语国际教育专业硕士核心课程“中华文化与传播”师资研修班
21	2021年7月16日	2021年(第六届)汉语中介语语料库建设与应用国际学术研讨会
22	2021年10月15日	国际中文教育学科建设高端论坛(2021)
23	2021年10月17日	第二届国际中文教育研究方法国际学术研讨会
24	2021年10月23日	“新时期国际中文教育的机遇与挑战”高端论坛
25	2021年11月19日	国际中文教育中文水平等级标准学术研讨会
26	2021年11月27日	2021国际中文教育人才发展专题论坛
27	2021年11月6日	语言理论与语言教育国际专题研讨会
28	2021年11月23日	北京语言大学国际中文智慧教育工程领导小组会议
29	2021年12月12日	汉语国际教育专业学位研究生人才培养校长论坛
30	2021年12月14日	国际中文教育教学资源建设研讨会
31	2021年12月14日	亚洲国际中文教育研讨会
32	2021年12月17日	新时代国际中文教育业态构建和模式创新研讨会

续表

序号	举办时间	会议名称
33	2021 年 12 月 18 日	世界汉语教学学会第十四届国际中文教学研讨会
34	2021 年 12 月 18 日	第五届华文教育国际学术研讨会暨《华文教学与研究》创刊 20 周年学术研讨会
35	2021 年 12 月 18 日	2021 年新时代国际中文教育国际学术研讨会
36	2021 年 12 月 18 日	首届国际中文教育研究课题学术交流研讨会

除了国际中文教育专业探讨之外，2020~2021 年举办的地区或机构联盟会议和智库会议也是一大特色。“国际中文教育发展智库论坛”连续举办两届，首届论坛成立的国际中文教育发展智库联合体，是一个面向国际中文教育领域开展智库研究、加强合作交流、产出智库型研究成果的民间协作平台，在北京语言大学汉语国际教育研究院、浙江师范大学孔子学院发展战略研究院的倡议和推动下，由山东大学孔子学院研究中心、华南理工大学广东省公共外交与跨文化传播研究基地、华侨大学海外华文教育与中华文化传播协同创新中心、天津师范大学国际教育交流学院、新疆师范大学国际文化交流学院、北京师范大学汉语文化学院、中国人民大学国际文化交流学院、厦门大学国际中文教育学院和科大讯飞股份有限公司（排名不分先后）11 个机构共同发起成立，共有 73 所高校机构和知名国际中文教育企业成为智库联合体成员单位。

全国汉语国际教育专业学位研究生教育指导委员会、孔子学院工作联盟等组织也根据工作议题发起诸多联盟会议，共商未来发展。2020~2021 年举办的国际中文教育地区/机构联盟会议如表 1-6 所示。

表 1-6　2020~2021 年国际中文教育地区/机构联盟会议

序号	时间	会议名称
1	2020 年 10 月 21 日	汉语国际教育专业“汉语+”人才培养模式校际交流会
2	2020 年 10 月 25 日	‘展翼丝路——‘中文+职业技能’”国际合作研讨会
3	2020 年 11 月 13 日	第三届全国汉语国际教育专业学位研究生教育指导委员会第三次工作会议

续表

序号	时间	会议名称
4	2020 年 11 月 22 日	首届国际中文教育发展智库论坛暨国际中文教育发展智库联合体揭牌仪式
5	2020 年 11 月 28 日	安徽省汉语国际教育研究会换届大会暨第十届安徽省汉语国际教育学术研讨会
6	2020 年 12 月 24 日	2020 浙江省国际中文教育工作会议
7	2021 年 3 月 20 日	陕西省汉语国际教育研究会第一次会员代表大会
8	2021 年 4 月 19 日	铜仁学院国际学院与贵州财经大学文学院汉语国际教育交流座谈会
9	2021 年 4 月 26 日	教育部中外语言交流合作中心国际中文教育工作座谈会(沈阳)
10	2021 年 4 月 28 日	国际汉语专业委员会第一次会议暨国际汉语教材编写委员会成立会
11	2021 年 7 月 6 日	成渝地区双城经济圈孔子学院(国际中文教育)联盟筹备会暨第一届理事会会议
12	2021 年 7 月 15 日	辽宁省孔子学院合作大学联盟 2021 年交流会议暨辽宁省国际中文教育工作交流研讨会
13	2021 年 7 月 16 日	第二届国际中文教育发展智库论坛
14	2021 年 10 月 15 日	江西省首届国际中文教育研讨会暨教学成果展
15	2021 年 10 月 22 日	国际中文教育实践与研究基地(南京大学)专家咨询论证会
16	2021 年 11 月 11 日	“中文+职业技能”教育实践与研究基地北方校企协作机制委员会成立大会
17	2021 年 11 月 13 日	“东南亚论坛”2021 国际会议暨粤港澳大湾区产教融合协同创新论坛
18	2021 年 11 月 19 日	“国际中文教育实践与研究基地(越南)”专家论证会
19	2021 年 12 月 2 日	罗马大学孔子学院 2021 年理事会议暨“汉语教师教育与职业发展罗马中心”揭牌仪式
20	2021 年 12 月 16 日	2021 国际中文教育智库论坛

在推动国际中文教育线上教学方面，企业机构发挥重要作用，以学术会议促产学研合作交流的形式近几年屡见不鲜。其中，由北京唐风汉语教育科技有限公司联合各高校筹备的“互联网+”国际教育应用大会从 2017 年开

始，已经连续举办了三届。2020 年举办的第三届“互联网+”国际教育应用大会在北京大学顺利召开，来自全国 79 所院校的 160 余位嘉宾现场参会，同时有 2000 多人次通过“唐风智慧教学”观看了会议直播。会议以“以线上教学为驱动的国际教育”为主题，就“互联网+”赋能国际教育发展进行广泛交流，进一步推动产学研的深度融合，开启了多学科融合、产教融合、国际国内市场相融合的新篇章。

随着中国国际地位的不断提高，中文在国际交往中的作用日益凸显，汉语水平考试（HSK）已成为继雅思、托福之后的第三大语言考试品牌，成为留学中国、申请来华奖学金、中文教学评估的重要方式。汉考国际教育科技（北京）有限公司（简称“汉考国际”）是专业化国际中文教育考试服务机构，多次联合高校承办大型学术会议，进一步推动了国际中文教师奖学金和汉语水平考试等工作的发展。2020~2021 年举办的国际中文教育产学研合作交流会议如表 1-7 所示。

表 1-7　2020~2021 年国际中文教育产学研合作交流会议

序号	时间	会议名称
1	2020 年 7 月 30 日	睿泰·爱中文半年发展会议暨国际中文线上教育研讨会
2	2020 年 11 月 29 日	第三届“互联网+”国际教育应用大会
3	2020 年 12 月 16 日	“国际中文数字平台共建共享”主题会议
4	2021 年 5 月 26 日	2021 年国际中文教师奖学金暨汉语水平考试 HSK 工作会议
5	2021 年 6 月 2 日	汉语国际教育专业产教融合暨 ICA 国际中文+实训项目启动会
6	2021 年 12 月 15 日	2021 年度中文学习测试中心年度会议
7	2021 年 12 月 17 日	《国际中文教育中文水平等级标准》国际对接与国际应用会议

（四）研究专著数量增长迅速

2020~2021 年，关于国际中文教育研究的图书文献成果相当丰富（见表 1-8 和表 1-9），其中，一批国际中文教学研究、孔子学院研究的学术专著应运而生，涉及语言学、教育学、体育学、管理学等多学科领域。

表 1-8　2020 年国际中文教育专题研究图书统计

序号	书名	作者	出版社	类别
1	《“一带一路”与文化传播》	余江	南开大学出版社	教育理论/事业
2	《语言测试与评估原理：汉语测评案例与问题》	廖建玲	外语教学与研究出版社	教学实践应用
3	《孔子学院财务管理的绩效评估研究》	王冀宁等	东南大学出版社	经济管理
4	《法语国家与地区汉语教育研究（第1辑）》	杨志棠，［法］安其然	北京语言大学出版社	教学实践应用
5	《美国中小学汉语教育研究（英文版）》	［美］陶洁琳	北京语言大学出版社	教学实践应用
6	《美国大学汉语教育研究》	梁霞	北京语言大学出版社	教学实践应用
7	《孔子学院本土化问题研究》	邢清清	中国社会科学出版社	教育理论/事业
8	《跨文化交际与国际中文教育》	任晓霏等	东南大学出版社	教育理论/事业
9	《“留学生看中国”汉英双语文化丛书：我与新汉学》	孔子学院编辑部	华语教学出版社	学术文化
10	《中非教育研究》	王玉雯，韩超	北京理工大学出版社	教育理论/事业
11	《拉斯克鲁塞斯纪事》	任强	方圆电子音像出版社	学术文化
12	《孔子学院国际理解教育实践研究》	周汶霏	山东大学出版社	教育理论/事业
13	《跨文化视域下汉语国际教育研究》	李睿	哈尔滨出版社	教育理论/事业
14	《中国当代文化传播与汉语国际教育》	李春雨	文化艺术出版社	教育理论/事业
15	《新西兰中文教育的创新和发展》	央青	中央民族大学出版社	教育理论/事业
16	《“一带一路”与中华语言文化国际传播》	刘淑妍等	同济大学出版社	教育理论/事业
17	《“一带一路”背景下孔子学院本土化发展路径研究》	李丹	中国社会科学出版社	教育理论/事业
18	《“一带一路”国家高等教育发展与对华合作交流》	谭恒	西南财经大学出版社	教育理论/事业
19	《中国应用语言学创新研究探索》	文秋芳	人民出版社	教育理论/事业
20	《我们的孔子学院：专家眼里的孔子学院》	北京大学汉语国际推广工作办公室	北京大学出版社	学术文化

续表

序号	书名	作者	出版社	类别
21	《孔子学院奖学金十周年优秀征文选(2009~2019)》	教育部中外语言交流合作中心	华语教学出版社	学术文化
22	《作为媒介的孔子学院:媒介环境学的视角》	矫雅楠	山东大学出版社	教育理论/事业

表 1-9　2021 年国际中文教育专题研究图书统计

序号	书名	作者	出版社	分类
1	《非洲孔子学院教师跨文化交际案例集》	徐丽华,包亮	江苏人民出版社	教育理论/事业
2	《孔子学院媒介形象研究》	李蓉	浙江工商大学出版社	教育理论/事业
3	《汉语国际教育视域下的跨文化传播》	刘继红	中西书局	教育理论/事业
4	《孔子学院武术师资培训理论教程》	洪浩	北京体育大学出版社	教学实践应用
5	《国际中文教育中文水平等级标准》	教育部中外语言交流合作中心	北京语言大学出版社	教学实践应用
6	《国际中文教育中文水平等级标准(国家标准 · 应用解读本)第一分册:等级描述、音节、汉字》	刘英林等	北京语言大学出版社	教学实践应用
7	《国际中文教育中文水平等级标准(国家标准 · 应用解读本)第二分册:词汇》	刘英林等	北京语言大学出版社	教学实践应用
8	《国际中文教育中文水平等级标准(国家标准 · 应用解读本)第三分册:语法》	刘英林等	北京语言大学出版社	教学实践应用
9	《法国中文教学的理论与实践》	[法]白乐桑	武汉大学出版社	教学实践应用
10	《面向国际中文的语法问题文存》	张旺熹	中国书籍出版社	教育理论/事业

续表

序号	书名	作者	出版社	分类
11	《国际中文传播系列丛书：贝宁汉语教学研究》	漆亿等	四川大学出版社	教育理论/事业
12	《国际中文教育70周年纪念文集》	马箭飞，刘利	北京语言大学出版社	教育理论/事业
13	《国际中文教育理论与实践：汉语教学理论探索》	施春宏	商务印书馆	教育理论/事业
14	《中外携手助力人文交流——纪念北京外国语大学孔子学院建设十五周年论文集》	贾文健，金利民	外语教学与研究出版社	教育理论/事业
15	《国际中文教育研究探新》	曹贤文	北京语言大学出版社	教育理论/事业
16	《"汉语+"人才培养模式改革与教学研究》	刘家思，孙永红	浙江工商大学出版社	教学实践应用
17	《国际中文教师训诂学素养培养研究》	郑莉娟等	四川大学出版社	教学实践应用
18	《国际中文教育散论》	张华	山东大学出版社	教育理论/事业
19	《中国传统艺术海外传播策略研究：以孔子学院为例》	佟讯	中国文联出版社	教育理论/事业

2021年，恰逢国际中文教育发展70周年，教育部语合中心策划推出《国际中文教育70周年纪念文集》，从亲历者、见证者、推动者、受益者的叙述视角，以个人之小事，映照国际中文教育学科建设与事业发展之大事、国际中文教育大业之宏伟历程和辉煌成就，讲述国际中文教育给个人成长、社会进步、中外交往等带来的深刻变化。同年，经国家语委语言文字规范标准审定委员会审定，教育部语合中心组织研制《国际中文教育中文水平等级标准》（GF0025-2021）（简称《标准》），作为国家语委语言文字规范，自2021年7月1日起正式实施。《标准》的发布实施，是语言文字规范标准体系进一步完善的重要标志，将为国际中文教育事业的发展提供有力支撑。

除此之外，国际中文教育的一线教师和研究者的学术成果以专著形式陆续问世，有的以孔子学院为抓手围绕本土化发展、国际理解教育实践、媒介功能与媒介形象、武术师资培训、财务管理等方面进行探讨，有的针对国际中文教育教学实践中存在的问题从国别、师资、人才培养等不同视角建言献策，还有的将国际中文教育与“一带一路”倡议、高等教育交流合作、国际传播等相结合，赋予国际中文教育更多的内涵与使命。

第二节 基于研究内容的比较与分析

一 研究主题分布

国际中文教育研究延续往年研究报告的主题分类方式，通过对已有研究文献主题的分类与归纳，提出四个核心主题，即教学研究、发展研究、影响研究、政策和机构研究。考虑到期刊论文和学位论文是研究文献的主要类型，为了更好地呈现研究文献的分布规律，报告选取这两类文献分别进行统计与分析，得到四个核心主题的分布格局及统计数据如表 1-10 所示。

表 1-10 2020~2021 年国际中文教育研究文献主题分布统计

单位：篇，%

文献主题	2020 年							
	篇数	占比	期刊论文	占比	学位论文	占比	其他论文	占比
教学研究	2084	54.2	995	45.3	1065	67.7	24	32.9
发展研究	313	8.1	215	9.8	83	5.3	15	20.5
影响研究	1228	32.0	890	40.5	311	19.8	27	37.0
政策和机构研究	218	5.7	98	4.5	113	7.2	7	9.6
总计	3843	100.00	2198	100.00	1572	100.00	73	100.0
文献主题	2021 年							
	篇数	占比	期刊论文	占比	学位论文	占比	其他论文	占比
教学研究	2613	61.9	1069	45.3	1516	84.4	28	43.8
发展研究	286	6.8	235	9.9	37	2.1	14	21.9
影响研究	1193	28.3	959	40.6	216	12.0	18	28.1
政策和机构研究	131	3.1	99	4.2	28	1.6	4	6.3
总计	4223	100.00	2362	100.00	1797	100.00	64	100.0

教学研究、发展研究、影响研究、政策和机构研究等四个主题构成了本研究的主要领域，从研究文献主题数量和占比来看，教学研究与影响研究依然是体量最大的部分，与2020年的研究文献数量相比，2021年的研究文献中教学研究持续增长，发展研究、影响研究、政策和机构研究有所减少。但是，从表1-10中可以看出，在期刊论文的分布中，四个主题的分布趋势较为稳定，而在学位论文的分布中，教学研究的增长快，比重大，其他三个主题的比重都有不同程度的下降。

二　研究热词提取

为动态把握国际中文教育研究的特征与趋势，透视研究热点及其在历时中的变化与发展，报告以国际中文教育研究文献的关键词为基础，提取2020年和2021年国际中文教育研究的重点与热点。同时，历时观察并反映2020~2021年国际中文教育研究的变化与趋势。

2020~2021年国际中文教育研究的高频关键词主要围绕“汉语国际教育”“一带一路”“对外汉语”“孔子学院”“跨文化”“国际中文教育”“人才培养”“疫情”等方面展开，每一年度的侧重点各有不同。从关键词的共生关系来看，国际中文教育研究经过2020年的积淀融合，在2021年的研究文献中逐渐成形，如图1-1至图1-4所示。

图1-1　2020年国际中文教育研究高频关键词

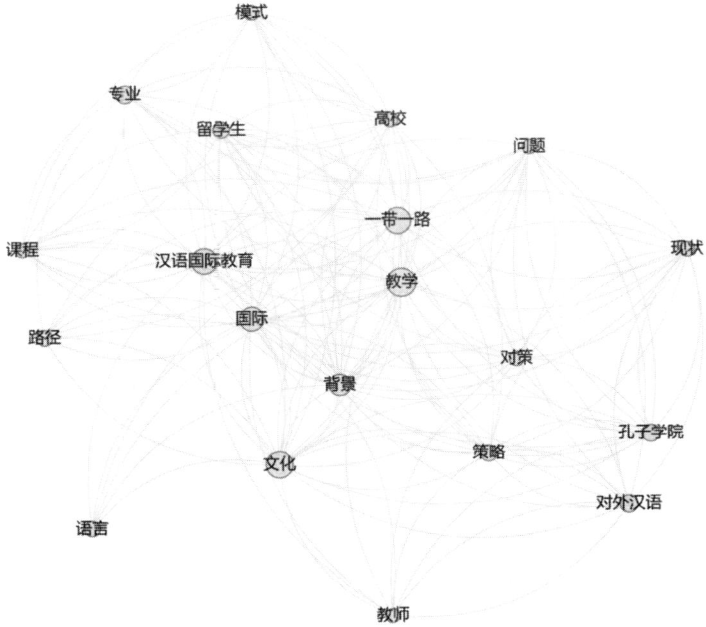

图 1-2 2020 年国际中文教育研究高频关键词共生关系

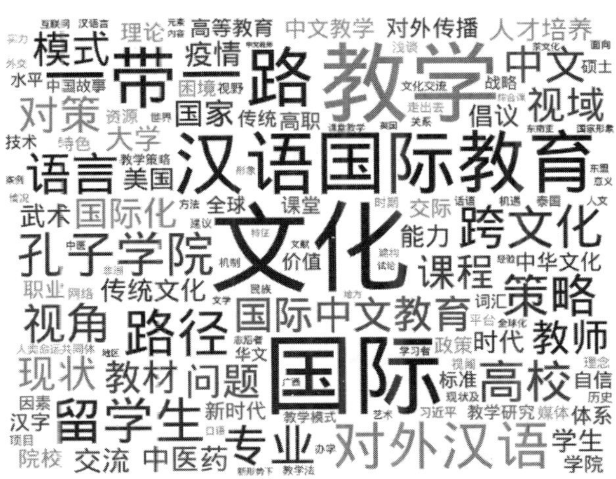

图 1-3 2021 年国际中文教育研究高频关键词

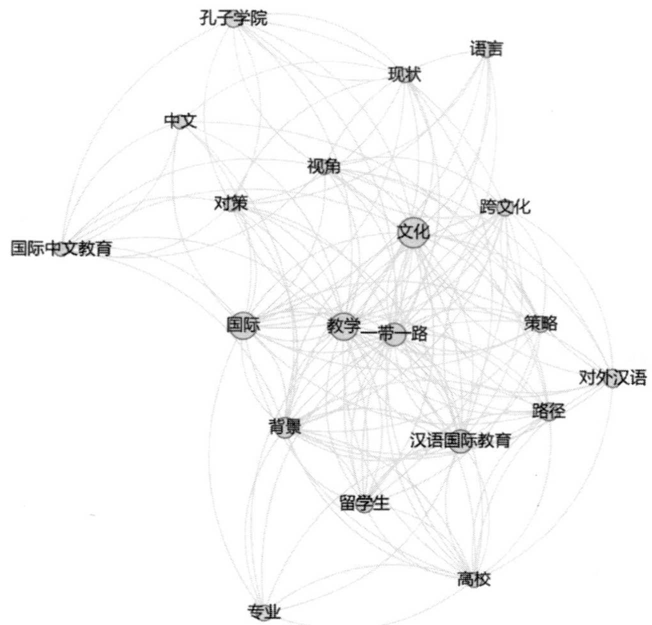

图 1-4　2021 年国际中文教育研究高频关键词共生关系

第三节　专题：基于 SSCI 的期刊文献可视化分析①

李文栋、龚阳、王彦伟梳理和归纳了 2020~2021 年国际期刊上有关国际中文教学的研究成果，呈现了国际学界有关该领域的相关研究热点和前沿问题。文章将文献来源界定为“社会科学引文索引”（Social Sciences Citation Index，SSCI）收录的英文国际期刊，数据来源为国际公认的外文数据库 Web of Science 和 Scopus，同时使用 Google Scholar 进行补充。结合研究主题，检索词确定为 Chinese language、Chinese second language、Chinese foreign language、Chinese additional language 和 Chinese heritage language 等，

① 本节内容节选自李文栋、龚阳、王彦伟：《国际中文教学的社会文化视角：SSCI 期刊文献可视化分析》，《国际汉语教学研究》2022 年第 4 期。

最终共检索到147篇文献。

文献筛选环节完成的三项工作为：①删除因跨库检索等原因产生的重复文献（N=32）；②精读文献全文，剔除通讯、评论等非研究型论文（N=17），以及不符合基本学术规范的无效文献（N=8）；③补充重要学者、团队的研究文献（N=6）。最终确定96篇SSCI期刊论文为核心文献。

文献分析环节首先借助计量分析软件VOSviewer统计基础数据，再对文献进行聚类归纳和深入探究；其次，对关键词频次进行统计排序，呈现发文量突出的关键期刊、活跃学者和学术机构；再次，利用VOSviewer关键词共现（keyword co-occurrence）功能，依据共现网络图谱中的节点大小和分布对核心话题进行聚类分析①；最后，结合图谱数据进一步研读原始文献，对研究的整体发展态势进行综合梳理和探讨。

使用VOSviewer软件对96篇核心文献的标题和摘要等栏目提取共计2656个词条，剔除second language（二语）、present study（本研究）、interview（访谈）等已有或不具备分析意义的词汇，最终筛选出64个出现5次及以上、具有相关性的关键词。② 按照频次进行排序，最终得到11个排名靠前的高频关键词（见表1-11）。

表1-11 11个排名靠前的高频关键词(2020~2021年)

排序	频次	关键词(英)	关键词(中)
1	29	teacher(s)	教师
2	20	teaching	教学
3	19	knowledge	知识
4	16	China	中国

① Van Eck, N. J., & Waltman, L., "Citation-Based Clustering of Publications Using CitNetExplorer and VOSviewer", *Scientometrics* 111(2), 2017: 1053-1070.

② Van Eck, N. J., & Waltman, L., "Citation-Based Clustering of Publications Using CitNetExplorer and VOSviewer", *Scientometrics* 111(2), 2017: 1053-1070.

续表

排序	频次	关键词(英)	关键词(中)
5	14	language learning	语言学习
6	13	classroom(s)	教室
7	12	identity	身份认同
8	11	child	儿童
9	10	character(s)	汉字
9	10	culture(s)	文化
11	9	community	社群

表 1-11 反映了 2020~2021 年国际中文教学研究关注的对象、情境和主题。其中，在对象方面，“教师”（29）和“儿童”（11）的频次相对较高，“教学”（20）的频次高于“语言学习”（14），在一定程度上反映了近两年学术研究更侧重语言教学中“教”的维度；在情境方面，“中国”（16）作为国际中文教学的目标情境受到的关注最多，而另一高频词“教室”（13）则反映了当前研究仍聚焦课堂情境的教学；在主题方面，还体现出对身份认同（12）、汉字（10）、文化（10）、社群（9）等话题的关注。

以上内容反映了 2020~2021 国际中文教学的研究重心，相关研究不再仅仅关注中文二语习得和使用，而是更多地考察与中文教学相关的个体（如教师、学习者）与其所处社会语境之间的关系。这种研究取向表明，在 21 世纪初外语/二语教学领域兴起的社会文化理论①影响下，社会文化视角越来越多地应用于国际中文教学研究之中。该视角认为学习不仅是发生在学习者大脑中的认知行为，也是跟学习者身份认同、能动性等密切相关的社会行为；学习的场景（context）不只是一个影响学习结果的变量因子，对学习过程本身也有着根本性的影响。② 本研究聚焦 2020~2021 年 SSCI 期刊国际

① Johnson, K. E., “The Sociocultural Turn and its Challenges for Second Language Teacher Education”, *TESOL Quarterly* 40(1),2006: 235-257.

② 高雪松、陶坚、龚阳:《课程改革中的教师能动性与教师身份认同:社会文化理论视野》,《外语与外语教学》2018 年第 1 期。

中文教学研究的发展动态，通过梳理归纳研究成果，分析研究热点、现状及趋势，在一定程度上呈现了2020~2021年SSCI期刊关于社会文化视角下国际中文教学研究的学科特征、作者群体、前沿话题和立场观点。

通过对刊文数量的统计和排序，2020~2021年发表在国际中文教学领域文章数量在2篇及以上的SSCI期刊如表1-12所示。

表1-12 刊文数量在2篇及以上的期刊(2020~2021年)

单位：篇

排序	论文数	期刊名(英)	期刊名(中)	国家	学科
1	13	*System: An International Journal of Educational Technology and Applied Linguistics*	《系统:教育技术与应用语言学国际期刊》	英国	语言学/教育学
2	9	*Frontiers in Psychology*	《心理学前沿》	瑞士	心理学
3	4	*Foreign Language Annals*	《外语年刊》	美国	语言学/教育学
4	4	*Journal of Multilingual and Multicultural Development*	《多语与多文化发展》	英国	语言学
4	4	*Journal of Psycholinguistic Research*	《心理语言学研究》	美国	语言学/心理学
5	3	*Asia-Pacific Education Researcher*	《亚太教育研究者》	菲律宾	教育学
5	3	*Computer Assisted Language Learning*	《计算机辅助语言学习》	英国	语言学/教育学
5	3	*Current Issues in Language Planning*	《语言规划当代议题》	英国	语言学/教育学
5	3	*International Journal of Bilingual Education and Bilingualism*	《双语教育与双语主义国际期刊》	英国	语言学/教育学
5	3	*International Journal of Multilingualism*	《多语主义国际期刊》	英国	语言学/教育学
5	3	*Sustainability*	《可持续性》	瑞士	环境科学
6	2	*Applied Psycholinguistics*	《应用心理语言学》	美国	语言学/心理学
6	2	*Language and Communication*	《语言与交际》	英国	语言学/传播学
6	2	*Language and Education*	《语言与教育》	英国	语言学/教育学
6	2	*Language Teaching Research*	《语言教学研究》	新西兰	语言学/教育学

续表

排序	论文数	期刊名（英）	期刊名（中）	国家	学科
6	2	*Modern Language Journal*	《现代语言》	美国	语言学/教育学
6	2	*Reading and Writing*	《阅读与写作》	荷兰	教育学/心理学
6	2	*Revista Argentina de Clinica Psicologica*	《阿根廷临床心理学》	阿根廷	心理学

从表 1-12 可以看出，刊文的 SSCI 期刊呈现显著的多学科、跨学科特点，涉及语言学、教育学、心理学和环境科学等。除应用语言学、语言教学期刊以外，相关研究成果还发表在其他细分领域的刊物上，涉及双语/多语教育、多元文化、语言政策与规划、教育技术等新兴话题，再次反映了国际中文教学研究的社会文化视角，即关注语言教学主体与广阔的社会文化情境的交互与融合。

值得注意的是，上榜的多数期刊在 2020~2021 年发文量为 2~4 篇，而 *System*：*An International Journal of Educational Technology and Applied Linguistics* 和 *Frontiers in Psychology* 两本期刊分别发文 13 篇和 9 篇。在 *System*：*An International Journal of Educational Technology and Applied Linguistics* 的 13 篇论文中，有 5 篇收录于其 2021 年的 *Through Students Eyes*：*Learning Chinese in a Changing World* 专刊。*Frontiers in Psychology* 的 9 篇论文中有 7 篇收录于 2021 年 *Teaching and Learning Chinese as a Foreign or Second Language*：*The Educational Psychology Perspective* 和 *Reading Acquisition of Chinese as a Second/Foreign Language* 等两个专刊。应用语言学和心理学权威期刊设立国际中文教学研究专刊，显示出国际中文教学在国际学术界受到的关注不断提高。

据统计，2020~2021 年在 SSCI 期刊上发表国际中文教学相关论文的活跃学者共 21 名（见表 1-13）。其中 8 名来自中国内地高校，7 名来自中国香港、中国澳门高校，6 名来自美国、加拿大、澳大利亚、新西兰等国家的大学。

表 1-13 21 名活跃学者及所属学术机构(2020~2021 年)

单位：篇

排序	发文数	学者姓名	所属学术机构	国家/地区
1	4	龚阳(Gong Yang)	澳门大学教育学院 (Faculty of Education, University of Macau)	中国澳门
2	3	赖春(Lai Chun)	香港大学教育学院 (Faculty of Education, University of Hong Kong)	中国香港
2	3	林林(Lin Lin)	上海财经大学国际文化交流学院 (International Cultural Exchange School, Shanghai University of Finance and Economics)	中国内地
2	3	孙培健(Sun Peijian)(Paul)	浙江大学外国语学院 (School of International Studies, Zhejiang University)	中国内地
2	3	徐雯(Xu Wen)	华东师范大学教育学部 (Faculty of Education, East China Normal University)	中国内地
2	3	杨舒怡(Yang Shuyi)	约翰霍普金斯大学克里格艺术与科学学院 (Krieger School of Arts and Sciences, John Hopkins University)	美国
3	2	高雪松(Gao Xuesong)(Andy)	新南威尔士大学教育学院 (Faculty of Education, University of New South Wales)	澳大利亚
3	2	郑咏滟(Zheng Yongyan)	复旦大学外国语言文学学院 (College of Foreign Languages and Literature, Fudan University)	中国内地
3	2	从铁华(Tsung Linda)	悉尼大学艺术与社会科学学院 (Faculty of Arts & Social Sciences, University of Sydney)	澳大利亚
3	2	李国芳(Li Guofang)	英属哥伦比亚大学教育学院 (Faculty of Education, University of British Columbia)	加拿大

续表

排序	发文数	学者姓名	所属学术机构	国家/地区
3	2	谷明月(Gu Mingyue)(Michelle)	香港教育大学人文学院(Faculty of Humanities, The Education University of Hong Kong)	中国香港
3	2	林金锡(Lin Chin-Hsi)	香港大学教育学院(Faculty of Education, University of Hong Kong)	中国香港
3	2	林苇叶(Lam Wai-Ip)	香港大学教育学院(Faculty of Education, University of Hong Kong)	中国香港
3	2	罗嘉怡(Loh Ka Yee)(Elizabeth)	香港大学教育学院(Faculty of Education, University of Hong Kong)	中国香港
3	2	王丹萍(Wang Danping)(Dani)	奥克兰大学人文学院(Faculty of Arts, University of Auckland)	新西兰
3	2	柯思慧(Ke Sihui)(Echo)	肯塔基大学文理学院(College of Arts & Sciences, University of Kentucky)	美国
3	2	吕伯宁(Lyu Boning)	厦门大学国际中文教育学院/海外教育学院(Chinese International Education College/Overseas Education College, Xiamen University)	中国内地
3	2	童珮茹(Tong Peiru)	武汉大学教育科学研究院(Institute of Education Sciences, Wuhan University)	中国内地
3	2	黄汝嘉(Wong Yu Ka)(Gary)	香港中文大学教育学院(Faculty of Education, Chinese University of Hong Kong)	中国香港
3	2	张浩敏(Zhang Haomin)	华东师范大学外语学院(School of Foreign Languages, East China Normal University)	中国内地
3	2	张海威(Zhang Haiwei)	中央民族大学国际教育学院(College of International Education, Minzu University of China)	中国内地

由表 1-13 可知，学者信息统计呈现三个特点：第一，2020～2021 年中国港澳地区学者相较于内地学者在 SSCI 期刊上发表国际中文教学相关论文表现得更为积极；第二，比较活跃的大部分中国内地学者任职于高校的国际交流学院或外国语学院，而大部分境外学者则任职于教育学院，这在一定程度上体现了国际中文教学研究的境内外学者学科背景差异；第三，上述 21 名学者全部都是中国学者或具有华人背景，体现了他们在该研究领域的主体作用，非华人学者的参与和贡献程度相对较低。

文章认为，统计高频关键词有助于迅速把握学界研究的热点话题，但仍需要结合聚类分析以便更深入地了解这些话题间如何产生互动。通过 VOSviewer 自动聚类功能，从文献的关键词中提取聚类命名术语，得到关键词共现视图（见图 1-5）。图谱中共有 129 个节点，868 条连线。节点（关键词）越大，表明该关键词出现频率越高，节点间连线则代表两个关键词的共现。其中，language teacher、skill、comprehension、character、heritage language、ideology 等词出现频次较高、中心度相对较高。这与表 1-11高频关键词表反映的研究热点基本一致。

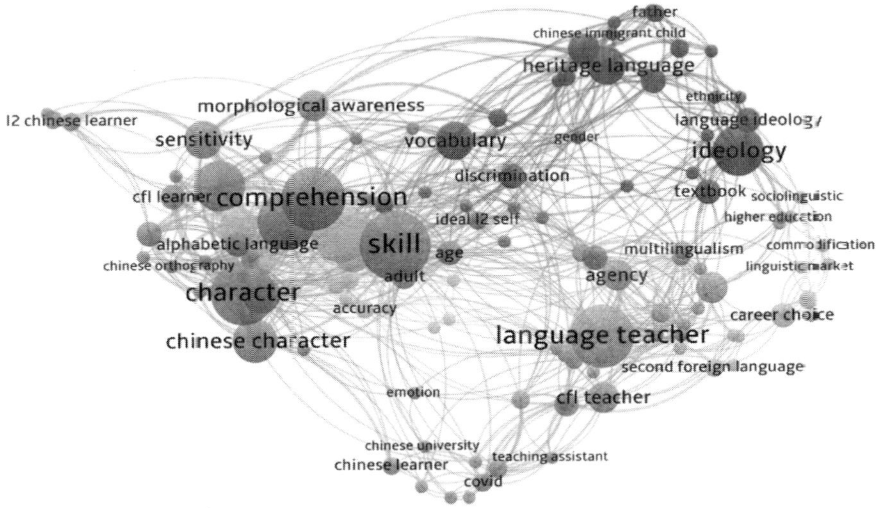

图 1-5　SSCI 期刊国际中文教学研究关键词共现图谱（2020～2021 年）

通过自动抽取文献的关键词或名词短语产生聚类，每一个聚类可以被看作一个联系相对紧密的独立研究领域。 基于关键词频次统计和共现聚类分析，2020~2021 年国际中文教学研究热点可归纳出的五个核心范畴及其下属关键词条和频次如表 1-14 所示。

表 1-14　SSCI 期刊国际中文教学研究核心范畴、词条与频次（2020~2021 年）

序号	关键词聚类	词条与频次					
		词条		频次	词条		频次
1	国际中文教师教育与发展	Language teacher	语言教师	10	Language planning	语言规划	2
		Agency	能动性	8	Language policy	语言政策	2
		Cultural value	文化价值观	5	Pedagogical content knowledge	教学内容知识	2
		Ecology	生态	4	Policy maker	政策制定者	2
		Asia	亚洲	3	Professional development	专业发展	2
		Curriculum	课程	3	Teacher motivation	教师动机	2
		Teaching material	教材	3			
2	学习者个体因素与中文二语习得	Skill	技能	11	Alphabetic language	拼音文字	4
		Character	汉字	10	Accuracy	精确度	3
		Comprehension	理解	10	Fluency	流利度	3
		Acquisition	习得	9	Chinese orthography	中文正字法	2
		Reading	阅读	9	Component knowledge	偏旁知识	2
		Word	单词	8	Emotion	情绪	2
		Adult learner	成人学习者	6	Pinyin	拼音	2
		Sensitivity	敏感度	6	Kindergartener	幼儿园学生	2
		Ideal L2 self	理想二语自我	5	Chinese dual language bilingual education	中文双语教育	2
		Morphological awareness	形态学意识	5	Pronunciation	发音	2
		Strategy use	策略使用	5	Memory	记忆	2
		Age	年龄	4			

续表

序号	关键词聚类	词条与频次					
		词条		频次	词条		频次
3	海外中文传承语学习与发展	Heritage language	传承语	8	Cantonese	粤语	2
		Ideology	意识形态	8	Cultural content	文化内容	2
		Vocabulary	词汇	6	Ethnic minority	少数族裔	2
		Immigrant child	移民儿童	4	Ethnicity	民族	2
		Diversity	多样性	4	Gender	性别	2
		Discrimination	歧视	4	Inclusion	融入	2
		Textbook	课本	4	Language variation	语言变异	2
		Immigrant family	移民家庭	3	Literacy development	素养发展	2
		Canada	加拿大	2	United states	美国	2
4	国际中文教学与社会文化情境	Career choice	职业选择	4	Multilingual education	多语教育	2
		Multilingualism	多语主义	3	Pedagogic practice	教学实践	2
		Commodification	商品化	2	Social justice	社会正义	2
		Learner identity	学习者身份	2	Sociolinguistic	社会语言学的	2
		Linguistic market	语言市场	2			
5	国际中文教学与网络技术使用	Self-efficacy	自我效能感	4	Mode	模式	2
		Academic success	学术成就	3	Pandemic	疫情	2
		Covid	新冠	3	Teaching assistant	助教	2
		Professional practice	专业实践	3	Technology acceptance	技术接受度	2
		Chinese university	中国大学	2			

文章基于上述文献分析结果，对表 1-14 中的五个核心范畴研究内容进行了如下分析。

1. 国际中文教师教育与发展

教师教育与发展是近两年国际中文教学领域的热点之一，相关研究聚焦教师能动性、动机和文化价值观等个体因素及其如何影响教学内容知识的建构、课程与教材设计和开发、语言政策与语言规划的参与制定、专业发展的实现等。针对教师数量不足、教学质量有待提升等问题，研究关注教师选择从事中文教学的动机，探究影响职业选择的动因。[①] 相关研究也考察了教师在专业实践中的能动性问题，[②]发现在白俄罗斯某大学任教的五名中文教师充分调动主观能动性选择、设计和使用合适的教材以提升教学质量。这种能动性受到教师信念、教师身份认同以及与所处工作社群的关系的影响。除教学实践外，研究也关注教师在语言政策和语言规划中的个体能动性，如 Tsang[③] 发现虽然中国香港与中文相关的语言政策环境能帮助教师制定应对学生多样性的策略，但决策者“宏大”的中文教学计划使教师能动性受限，作为“微观语言规划者”的教师只能采取应试型教学方法实现教学目标。

2. 学习者个体因素与中文二语习得

中文二语习得一直是国际中文教学研究的重中之重，近两年研究热度不减，相当数量的论文仍在考察中文教学的“传统问题”，如对汉字、拼音、词汇等语言知识的掌握程度，[④]以及听、说、读、写和语用能力等语言技能的发展情况。[⑤] 而新近研究重视将语言学习者视为具有不同能力和特质的个体，探究动机、年龄、情绪、记忆、敏感度等个体因素如何影响中文二语习得的发展轨迹和成效。以中文学习者动机为例，相关研究探讨不同中文水平学习者的动机及影响因素，考察学习动机对语言能力和表现的影响，如

① Gu, L., Wang, B., & Zhang, H., “A Comparative Study of the Motivations to Teach Chinese between Native and Non-Native Pre-Service CSL/CFL Teachers”, *Frontiers in Psychology* 12, 2021.

② Bao, M., Ren, W., & Wang, D., “Understanding the Professional Practice of Teachers of Chinese as an Additional Language through the Lens of Teacher Agency”, *Sustainability* 12(18), 2020.

③ Tsang, S., “An Exploratory Study of Chinese-as-an-additional-language Teachers' Agency in Post-1997 Hong Kong: An Ecological Perspective”, *Current Issues in Language Planning* 22(1-2), 2021: 19-40.

④ Chen, C., “Using Scaffolding Materials to Facilitate Autonomous Online Chinese as a Foreign Language Learning: A Study During the COVID-19 Pandemic”, *Sage Open* 11(3), 2021: 1-12.

⑤ Wong, Y., “Developmental Relations between Listening and Reading Comprehension in Young Chinese Language Learners: A Longitudinal Study”, *Journal of Psycholinguistic Research* 50(2), 2021: 261-273.

Wen 和 Piao 通过访谈 20 名美国大学生，发现理想二语自我、工具性和未来自我是促使学生产生自我调节策略的三大动机因素。①

3. 海外中文传承语学习与发展

海外华人移民家庭中文传承语的发展和使用在近两年逐步成为研究热点。② 相关研究主要考察美国、加拿大等国华人家庭儿童如何通过与家长的互动来学习中文词汇、提升读写素养。如 Chen 等调查了 258 名华裔美国儿童的中文传承语社会化过程，发现在家庭中使用中文、参加中文课或课外活动等有助于提高儿童中文传承语水平。③ 再如 Li 等通过关注 76 名以普通话或粤语为传承语的加拿大儿童，探究社会经济地位、性别、母语、移民背景、家庭用语等因素是否会影响以及如何影响儿童的传承语词汇习得。④此外，还有研究关注中文传承语学习相关的社会问题，包括华人作为少数族裔的身份认同、社群融入、思想意识、（性别）歧视等。如 Sun 和 Kwon 通过分析美国幼儿园和小学广泛使用的中文和韩文课本，发现教材在文化、语言和身份认同等方面呈现单一语言的、单一文化的、静态的思想意识和价值观，从而呼吁传承语教材中应该融入更多多元文化、多元身份认同和批判性意识等元素，以便更好地服务移民家庭学生的需求。⑤

4. 国际中文教学与社会文化情境

为顺应应用语言学领域的社会文化视角，越来越多的国际中文教学研究

---

① Wen, X., & Piao, M., "Motivational Profiles and Learning Experience across Chinese Language Proficiency Levels", *System* 90(3), 2020.

② 郭熙:《华语与华语传承研究再出发》,《语言战略研究》2021 年第 4 期; 萧旸:《多语意识形态下的传承语教育与身份研究》,《国际汉语教学研究》2021 年第 4 期。

③ Chen, S., Zhou, Q., & Uchikoshi, Y., " Heritage Language Socialization in Chinese American Immigrant Families: Prospective Links to Children's Heritage Language Proficiency", *International Journal of Bilingual Education and Bilingualism*, 24(8),2021: 1193-1209.

④ Li, G., Gunderson, L., Sun, Z., & Lin, Z., "Early Chinese Heritage Language Learning in Canada: A Study of Mandarin - and Cantonese - Speaking Children's Receptive Vocabulary Attainment" *System* 103, 2021.

⑤ Sun, W., & Kwon, J., "Representation of Monoculturalism in Chinese and Korean Heritage Language Textbooks for Immigrant Children", *Language, Culture and Curriculum* 33(4),2020: 402-416.

者开始采用社会文化视角，关注中文在全球语言市场中的地位和价值，讨论学习和使用中文对促进世界语言和文化多样性的意义和启示。此类研究也从中文蕴含的语言资本和价值角度来考察中文二语学习者的学习动机和身份认同。如 Guo 等（2020）发现中文的“商品化”趋势为来自泰国清迈低收入家庭的中文学习者提供了更多的教育机会，也丰富了在旅游、贸易和服务等行业的职业选择。① 再如 Gong 等（2021）对新西兰来华留学生的研究发现，当下中国的留学环境和发展前景塑造了学生的自我定位和想象认同，从而影响他们在学习中文时的具体策略。亦有越来越多的研究探索国际中文教学与全球多语主义、多语教育之间的关系。② 如 Li 和 Zheng 通过对缅甸来华大学生的民族志研究，探究在中文成为国际语言及区域通用语的背景下，留学生为提高自身在全球就业市场中的竞争力而学习中文的动机。③

5. 国际中文教学与网络技术使用

数字媒体的快速发展催生了网络技术与语言教育的融合，如何通过应用新兴教育技术提升国际中文教学的效果成为一个热门话题。Xu 等通过比较 30 名学生在汉字书写教学系统上的任务完成情况，分析了加入互动性教学设计对于提升汉字学习效果的影响。相关研究也探讨了在中文教学项目中融入虚拟现实技术的效果，关注师生对虚拟技术使用的接受度。④ Barrett 等通过调查中国某大学 33 名中文二语学习者对 Hubs by Mozilla 虚拟平台的使用态度，分析平台使用的难易度对学生技术接受度的影响，建议优化虚拟

---

① Guo, S., Shin, H., Shen, Q., “The Commodification of Chinese in Thailand's Linguistic Market: A Case Study of How Language Education Promotes Social Sustainability”, *Sustainability* 12(18), 2020: 1-15.

② Gong, Y., Guo, Q., Li, M., Lai, C., & Wang, C., “Developing Literacy or Focusing on Interaction: New Zealand Students' Strategic Efforts Related to Chinese Language Learning during Study Abroad in China”, *System* 98, 2021.

③ Li, J., & Zheng, Y., “Enacting Multilingual Entrepreneurship: An Ethnography of Myanmar University Students Learning Chinese as an International Language”, *International Journal of Multilingualism* 20(3), 2021: 1234-1249.

④ Xu, Y.-J., Chiou, S.-C., & You, M., “Effects of Improving the Interactive Design of a Chinese Character Learning System on the Learning Performance of Chinese as Foreign Language Students”, *Computer Assisted Language Learning* 33(8), 2020: 916-935.

学习平台的设计和提升学生对虚拟平台的认识。① 值得注意的是，2020~2021 年的研究也关注到"新冠肺炎疫情"对国际中文教学的冲击和挑战。如 Chen C 探究在因新冠疫情而居家学习期间，在华留学生如何使用线上支持性材料进行中文自主学习②；再如 Bao 等关注一位网络授课的中文教师，探究线下转线上的教学模式给其带来的挑战③，以及其自我效能在应对技术挑战的过程中如何发挥作用④。

基于上述分析，文章对国际中文教学的研究和实践进行了展望。

第一，教师教育与发展是国际中文教学的基石。2020~2021 年的研究聚焦教师身份认同、信念、动机、文化价值观等因素如何影响其教学实践、职业发展以及在语言政策规划活动中的参与，呼吁关注教师的主体性和能动性。⑤ 未来的研究应充分关注教师专业成长的社会化过程，全面考察社会文化环境等因素与教师自身发展的互动，探究教师能动性与职业身份认同、情感、动机等因素的关系，为教师发挥能动性提供充足的资源和有利的政策环境，促进国际中文教师的教学实践和专业发展。

第二，近年来，学界日益认识到语言学习者个体的潜能和学能，对内考量能力、动机等方面个体差异如何影响中文二语习得的过程和效果，向外考察社会背景、学习情境等外部因素的作用。目前，身份与文化认同相关研究较多，注重阐释学习者在使用语言、文字、符号等信息元素时表现出的能

---

① Barrett, A., Pack, A., Guo, Y., & Wang, N., "Technology Acceptance Model and Multi-User Virtual Reality Learning Environments for Chinese Language Education", *Interactive Learning Environments* 31(3), 2023: 1665-1682.

② Chen, C., "Using Scaffolding Materials to Facilitate Autonomous Online Chinese as a Foreign Language Learning: a Study during the COVID-19 Pandemic", *Sage Open* 11(3), 2021: 1-12

③ Bao, C., Zhang, L., & Dixon, H., "Teacher Engagement in Language Teaching: Investigating Self-Efficacy for Teaching Based on the Project 'Sino-Greece Online Chinese Language Classrooms'", *Frontiers in Psychology* 12, 2021: 710-736.

④ Lin, L., Gong, Y., Xu, N., "Online Self-regulated Learning Profiles: a Study of Chinese as a Foreign Language Learners", *Frontiers in Psychology* 12, 2021: 797-786.

⑤ Gong, Y., Guo, Q., Li, M., Lai, C., & Wang, C., "Developing Literacy or Focusing on Interaction: New Zealand Students' Strategic Efforts Related to Chinese Language Learning during Study Abroad in China", *System* 98, 2021.

动性，探究其背后所折射出的对多语和谐共存、民族身份构建和多元文化认同的诉求。据此，未来的研究应该继续坚持“以学习者为中心”的教学生态观，既需要重视学习者的不同需求和特点，又需要考量课堂、社会语言环境中涉及的诸多社会文化因素与学习者的交互作用，有针对性地设置教学项目和开展日常教学活动。① 同时，课堂内的语言教学需要与课堂外的真实语言实践、文化体验密切结合，提升学生语言方面的成就感，加强与具体文化情境的联系，使其感受到学习中文的实际效果、作用和意义。②

第三，研究海外中文传承语的学习与发展具有深刻的历史与现实意义。③ 海外的中文学习环境多样且复杂，多种方言和语言变体的共存和竞争，给中文传承语的教与学带来挑战。同时，海外中文传承语学习和发展的外部生态，特别是作为少数族裔的传承语学习者及其家庭在主流社会遭遇的不平等、歧视性话语也值得关注，这些都会不可避免地带来身份认同危机、社群融入与归属困难、价值观挑战等社会问题。未来的研究应该持续探究海外中文传承语学习与发展的内部环境和外部生态，考察中文传承语在与当地主流语言、国际语言角逐中的保持和教育，同时也应关注与中文传承语教学相关个体的参与和发展情况。④ 此外，海外华人社会中多种方言和语言变体的共存虽然对国际中文教学有一定影响，但是研究者亦需要关注学习者与复杂语言情境的情感和社会联系。

第四，国际学术界已不再将国际中文教学研究局限于课堂环境，而是将其置于更加广阔的全球语言教学生态和社会文化环境。从宏观方面看，在中文全球广泛传播的背景下，相关话语和讨论主要围绕中文作为新国际语言

---

① Gong, Y., Guo, Q., Li, M., Lai, C., & Wang, C., “Developing Literacy or Focusing on Interaction: New Zealand Students' Strategic Efforts Related to Chinese Language Learning during Study Abroad in China”, *System* 98, 2021.

② 李宇明、王春辉:《全球视域中的汉语功能》,《云南师范大学学报》(哲学社会科学版) 2018 年第 5 期。

③ 郭熙:《华语与华语传承研究再出发》,《语言战略研究》2021 年第 4 期。

④ 萧旸:《多语意识形态下的传承语教育与身份研究》,《国际汉语教学研究》2021 年第 4 期。

的潜力及其对全球语言秩序的影响。从微观方面看，相关研究着眼于中文学习所蕴含的社会、经济、文化和象征资本，探究个体学习者在多语浪潮中的语言选择、学习动机和发展轨迹。未来的研究应继续关注中文跃升为国际语言的前景和挑战，探究中文教学国际化对世界语言多样性和文化多元性的意义和作用。此外，研究者应结合跨国流动和全球化的时代背景，将国际中文教学置于超级多元的全球语言文化生态中，综合考量宏观的话语和思想意识、中观的身份认同和社群归属，以及微观的交际活动等多重元素如何协同互动、对国际中文教学发展的影响。①

第五，除探究网络技术辅助教学的传统难题外，相关研究考察了新冠疫情背景下国际中文教学生态与模式的变化。一方面，新冠疫情蔓延冲击了传统的国际交流模式，给国际中文教学带来挑战，②另一方面，新冠疫情重塑了国际中文教学生态环境，催生在线教育新形式，一定程度上推动了国际中文教学数字化、网络化和智能化，促使国际中文教师探索新的教学理念、教学模式和教学形态。未来的研究应持续探索国际中文教师、学生在技术融入课堂和教学模式转换等方面的挑战和策略，同时也应考察在线教育工具、技术平台等教学资源的使用情况。③此外，在教学管理实践中，应重视网络技术辅助国际中文教学的培训和指导，帮助教师制定教学和课堂管理策略，以便更好地应对特殊时期的教育变革。

学者有立场，学术无国界。近年来，海外的国际中文教学研究呈现多学科、跨学科，特别是社会文化视角的发展特点，研究主题的边界不断拓展，逐步实现从语言、文字、知识等信息层面到社会、心理、文化等象征层

① Gong, Y., Lyu, B., & Gao, X., "Research on Teaching Chinese as a Second or Foreign Language in and Outside Mainland China: A Bibliometric Analysis", *The Asia-Pacific Education Researcher* 27(4), 2018: 277-289.

② 崔希亮：《世界格局剧烈变化背景下的国际中文教育》，《天津师范大学学报》（社会科学版）2022 年第 4 期。

③ Bao, C., Zhang, L., & Dixon, H., "Teacher Engagement in Language Teaching: Investigating Self-Efficacy for Teaching Based on the Project 'Sino-Greece Online Chinese Language Classrooms'", *Frontiers in Psychology* 12, 2021: 710-736.

面的递进；研究场域范围也不断延展，逐步呈现从课堂、家庭等物理场所到虚拟网络空间，从来华语言学习到海外华语传承，从单一语言社区到多元语言文化社区的转变。为在一定程度上改变“研究内容还比较狭窄，重复现象比较严重；研究方法上存在‘重量化、轻质性’的问题，而且量化研究缺乏严格的变量控制等”①的局面，国内相关研究应及时了解国际研究热点和前沿，加强与境外学者、机构的学术交流。从当前国际中文教学研究的整体发展趋势来看，应整合境内外、国内外研究资源，共同提升国际中文教学研究的广度、深度和厚度。国际中文教学研究不仅能够从二语/外语教学研究中汲取营养，也能够以独特的成果丰富二语/外语教学研究，这些正是国际中文教学研究的持续活力所在。②

① 陆俭明：《汉语二语教学要为构建人类命运共同体出力做贡献》，《国际汉语教学研究》2019 年第 4 期。

② 崔希亮：《世界格局剧烈变化背景下的国际中文教育》，《天津师范大学学报》（社会科学版）2022 年第 4 期。

第二章

国际中文教育教学研究

第一节 教育转型与综合研判

2020 年是国际中文教育转型之元年。① 新冠疫情发生以来，全世界范围的线上教学触发了国际教育领域的急剧变革。这种历史性的变革必然会导致教学模式、资源、方法、手段乃至教学内容、观念、管理等方面的重大变化。② 在这一背景下，如何抓住教育转型下的机遇、应对挑战是国际中文教育的一个重大课题。崔永华在《试说汉语国际教育的新局面、新课题》中，将目前国际汉语教学发展的新趋势概括为“四化”，并分别展开分析。

一是低龄化。国外中小学汉语教学迅速发展。第一，到疫情前，已有近 70 个国家将汉语教学纳入国民教育体系。③ 这些国家从小学到中学，再到大学持续开设汉语课程，极大地扩大了国际汉语教学的规模和影响。第二，有的国家中小学汉语教学的规模已经超过了大学汉语教学。

二是职业化。职业汉语教学潜力巨大，随着“一带一路”建设的发展和中国援外项目的增多，一些国家对职业汉语教学的需求已经开始显现。

---

① 李泉：《2020：国际中文教育转型之元年》，《海外华文教育》2020 年第 3 期。

② 李宇明、李秉震、宋晖、白乐桑、刘乐宁、吴勇毅、李泉、温晓虹、陈闻、任鹰、苏英霞、刘荣艳、陈默：《“新冠疫情下的汉语国际教育：挑战与对策”大家谈（上）》《语言教学与研究》2020 年第 4 期。

③ 转引自张丹：《近 70 国将汉语教学纳入国民教育体系》，中国新闻网，2016 年 12 月 7 日，http://www.chinanews.com/hr/2016/12-07/8086555.shtml。

这种发展趋势已经引起了学界的注意，这方面的教材也已经开始出版。

三是社会化。学习汉语的社会人士的规模在扩大。一方面，孔子学院的发展仍是主流，孔子学院是外国人学习、接触汉语和中国文化的重要渠道。尽管孔子学院的发展在个别国家遇到挫折，但在大多数国家，孔子学院仍然是颇受欢迎的汉语学习场所。另一方面，疫情期间海外华文教育的网络教学吸引了不少外国人（非华裔人士），他们主动通过海外华文教育的渠道学习汉语。可以预见，网络汉语教学的发展必将通过各种渠道吸引越来越多的外国各界人士加入到汉语学习的队伍中来。

四是网络化。网络汉语教学的飞速发展正在改变汉语教学的总体面貌。新冠疫情以来，网络教学填补了国内外学生面对面课堂教学暂停的“空白”。这种全球规模的实践将从根本上改变汉语教学的面貌，网络教学将深深扎根汉语教学，并将占据越来越大的比重，起到越来越重要的作用。疫情过后的网络教学不但不会取消，反而可能会以多种形式存在于汉语教学之中。

文章还指出，应对低龄化、职业化、社会化、网络化的新局面，就是要解决关于中小学汉语教学研究的课题、关于职业汉语教学研究的课题、关于社会人士汉语教学研究的课题和关于网络汉语教学研究的课题。要解决上述问题，就需要跨学科的研究方法，并加强跨学科人才的培养。培养具备跨学科能力的人才是今后汉语国际教育事业和学科发展的关键。对学科建设和事业发展来说，这种人才具有不可替代性。本领域的跨学科人才有两个重要的来源：一是走进本学科加入汉语教学队伍的相关学科人才；二是汉语教学工作者学习、掌握了相关学科的知识和能力，成为本领域的跨学科人才。

来源文献：崔永华：《试说汉语国际教育的新局面、新课题》，《国际汉语教学研究》2020 年第 4 期。

2019 年国际中文教育大会的召开，标志着汉语国际教育处于一个新的转折点。赵杨在《汉语国际教育的“变”与“不变”》中，从教师、教材、教学法三个维度审视汉语国际教育之“变”。

在教师维度上，一是师资本土化。实现由输血向造血转变，培养本土师资，是汉语国际教育实现可持续发展的关键。① 二是教学环境和教师角色的转变。随着慕课、微课、直播课堂、在线研讨等各种形式的线上教学逐渐兴起，在任何时间、任何地点、使用任何终端装置进行学习的“泛在学习”模式正在成为主流。在这一过程中，信息素养成为教师必备的基本素养，教师角色也随之发生改变。在网络教育中，教师不是一个简单的知识传授者，而是一个联结已知世界与未知世界展开多样探究的“触媒者”，或是联结课堂内外世界之桥梁的“介入者”。

在教材维度上，第一个变化是“汉语+”教材将出现迅猛增长。随着“一带一路”倡议的深入，“汉语+职业教育”正成为新的增长点，“互联网+汉语+专业”将成为新型的内容与汉语融合教学模式。第二个变化是教材介质的数字化，教材也将被重新定义。信息化时代的教材具有碎片化、素材化、可视化和叙事化特点。碎片化是对系统化的解构，素材化是对针对性的解构，可视化和叙事化是信息化教材的独特优势。信息化时代的教材编写为学界提出了新问题和新挑战。

在教学法维度上，第一个变化是关注点由教学法向教学原则转移。教学只能遵循一些宏观的原则，再根据具体情况灵活运用多种教法和技巧。第二个变化是由于网络教学的兴起，线上学习行为会成为研究热点，随之而来的是对线上教学法的关注。现实课堂教学和虚拟课堂教学的不同必然影响学生的学习行为，也影响教师对教学方法的选择与采用。

文章还指出，汉语国际教育的学科目标是不变的，因为其构成要素“汉语”“国际”“教育”是不变的。首先，无论是称作汉语还是中文，汉语国际教育的出发点和归宿是相同的：从汉语出发，再回归到汉语。其次，汉语国际教育也要树立世界眼光，审时度势，把我们的主观努力和世界各国人民的客观需求结合起来。这就要求我们的教材编写、课程设计、师资培

---

① 转引自赵杨：《海外汉语师资培养中的输血与造血》，孔子学院奖学金论坛，2019 年 11 月 8 日。

养、教学操作、水平测试、学术研究要有世界眼光，既要站在中国的立场上看世界，也要站在世界的立场上看中国。[①] 最后，汉语国际教育是“教育”，必须遵循教育规律，实现教育目的。

来源文献：赵杨：《汉语国际教育的“变”与“不变”》，《天津师范大学学报》（社会科学版）2021 年第 1 期。

语言教学总是处在一定的社会环境之中，社会环境的变化必然会对语言教学产生影响。新冠疫情的大流行对国际中文教育的发展产生重大影响。王辉在《新冠疫情影响下的国际中文教育：问题与对策》中从宏观和微观双重视角探讨新冠疫情影响下国际中文教育面临的问题，并提出了应对策略和建议。

文章建立了一个包括宏观和微观两个层面的分析框架（见图 2–1）来分析国际中文教育的影响因素。这一分析框架也可为分析突发公共事件影响下的其他语言教育问题提供一个参考。文章采用战略管理中常用的 PEST 分析法，从政治（Politics）、经济（Economic）、社会（Society）、技术（Technology）四个维度来分析宏观外部环境变化给国际中文教育带来的问题。

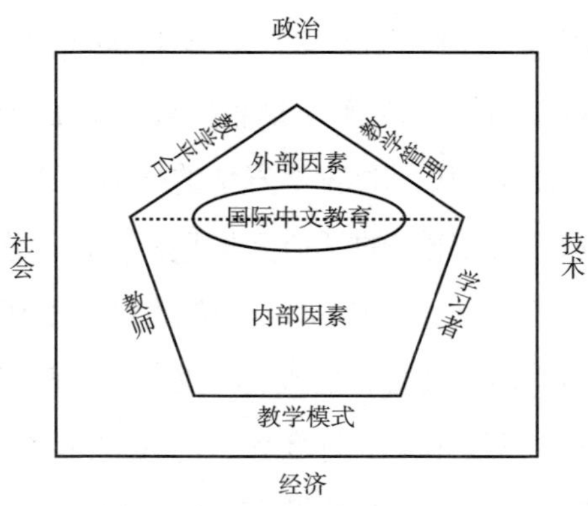

图 2–1　影响国际中文教育的宏观和微观因素

① 转引自崔希亮：《汉语国际教育与人类命运共同体》，《世界汉语教学》2018 年第 4 期。

宏观环境变化给国际中文教育带来的问题有：国际政治剧变导致的发展方向、资源配置问题；全球经济重挫引起的资金短缺、市场萎缩的问题；社会文化差异凸显引发的国际理解、舆论博弈问题；技术变革加速引起的数字鸿沟、人机关系的问题。在微观层面，线上中文教学面临的问题有：教师的信息素养欠缺、学习者参与度不够、教学模式受限、教学平台不完备、教学管理困难。

针对上述宏观和微观双视角下国际中文教育面临的问题，文章分别提出了应对策略。在宏观环境变化方面可采取的应对策略包括：重视国际中文教育的危机管理、加强国际中文教育的市场化运作、聚焦国际中文教育的语言主业、促进信息技术与国际中文教育的深度融合等。在微观层面，中文在线教学可采取的策略包括：提升教师信息素养、增强学习者能动性、优化教学模式、完善教学平台、强化教学管理和服务等。

来源文献：王辉：《新冠疫情影响下的国际中文教育：问题与对策》，《语言教学与研究》2021年第4期。

第二节 学科建设与人才培养

在汉语国际化的新时代，中国作为汉语的母语国，我们的主要职责和长期任务就是把中国建成世界汉语教学研究基地和中心，发挥汉语国际教育学科引领者的作用。[①] 走在国际汉语教学和研究的最前列，不仅需要把握国际中文教育理论体系与知识体系的学科定位，同时还需要关注人才培养的问题，创新人才培养模式、提高人才培养质量。

随着中国国际影响力的不断增强，汉语的学习价值与国际需求不断增强，世界汉语教学的形势和结构发生了重大而不可逆转的变化。[②] 新时代，面对来华留学生的汉语教学新任务和海外本土化汉语教学发展的新形

① 转引自刘珣：《浅议汉语国际教育专业》，《国际汉语教学研究》2020年第1期。

② 转引自李泉、陈天琦：《论新时代对外汉语教学的“大学科化”之路》，《语言文字应用》2020年第2期。

势，刘珣在《浅议汉语国际教育专业》中就学科建设和专业建设的相关问题进行了探讨。

第一，为专业正名，明确培养目标和学科定位。文章首先梳理了学科名称的变化，提出“对外汉语教学”这一学科名称模糊了专业的培养目标，也影响到了学科建设。2007 年出现的“汉语国际教育”这一新的、比较科学的、适用范围也更为广泛的术语一经提出就为大多数人所接受。2019 年，我们学科又出现了“国际中文教育”这个新名称，这一名称基本上可以与“汉语国际教育”画等号。它们的微小差别只在于作为国家通用语言文字，中文和汉语这两个词如何规范使用的问题。

第二，继承近 70 年的优秀传统，从汉语教学的特点出发创新学科和专业。为适应现在和未来来华留学生的汉语教学新任务和海外本土化汉语教学发展的新形势，我们还面临许多不太熟悉的、复杂的新问题，需要解放思想，大胆地进行创新。历史的经验告诉我们，这种创新至少不能离开下面两个原则：一是创新和改革一定要从汉语和汉语教学的特点出发，而不是盲目跟风或照抄照搬其他外语教学的做法；二要坚持我们的方法论指导思想——辩证思维。

第三，理顺本硕关系，加强本科建设，打好扎实的专业基础。一要明确本科专业建设的必要性。一个学科能否有计划地培养自己的科班出身的人才，是该学科是否成熟的标志之一。二要加强课程体系建设，使学习者在本科阶段打好基础。学习者在本科阶段要重点学好的是汉语、文学、文化及外语等基础课程，而教学方面的课程除了教育学和心理学外，设置教学概论和课堂教学法两门基本就可以了。三要正确处理理论与实践的关系，二者不可偏废。理论与实践的关系也是在本学科人才培养中需要特别注意的问题。做一名传道授业解惑、教育人、塑造人灵魂的汉语教师，既需要较强的教学实践能力，又要有广博的知识以及相应的研究能力。

第四，把握事业发展方向，扩展人才培养模式，提高人才培养质量。在大量派遣我国志愿者教师的同时，强调汉语教师和教材的“本土化”，帮助其他国家培养本国的汉语教师，编写更有针对性的汉语教材。随着国际社会需求的变化，对对外汉语教学界来说，中国作为汉语的母语国，主要的职责和长期任务就是把中国建成世界汉语教学研究基地和中心，发挥汉语国际教育学科引领者的作用。

来源文献：刘珣：《浅议汉语国际教育专业》，《国际汉语教学研究》2020 年第 1 期。

新时代对外汉语教学应走“大学科化”发展建设之路。新形势下对外汉语教学的学科建设应确立集成、融合与多元的发展理念，抓住对外汉语教学内部各领域，特别是外部相关专业生态环境变化的新机遇。李泉、陈天琦在《论新时代对外汉语教学的“大学科化”之路》中，以分析当前对外汉语教学的问题与机遇为基础，指出了对外汉语教学“大学科化”的理据和框架。

文章指出，对外汉语教学应突破传统的单一化发展观念，根据内部各领域和外部相关专业生态环境的变化，确立集成、融合与多元的发展理念，走“大学科化”建设之路，将自身各领域的汉语教学，以及因教外国人汉语而设立的汉语国际教育本科、硕士和博士各专业，一并纳入学科建设的视野，使之融合为以非学历汉语教学为核心与基础，以培养各类汉语人才和汉语教学人才为目标，包含不同领域和专业的对外汉语教学“大学科”。

在此基础之上，文章构建了对外汉语教学“大学科化”的结构框架，即以对外汉语教学为核心，由教外国人学汉语，向教中国人/外国人怎么教外国人学汉语的本、硕、博延伸，形成“教汉语”和“教怎么教汉语”，也即汉语人才和汉语教学人才一体化培养的大格局。其中，对外汉语教学是基础学科，由此延伸的汉语国际教育本科、硕士、博士教育是相关的支撑专业。对外汉语教学大学科建设框架如表 2-1 所示。

表 2-1 对外汉语教学大学科建设框架

对外汉语教学范畴	跨类范畴	相关专业范畴
长期汉语进修教学	国际生预科生汉语教学	汉语国际教育本科(中国)
孔子学院汉语教学	国际生汉语言本科汉语教学	汉语国际教育硕士(中外)

续表

对外汉语教学范畴	跨类范畴	相关专业范畴
专门用途汉语教学	国际生本科专业汉语拓展教学	汉语国际教育博士(中外)
汉语速成教学	—	—
短期汉语教学	—	—

其中，所谓跨类范畴是指学习者的身份是专业生或准专业生，其汉语教学部分则属于对外汉语教学范畴。建设这样一个对外汉语教学大学科，有利于教学资源的集成和调配、教学内容互联互通、课程设置科学有序、人才培养规格与目标设定层次合理，从而实现对外汉语教学跨学科发展，使对外汉语教学成为包含不同专业的“真正学科”，更好地融入国家现有的学科和学术体系中。相反，没有对外汉语教学或不重视对外汉语教学学科建设，汉语国际教育本、硕、博的专业建设就可能无所依托。同样，不培养各类汉语教学和研究人才，对外汉语教学事业和学科也难以发展，而培养各类汉语教学人才也离不开对外汉语教学理论和实践的支持。可以说，对外汉语教学理论与实践，与培养掌握对外汉语教学理论和从事对外汉语教学实践的人是分不开的，而合为一个大学科则是一种合理的治理结构。

来源文献：李泉、陈天琦：《论新时代对外汉语教学的“大学科化”之路》，《语言文字应用》2020 年第 2 期。

学科理论体系和知识体系构建是学科建设的基石，国际中文教育作为一个新兴交叉学科，其理论体系和知识体系的构建不仅关系到学科发展，更关乎国际中文教育事业的稳步发展和我国文化软实力建设。吴应辉、梁宇在《交叉学科视域下国际中文教育学科理论体系与知识体系构建》中，就国际中文教育的学科定位、理论体系和知识体系构建提出了一些思考。

目前，我国国际中文教育的理论体系和知识体系构建尚处于起步阶段，需要把握国际中文教育理论体系与知识体系的学科定位。文章指出，一是要明确国际中文教育是由多个一级学科融合形成的新兴交叉学科；二是要将国际中文教育提升到一级学科的高度上来。

文章就国际中文教育的理论体系构建展开了讨论。文章认为，构建理论体系的思想方法有：兼顾系统性与分支领域特色；注重原创性与本土性；突出时代性与国际性。构建理论体系的基本策略是：坚持问题导向，主动服务中国国家战略和世界各国中文教育需求；顶层设计先行，分工协作推进；“教育”研究与“事业”研究并重；继承、转型与重构并行；重视语言文化比较研究与应用，提升国际中文教育的针对性。在此基础之上，文章提出理论体系可从学科基本理论、学科应用理论、区域/国别/语别中文教育特色理论和学科交叉融合理论四方面加强建设。①学科基本理论应主要包括国际中文教育概论、国际中文教育史、国际中文教育研究方法、中文国际传播研究理论与方法等方面的内容。②学科应用理论应主要包括第二语言教学法、语言要素教学、师资与教学资源、中文教学标准、第二语言习得、汉语测试、中外语言比较、跨文化交际等理论。③区域/国别/语别中文教育特色理论应主要包括世界各国重要区域和国家中文教育的相关理论。④国际中文教育与其他学科交叉融合理论，主要包括国际中文教育与国家软实力、国际政治与中文教育、国际经济贸易合作与中文教育、不同文明背景下的中文教育、国际中文教育项目管理等相关理论。

此外，文章还提出了国际中文教育知识体系构建的基本思路。第一，分层构建与本、硕、博培养层次相衔接。第二，加速国际中文教育前沿理论知识转化。第三，充分反映事业发展。第四，突出主干学科并充分体现多学科交叉融合。第五，兼顾语言与文化知识，注重普适性与针对性。第六，体现多元文明交流互鉴，及时反映新兴应用技术。

来源文献：吴应辉、梁宇：《交叉学科视域下国际中文教育学科理论体系与知识体系构建》，《教育研究》2020年第12期。

教育评价是专业学位教育目标是否达成的检验途径，是事关学位教育发展方向的重要“指挥棒”，牵动着内涵质量建设的“根”和“魂”。钟英华在《汉语国际教育专业学位水平评估的方向和质量导向》中，从深化新时代教育评价改革和专业学位人才培养的角度，阐释了汉语国际教育专业内涵建设的若干关键问题。

第一，汉语国际教育专业学位的水平评估，促进人才培养与国际中文教育行业产业的密切关联，促进服务国际中文教育事业发展需求，促进人才培养以服务中国和世界的特殊需要为己任。国际中文教育在新的发展阶段开新局，立足于培养更多高水平的师资队伍和文化使者，需要具有坚定的理想信念、高尚品德和爱国情操，以及丰富扎实的专业学识、融通世界的胸怀视野、功底厚能力强的师资，需要高层次、复合型、国际型、专业化的人才。

第二，汉语国际教育专业学位教育人才培养方向很重要，必须符合国家全方位高水平对外开放和时代的需要，水平评估是健全评价体系、确保高层次人才培养规格导向的重要手段。要从推动构建人类命运共同体的大格局去通盘审视，以服务新时代对外开放新要求，满足时代事业职业需求和岗位要求为导向，需要有宽广视野和胸怀的复合型跨学科素养，脚踏实地讲好中文课、讲好中国故事，能在国际岗位上很好地发挥作用的国际型高层次应用人才。

第三，汉语国际教育专业的内涵发展，需要提高专业学位的整体地位作用，需要进一步提升办学声誉，水平评估将成为有效的激励和保障。汉语国际教育专业学位的内涵发展，要求进一步明确其重要地位和作用，构成强有力的正向激励，更好地提升办学声誉，充分调动办学主体的主动性、积极性，调动更优质的办学资源，更好地提升专业化人才队伍的内涵建设水平，为国家输送更多数量、更高质量、更高素质的专业人才。

第四，汉语国际教育水平评估的体系设计和创新特色，符合汉语国际教育专业学位的基本要求，突出了时代特征和评价重点。一是评价突出了立德树人效果；二是关注培养质量；三是强化国际岗位职业胜任能力。

第五，突出专业学位与学术型学位的差异性，是专业学位教育应用型人才培养的特色，汉语国际教育专业学位追求卓越的质量要求，人才胜任力的引导是重点，体现了专业学位的典型特征。新的指标体系以学生成长成才的实践能力、创新能力和职业胜任力为核心考量，以满足学生成长成才和全面发展的根本需求为前提。综合评判专业学位人才培养的成效高低，是专业学位水平评估创新之举。

来源文献：钟英华：《汉语国际教育专业学位水平评估的方向和质量导向》，《天津师范大学学报》（社会科学版）2021 年第 1 期。

新形势下，受新冠疫情及国际政治、经济形势的影响，汉语国际教育专业硕士教育的实习，面临本专业海外实习难及国内实习岗位不足的困境，也面对国内中级语文教师资格免试认定和国际中文教育“中文+”不断发展的机遇。基于上述现状，丁安琪在《新形势下汉语国际教育专业硕士教育实习改革构想》中对汉语国际教育专业硕士教育实习的改革提出了几点构想。

第一，调整实习目标。将实习目标明确定位为反思与重构教育知识的过程，可以减少学生对原有课程知识的依赖，让他们在实习中更多关注教育教学实践经验的积累以及对所积累经验的反思，提升自己进行批判性思考的能力。教学反思能力也是教师的“通才”能力之一，可以运用于各类教学学科。学生拥有进行批判性思考的能力，将有助于他们整合个人教育知识，并与当下实习场景有机结合，处理教育实习中遇到的问题。

第二，建立实习标准。可以参考国外的成熟做法，结合我们对实习教师的要求，制定汉语国际教育专业硕士教育实习标准，如围绕课堂组织与管理制定以下标准：①能够设计有效的课堂活动，积极创造有利于提高学习者学习效果的学习环境；②具有时间管理意识，能够较为合理地安排教学环节和教学步骤，注重课堂互动；③能够在指导教师的帮助下管理课堂、维持秩序，解决课堂中出现的冲突和问题。

第三，细化实习评价标准。建立实习档案袋，细化实习评价标准和指标，可以引导学生不断对自己的教学实践进行反思，根据教育实习的不同场景重构自己的教育知识，提升自身的教育实践能力。在具体实施中，可以充分借助信息技术工具，建立以学生为中心的数字社区，每一名学生对应一个经过数据处理的“数字化学生”，用大数据为他们的教育实习发展“画像”。另外，《汉语国际教育硕士专业学位研究生教育实践指导性意见》还给出了实习计划、实习记录、实习总结报告的参考样本，为各高校制定自己的实习管理细则提供了很多便利条件。但要将这些制度具体落实下来，还需要采取一些具体措施，如编制教育实习指导手册，帮助学生完成教育实习。该手册不仅应该包含前文所提到的实习目标、实习标准与实习评价等，还应该包含实习规划与要求、教育实习共同体（学生、实习单位指导教师、高校指导教师）的职责及实习指导内容等，切实对教育实习共同体的各方都起到实习指导作用。

来源文献：丁安琪：《新形势下汉语国际教育专业硕士教育实习改革构想》，《国际中文教育》（中英文）2021 年第 2 期。

“一带一路”倡议提出以来，对汉语国际化人才的需求已呈现各行各业全方位覆盖的态势。在国际化人才培养中，汉语教学成为首要的和最基本的语言培养环节，汉语国际化人才培养也成为汉语国际教育的重要担当。邢欣、宫媛在《“一带一路”倡议下的汉语国际化人才培养模式的转型与发展》中，基于新时期汉语国际人才培养的新趋势和“一带一路”倡议下培养思路的转变，对人才培养模式的创新和发展进行了探讨。

一是从泛化过渡到精准化。精准化是指有针对性、强针对性的教学模式。精准化包括国别针对性、企业针对性、专业针对性等。精准化教学至少包括三方面：第一，生活口语精准化，按照不同工程项目或商务金融等海外企业或产业园、科技园、自贸区要求的口语进行培训；第二，与技术相关的普通工种操作等汉语词汇和句式培训；第三，跟安全有关的汉语培训。

二是从单层次过渡到多层次。由于学习的动机和目的不同，语言需求也有不同层次的要求。我们可以把国际化汉语人才培养细化为以下三个层次。①高端汉语人才培养。培养对中国国情有深入了解的高层次人才以及能够进行汉语教学的师资人才。建议采取少而精的培养模式，在全国一流大学或水平较高的大学进行汉学计划规划和培养。②中级汉语人才培养。对中级汉语人才的培养主要依托几种途径：国内非学历教育汉语进修培训和速成培训；依托国内各种培训机构或学院的集中援外培训、丝绸之路专项培训等；依托沿线国家的孔子学院、中资企业培训机构、当地语言学院和高校等进行专业速成集中培训等。③初级汉语普通人才培养。这类汉语普通人才的需求量是非常大的，也是汉语教学的主流。这些汉语人才的培训可以采取国内外联合培训和依托工作实践进行教学的方式。

三是从通用型过渡到专门化。对于专门化汉语国际人才的培养都属于高层次人才培养，我们注意到，近年来来华学历留学生中硕士和博士的数量也在不断增加，说明对高层次专业人才也有一定的需求。对专门化汉语人才的培养应该更多依托国内的理工医科大学以及专门类型大学。

四是从单一化过渡到多样化。作为新时代的汉语人才培养，应当将新时代的需求和不同国家的特色与汉语人才培养结合起来，形成具有特色的多样化人才培养模式。多样化体现在以下几点：汉语教学目标多样化；办学模式多样化；拓宽汉语培养培训渠道；利用网络高科技平台建立汉语学习资源库和学习平台，实现智能化汉语教学模式。

来源文献：邢欣、宫媛：《“一带一路”倡议下的汉语国际化人才培养模式的转型与发展》，《世界汉语教学》2020 年第 1 期。

第三节　中文教学与教师发展

新冠疫情发生以来，全世界范围的线上教学触发了国际教育领域的急剧变革。[①] 教育部、国家语言文字工作委员会于 2021 年发布了《国际中文教育中文水平等级标准》，这标志着国际中文教育在自身发展历程上迈入新时代。我国国际中文教育事业面临新形势。国际中文教师是应对挑战的一线实践者，对国际中文传播体系建构将产生深远的影响。[②] 新时代对教师专业发展提出了新要求，教师教育转型也是我们亟待研究的问题。

---

① 李宇明、李秉震等：《“新冠疫情下的汉语国际教育：挑战与对策”大家谈（上）》，《语言教学与研究》2020 年第 4 期。

② 高皇伟：《国际中文教师教育建设迫在眉睫》，《中国社会科学报》2022 年 4 月 13 日。

新冠疫情这一全球性突发公共卫生事件对国际中文教学的开展产生了严重冲击。在这一背景下，我们需要思考如何应对危机，以推进世界范围内的汉语教学。崔希亮在《全球突发公共卫生事件背景下的汉语教学》中，探讨了全球范围内的汉语教学面临的各种问题，并就汉语国际教育在当下和后疫情时代的发展问题提出了应对策略。

文章提出，远程教育已经经历了四个发展阶段：函授教学；广播电视教学；多媒体手段的应用；在线学习。与传统的课堂教学相比，远程汉语教学所面临的困难有很多，文章总结有以下几个：课堂互动性减弱；汉字教学的困难；成绩考核面临的困难；学生的学习动机和学习策略不同导致学习者分化；网络环境的不稳定影响教学进程。

关于在疫情环境下我们应该研究的课题，文章从以下四个方面进行了阐述。

一是全球性突发公共卫生事件的危机管理。文章强调，汉语国际教育是一项比较特殊的事业，疫情过后，我们应该尽快制定相应的预案，这不仅仅是教学机构的任务，它还涉及不同部门之间的综合管理和协调配合，需要外交、教育、医疗卫生、海关、交通、民航等各部门之间的统筹协调和通力合作。

二是新冠疫情给全球汉语教学造成的影响。疫情过后我们要对疫情给全球汉语教学造成的影响进行系统评估。这种影响体现在两个方面：一个是境内的汉语教学，另一个是分布在世界各地的孔子学院和汉语教学网点。

三是逆全球化趋势给全球汉语教学造成的影响。逆全球化的趋势肯定会给全球范围内的汉语教学造成负面影响。如果全球化的趋势发生了逆转，汉语学习的社会需求会大大地降低甚至会消失，我们对此一定要有所准备。

四是面对危机我们应该采取的策略。文章主要提到以下几点：拓展网络教学空间；建设网上汉语教学平台；全球范围内的国际合作；开展国别和区域研究；探索网络环境下的语言教学规律；加强网络环境语言教学的理论与实践研究。

来源文献：崔希亮：《全球突发公共卫生事件背景下的汉语教学》，《世界汉语教学》2020 年第 3 期。

国际汉语教学发展到了一个新时代，汉语教学自身的问题也更应该受到关注。李泉在《新时代对外汉语教学研究：取向与问题》中从新时代对外汉语教学的研究取向和问题反思两方面进行了阐述。

关于新时代对外汉语教学的研究取向，文章从以下五个方面进行分析：一是汉语教学研究的问题取向，对外汉语教学研究缺乏新形势下学科发展和建设的顶层设计，缺乏对既往教学和研究的检讨，以及为海外汉语教学及国际二语教学界提供更加合适的汉语教学模式、理论和方法的思考和行动；二是学科研究的取向，以汉语教学自身问题为主的研究取向，要更多地关注汉语汉字特点及其教学规律的探索；三是学科研究的前沿应该出自汉语教学界，出自基于汉语汉字及其教学实践；四是学科研究的主要方向是探索有汉语特色的教学法理论，目标是建立和完善既有二语教学共性，又有汉语教学个性的汉语教学理论体系；五是对国外的理论应结合汉语的实际有所吸收、有所摒弃，最好能有所创新和发展。

关于新时代对外汉语教学的问题反思，文章也作了以下阐述。一是“语文并进”不是汉语教学最优模式，“语文分开”是汉语独有的教学模式。文章指出，“语文分开”规避了通过汉字教口语的弊端，分解了入门阶段的难点，发挥了用拼音教口语的长处，是教学内容和教学资源避短扬长的合理配置。二是现有课程体系未突出汉语教学特点。文章认为，几十年来，对外汉语教学的课程设置体系没有将汉语教学的内容、技能培养和教学资源进行合理的配置，并从拼音口语课、汉字课、虚词课、书面语课、方言课五个方面进行了分析。三是拼音的教学功能未能得到根本释放。文章强调，当今时代拼音在国内外的文字地位大大提升，手机微信、电脑打字基本上离不开拼音的支持，在虚拟空间的信息交流过程中，汉字是通过拼音的提取而呈现的，拼音成了虚拟世界人们的“首选的文字”，汉字成了“提取的文字”。四是提出一些值得反思的其他问题：欧美学习者的洋腔洋调问题以及儿化和轻声的教学问题；教材中同义词、近义词的辨析教学是否有必要的问题；语法教学中脱离语境的异同辨析的价值和效果的思考；汉字教学中书写与打字的侧重问题。文章还提出了两个理论与实践问题：汉语作为二语教学存不存在和需不需要教学“本位”的问题；汉语是不是更适合背诵的语言的问题。

来源文献：李泉：《新时代对外汉语教学研究：取向与问题》，《语言教学与研究》2020 年第 1 期。

在大数据时代的背景下，我们对教学的认知也有了新的方法和手段。郑艳群在《教学分析与教学计算：大数据时代汉语教学研究方法探新》中，从内容框架、方法及研究范式等几个方面阐述了大数据下我们如何进行教学分析，完成汉语教学画像。

文章首先提出教学分析的定义，即通过教学系统中丰富的信息来探究教学系统的各个组成要素及其相关关系的过程。如今信息化手段为记录和描写课堂教学、信息化教学平台为记录教学的轨迹提供了绝佳的条件，文章从而进一步说明了教学分析的必要性和可行性。

文章提到，有效地使用大数据技术对教学研究进行全面和完整的把握，需要重新审视和思考教学分析的研究内容和研究方法。文章从两方面提出教学分析研究的内容框架。首先是横向时间上的教学结构和过程分析，对教学结构和过程的描写构成了教学发生、发展的动态图景，是教学研究的基本内容。其次是纵向空间上的教学切片组织分析，文章把教学过程中某个较小时间段上具有完整教学意义的“风貌”称为教学切片，如果把时间轴看作横向教学发展的过程，那么教学切片则是纵向空间上教学组织的完整体现。教学分析的研究方法是教学计算，而教学计算的目的是通过特征表达、特征计算、特征提取等一系列步骤来探究教学中的特定问题。有效的特征表达是教学分析的前提，而特征表达手段应随描述目标而设定，其中最基础的是文字表达和图画表达。随后是特征计算，目的是计算出事物的属性特征，并将结果作为特征予以表达。最后是特征提取，即针对各种不同的应用对信息做识别和预测，从原信息中甄别出有用信息，得出一个抽象程度更高的特征集。

有关教学分析的研究范式，文章从三个步骤进行分析：第一，从已有教学认知出发，推导理论模型；第二，以教学实际为基础，构建应用模型；第三，对比理论模型与应用模型，促进教学反思。文章最后从理论和实践两方面阐述了运用教学计算开展教学分析研究的意义：在理论上，从类型学视角探究教学法和教学模式，以教学分析和教学计算促进教学理论建设；在实践上，教学分析和教学计算可以将教师的教学行为进行量化，提高教学质量评测的精准度和客观性，开展精准的教学评价，还可以促进教师发展和教学生态建设。

来源文献：郑艳群：《教学分析与教学计算：大数据时代汉语教学研究方法探新》，《国际汉语教学研究》2020 年第 2 期。

汉语学习低龄化已成为世界汉语教学未来发展的重要趋势。邵滨、富聪在《世界少儿汉语教学研究：回顾与展望》中，对少儿汉语的教学与研究状况进行了回顾总结，并对少儿汉语教学与研究的未来进行了展望。

文章指出，汉语学习者低龄化正在引起各方重视，包括学界、孔子学院和投资机构。文章对少儿汉语教学的论文发表情况和研究热点以及相关著作进行了回顾分析，指出少儿汉语教学研究的四个特点：一是国别基本与各国汉语教育发展同步；二是中国教材占主流；三是教学法方面，游戏、儿歌教学法占主导；四是沟通交际理论占主流。

基于上述分析，文章从三个方面提出少儿汉语教学研究的不足。一是没有真正满足现实需求，文章主要强调了教材、教法、教师等方面的需求。二是缺少对母语和其他语言教学的借鉴，文章强调少儿汉语教学研究应了解我国中小学的母语教学、少数民族普通话教育、华文教育以及世界各地中小学外语教学的经验教训，加强与一线教学实践的联系。三是存在较多空白领域，文章对照吴应辉提出的汉语国际传播领域的十个问题，总结出以下不足：①少儿汉语学习、教学等方面的理论研究有待深入；②少儿汉语教学的典型个案、国别及本土化研究较少；③少儿汉语教学的有关标准研究比较缺乏；④少儿汉语教学的教材、教法、模式研究不够系统；⑤少儿汉语教学的评估体系仍有欠缺；⑥少儿汉语教学与汉语国际传播、国家软实力建设的关系有待深入研究；⑦少儿汉语教师的培养、培训问题应该引起学界的高度重视。

关于世界少儿汉语教学研究，文章从以下八个方面提出展望：一是加强对世界各国少儿汉语教学需求及情况的调研；二是培养符合各国基础教育标准及要求的少儿汉语教师；三是系统开发适合少儿心理、学习特点的教材及配套资源；四是探索符合少儿语言学习特点尤其是汉语学习特点的教法和模式；五是与心理学、心理语言学、二语习得领域开展跨学科实证研究；六是针对具有典型性的案例（学习者及学校）开展研究；七是进一步探索少儿汉语网络及在线平台教学；八是深入研究少儿汉语传播规律。文章引用李宇明先生的观点，强调我们应根据少儿汉语发展的情况，总结研究少儿汉语传播规律，丰富汉语国际传播的方法、策略与经验，以便更好地进行专门规划。

来源文献：邵滨、富聪：《世界少儿汉语教学研究：回顾与展望》，《汉语学习》2020年第5期。

进入21世纪以来，伴随中文国际传播和全球华语崛起的大势，华语研究受到前所未有的重视。祝晓宏在《近十余年来的华语研究：回顾与前瞻》中，从八大主题、两大理念对近十余年华语研究进行了回顾概括，并论述了华语研究的使命与愿景。

文章从八个方面概括了华语研究的主题：一是华语学科建构，学者们围绕术语正名、概念体系、研究对象、研究内容和创建全球华语学等都做了不少阐述；二是华语事实，学者们在词汇、语法、语用等多个平面对华语事实开展了挖掘，对华语本身广泛细致地探察、研究，强化了学科的基础研究；三是华语规划，在大华语的视角下对华语和华语生活进行语言规划，要考虑各地华语的实际使用和认同情况，更要做好华语协调；四是华语传承，文章提到，现有的华语传承研究集中在微观和中观的使用、教育层面，而媒体、移民社会结构、社团组织、国家语言政策、历史经验这些宏观方面的研究还很少；五是华语传播，文章提出，21 世纪以来，华语传播和中文国际传播形成了合流，更多地具有了组织传播和大众传播的色彩；六是华语接触，文章将其分为内外两层，其中内层的华语接触研究成果较多，也有一些华语和其他语言接触研究；七是华语社区，华语社区研究是在言语社区理论和世界英语圈层模式基础上发展出的一个研究方向，全球华语社区的提出，凸显了各圈层华语的主体性地位，拓展了华语研究的空间；八是华语生活，其中国别华语生活调查研究成果较多。

文章从两个方面提出华语研究的理念。首先是面向应用，文章提到，面向应用，就是面向全球华人的语言生活。其次是倡导全球华语视角，全球华语理念的发扬，扩大了汉语研究的视角和范围，也对汉语研究的内容和观念有所补充、更新。文章还提出了华语研究的双重使命，即学科使命和事业使命。文章认为，华语研究是从汉语研究中衍生出来的方向，将华语研究置于语言学的学科坐标中，观察它和汉语研究的关系，更容易看清其定位和使命；而事业使命在于在现代化语境中传承华语，在全球化语境中传播华语，在流动和虚拟社会中服务华语应用。

最后，文章从三方面展望了华语研究的愿景：一是扩大华语研究学术共同体；二是全面调查海外华语社区语言生活；三是建设开发各类华语资源平台。

来源文献：祝晓宏：《近十余年来的华语研究：回顾与前瞻》，《语言文字应用》2021 年第 2 期。

教学经验的积累和发展是教师专业发展的重要部分。李泉在《教学经验：汉语教师专业发展务实而重要的取向》中，以教学经验为中心，强调经验积累的重要性。

文章将教学经验概括为：从教学实践中获得的知识或技能，从亲历教学事件中获得的体验和认识，从对自己和他人教学实践反思中获得的感想和理念。 文章提到，将教学经验的积累视为教师专业发展的重要取向，并非无视理论高于实践经验的基本常识，更不是妄图否定理论的价值和抬高经验的作用，而是强调教师的专业发展应兼顾“理论”和“经验”两个取向。

文章从四个方面阐述了教学经验的特点。 首先，教学经验与教学实践密不可分，经验最大的特点是来自实践，没有实践便没有经验可谈。 其次，教学经验与教学理论相辅相成，教学经验和教学理论都是对教学实践的认识，它们虽性质不同，但不可分离。 再次，教学经验往往因人因事因时而异。 最后，感性的经验大多具有模糊性，然而，模糊性乃至不确切性未必就是没有价值，特别是某些成功的经验，其中的道理、规律和科学性也许尚未被发现和证实。 文章还从两点提出教学经验的获得：一是观察与反思既往教学实践；二是在实践中勇于探索与尝试。

关于教学经验的作用，文章从以下三个方面进行阐述：一是助力对学科内涵的认识，教学经验有助于加深对学科性质和特点、教学目的和教学内容等学科内涵的理解；二是助力对教学内容的认识，教学经验有助于教师深化对汉语汉字特点及其教学规律的认识；三是助力教师进行专业研究，文章提到，教学中遇到的各种语言问题和文化现象，几乎都可以成为大大小小的研究课题，至少都是需要回答和解决的真问题，而从现象和问题出发，正是科学研究的重要路径。

在余论中，文章还探讨了当今教学经验研究中的问题：近年来在学术研究崇尚数字化、曲线化、实证化的潮流下，积累和传授教学经验、总结和研究教学经验的传统被边缘化，连教师发展研究都不提“经验”二字。 文章强调，汉语教学经验的积累和研究永不过时、始终在路上，无须忌讳“经验之谈”，怕的是没经验可谈或谈不出经验背后的理念或理论。 积累经验是教师专业发展务实而重要的取向和职业生涯的必备技能，鼓励对外汉语教师具备工匠的精神，积累教学经验并成为汉语教学的大国工匠。

来源文献：李泉：《教学经验：汉语教师专业发展务实而重要的取向》，《语言教学与研究》2021 年第 3 期。

教师专业能力的培养和教师培训体系的构建是教师研究的重要内容。王添淼在《国际中文教师教学能力再探——成为“学的专家”》中，针对新时代下对外汉语教师教学能力提高的新要求，提出“对外汉语教师想成为‘教的专家’，首先要成为‘学的专家’”。

文章指出，成为“学的专家”的基本含义是教师学会学习，学会如何通过学习不断充实与完善自我，实现教学能力与专业素养的持续提升。文章就成为“学的专家”提出三点基本理念：一是由被动学习变主动学习；二是由短期学习变终身学习；三是由工具性学习变反思性学习。

关于国际中文教师成为“学的专家”的具体路径，文章提出以下几点：一是以“经验实在”为基础的学习，教师“经验实在”的学习可以更好地解决教学中的实际问题；二是以案例为支撑的情境学习，案例可以为学习者提供教育实践过程中真实的问题情境；三是以共同体为基础的合作交流学习，国际中文教师文化应该从孤立走向合作①，教师专业学习共同体是实现教师合作的主要途径；四是以关键性事件为核心的学习，重在挖掘出事件背后的教育教学规律和具有普适性的知识，使教师的隐性知识显性化；五是教师在反思性教学中学习，反思性教学法可以帮助教师及时地、更为有效地总结经验和教训，在教学中更好地学习与成长；六是教师在行动研究中学习，行动研究是国际中文教师专业发展过程中不可或缺的一部分，将伴随教师专业发展的全过程。

关于国际中文师资培训体系的构建，王添淼在《国际中文师资培训模式的构建——基于美国 TESOL 项目的启示》中，探讨了 TESOL 项目对我国完善国际中文师资培训体系的七点启示。

一是国际中文师资培训对象多元化，适当降低申请者学历和所掌握语种要求，广泛吸收符合条件的不同背景的人士；二是理论和实践并进，并在培训内容上加大教学实践的比重；三是培训方法以学员为主体、任务为中心

① 转引自王添淼：《国际汉语教师文化的转型：从孤立走向合作》，《国际汉语教学研究》2015年第3期。

在课程的总体目标下设计与学员教学实践紧密结合的教学内容，充分展示教学实践过程和发挥学员的主观能动性；四是采取过程性评价和结果性评价相结合的学员测评方式，在培训过程中收集更多影响学员语言学习和语言能力的信息；五是线上培训与线下培训并举，充分利用现代化的科技优势，采取更加灵活的线上师资培训；六是构建更为专业化的分类分级培训课程，按照入职后中文教学对象的特点和需求，采用既分类又分级的师资培训理念和课程设计理念；七是加强国际合作，打造“利益共同体”，利用国外已有的资源，加强国际合作培训中文教师，实现利益共赢。

来源文献：

王添淼：《国际中文教师教学能力再探——成为“学的专家”》，《东北师大学报》（哲学社会科学版）2021 年第 6 期。

王添淼：《国际中文师资培训模式的构建——基于美国 TESOL 项目的启示》，《河北师范大学学报》（教育科学版）2021 年第 2 期。

在新时代新背景下，国际汉语教师教育转型是我们面临的新问题。高皇伟在《新时代国际汉语教师教育转型与方案探析》中，以国际汉语教师教育的新背景为导向，探究了新时代国际汉语教师教育发展的方向。

文章对国际汉语教师教育的三条新背景进行了论述。一是新时代对汉语人才语言素养的新倡议：不仅要培养具有汉语语言交际能力和中华文化传播能力的汉语本土人才，还要基于核心素养取向培养具有语言素养的国际竞争型汉语人才。二是“一带一路”对行业型汉语人才的新需求，“一带一路”沿线国家的汉语教育不能仅仅关注语言教育层面，还要结合行业发展需求，而各行各业汉语国际人才培养的落脚点在于教师。三是新教育对国际汉语教师质量的新追求、新形态下，提升国际汉语教师质量不仅是新教育对新师范发展的必然要求，也是深化新时代国际汉语教师队伍建设改革的追求路径。

基于新背景的分析，文章从教师知识、教师技能和教育手段三个方面对国际汉语教师教育转型问题进行以下阐述。

一是教师知识从“金字塔型”转向“蜘蛛网型”。国际汉语教师的“蜘蛛网”知识结构蕴含着一种知识内化智能的学习机制，并根据人的成长需求和智能知识结合的方式设计主题式汉语课程和教材，构建一种宽领域复合型“汉语+”行业发展的对外汉语教育教学体系。

二是教师技能从“教育者本位”转向“学习者本位”。教师技能是学习者未来从事国际汉语教师行业的必备技能，需要在语言技能取向的基础上，立足学习者需求，增强行业发展技能，转向“语言+行业”技能教育。

三是教育手段从“传统静态型”转向“移动信息型”。文章指出，在新时代汉语国际教育信息化背景下，国际汉语教师教育应突破传统教育的局限，在现场教育的基础上，向远程教育发展。

基于以上论述，文章对国际汉语教师教育新方案进行探讨。

一是倡导学生本位的智慧教师教育理念。新时代背景下，倡导学生本位的智慧教育理念不仅是世界语言教师教育发展趋势使然，也是国际汉语教师教育改革的重要价值取向。

二是推进行业发展型汉语语言能力建设。文章指出，建设“一带一路”职业人才的汉语能力培养机制，要以行业发展为依托，聚焦行业发展型教师教育，培养出一批支持“一带一路”职业汉语人才建设的师资队伍，推动文化产业的升级，为促动中华文化创造性转化、创新性发展奠定基础。

三是促动中华优秀传统文化创造性转化。文章提出具体两点，一要加强中华优秀传统文化与当地文化的有效接轨；二要打通中华文化产业与“一带一路”行业发展需求的通道。

来源文献：高皇伟：《新时代国际汉语教师教育转型与方案探析》，《云南师范大学学报》（对外汉语教学与研究版）2020 年第 5 期。

第四节　教学资源与智慧教育

教学资源建设是国际中文教育事业发展和学科建设的重要内容，也是学界关注的热点。《国际中文教育教学资源发展报告（2021）》是国际中文教育领域第一部全球中文教学资源发展报告，报告全方位展现了新中国国际中文教育 70 余年的发展历程和成果，向世界传达国际中文教育的“中国声音”。[①] 在技术与教育深度融合的背景下，智慧教育成为智能化时代国际中文教育发展的需要和趋势，也是学科发展的重要方向和前沿课题。

近年来，全球中文学习需求逐渐高涨，中文教学资源建设全面发展。马箭飞等在《国际中文教育教学资源建设 70 年：成就与展望》中，通过回顾国际中文教育教学资源建设的主要成就，总结了资源建设的基本特点，并提出展望。

文章概括了国际中文教育教学资源建设的基本特点：一是“资源建设共同体”基本形成；二是我国已成为国际中文教学资源最大产出国；三是标准的规范和引领作用日益凸显；四是资源建设逐步实现“四大转变”：从“对外汉语教材”向“国际中文教材”转变，从“数量增长”向“质量提升”转变，从“纸质教材”向“数字资源”转变，从“单一类型”向“多元结构”转变；五是多主体、立体式的资源“融进去”新格局初步建立；六是海外中文教学资源本土化逐渐增强；七是资源建设体现国别差异性和动态发展性；八是数字资源集成效果突出，多样化、碎片化、分散化的数字资源充分整合，基本能够实现按需投放。

文章最后对国际中文教育教学资源建设提出了展望：第一是坚持标准引领，加速国际中文教学资源创新发展；第二是优化教材体系，增强优质教学内容供给能力；第三是面向智能时代，加快信息技术与国际中文教育融合发展；第四是提升经济价值，加大“中文+职业技能”教学资源建设力度；第五是注重科研支撑，拓展中文教学资源研究的深度和广度；第六是讲好中国故事，展示真实、立体、全面的中国形象。

---

① 《〈国际中文教育教学资源发展报告（2021）〉书讯》，《国际汉语教学研究》2021 年第 4 期。

大数据时代，数字资源已成为国际中文教育的基础性支撑。郭晶等在《国际中文教育数字资源建设现状与展望》中，针对当前国际中文教育数字资源的建设现状做了详细的调查研究，并对未来数字资源建设进行展望。

文章依托“汉语国际传播动态数据库”中的“国际中文教学资源动态数据库”数据，对数字资源建设现状进行总结，提出数字资源建设的整体特点：一是数字资源建设快速发展，不但数量有所增加，种类也朝着多元化、智能化的方向发展；二是大众化、通用型的数字资源占主导地位；三是语言类数字资源规模大于文化类数字资源。文章最后对数字资源建设进行了展望，认为随着中文学习者对各类数字资源需求的日益增长，国际中文教育数字资源建设将迎来快速发展期，资源种类将朝多元化方向持续发展，专门化、国别化、语别化等精准化中文教学资源可能成为未来数字资源建设的重要部分。人工智能技术正快速进入国际中文教育领域，高新技术在其中的应用也将日益广泛、深入。

针对全球中文教学资源的未来发展，吴应辉等在《全球中文教学资源现状与展望》中，从以下几个方面提出了展望。

一是标准引领教学资源建设，《国际中文教育中文水平等级标准》将为国际中文教育事业的发展提供有力支撑；二是与国际传播力建设相结合，研发以世界各国民众为受众的中华文化教学资源，尤其是当代中国的文化类教学资源，将有助于增进世界人民对中国的理解；三是市场机制将发挥重要作用，通过市场机制激发社会力量，形成国际中文教育教学资源开发的多元主体资源建设机制；四是与国民教育体系中文课程相结合，引起各国政府和中国国际中文教育有关机构的重视；五是新兴技术赋能，数字化教学平台、中文课程、中文教辅等资源的巨大需求，为数字化中文教育资源相关领域带来广阔的发展空间，新兴技术赋能国际中文教学资源建设将成为新潮流；六是精准对接需求，努力研发大批精准对接世界各国中文教育的教学资源，以提升中文教学资源的针对性和教学效率；七是中外合作提升本土化水平，中外合作研发面向特定国家的教学资源，既能确保中文教学内容的规范性又能加强对特定国家中文学习者的针对性，中外合作研发中文教学资源将成为常态；八是专门用途中文教学资源具有一定发展空间，中外经济文化合作交流的深化，“一带一路”建设的推进，引发了对专门用途中文教学资源的需求，因此对其研发将具有一定的发展空间。

来源文献：

马箭飞、梁宇、吴应辉、马佳楠：《国际中文教育教学资源建设70年：成就与展望》，《天津师范大学学报》（社会科学版）2021年第6期。

郭晶、吴应辉、谷陵、周雳、依斐、马佳楠、崔佳兴、董晓艳：《国际中文教育数字资源建设现状与展望》，《国际汉语教学研究》2021年第4期。

吴应辉、梁宇、郭晶、马佳楠：《全球中文教学资源现状与展望》，《云南师范大学学报》（对外汉语教学与研究版）2021年第5期。

针对新时代国际中文教育呈现的新特征，叶军在《没有万能的课本，唯有万有的资源——新时代国际中文教育资源建设的几点思考》中，提出对新时代国际中文教育资源建设的几点思考。

文章首先提出国际中文教育资源的新观念：从课本到资源、从教授到学习。第一，以“资源”取代对“教材”的依赖，摒弃以课本为中心的教材观，把重心放在更广泛的资源建设上；第二，把学习的主动权交给学生，把教材的选择权还给教师，摒弃以教师教授为中心的教材观，确立以学生学习为主导地位的新观念；第三，教材建设的重点应该从教材编写转移到资源库建设上来。

文章还提出国际中文教育资源的新内涵：从结构到功能、从形式到意义。从以下三个方面进行分析：一是确立“文本”在学习资源建设中的核心地位；二是多维度的文本分级标准，除结构要素之外，至少还可以从功能、内容、语境、文本类型来界定语言水平的高低和文本的难度[①]；三是从功能与内容两个视角进行文本分类，功能型学习资源是主要按照文本所完成

① 转引自Hadley A. O.：《在语境中教语言》，外语教学与研究出版社，2005。

的语言功能划分的学习资源，内容型学习资源则是按照文本的主题或涉及的内容划分的学习资源。

文章还阐述了国际中文教育资源的新形态：多模态、多媒体、多通道。首先是多模态文本，文章提到三点优势：加强感官刺激、互文性和互补性。其次是多媒体呈现，以多模态文本为基础，开发适宜在手机、电脑等终端上呈现的集文字、声音、影像于一体的多媒体资源。最后是多通道交互，文章提到，只要我们把学习资源的利用从“讲解”这一教学环节拓展到练习、作业、评估等教学全过程，利用互联网提供的多个渠道，完全能够最大限度地实现师生互动和生生互动，还能从人机互动中获得良好的体验。

吴中伟在《关于汉语教学资源建设的三点思考》中，就汉语教学资源的集成与创新、建设机制与平台功能，以及教学材料的社会文化语境等方面展开了思考。

首先，文章就教学资源的集成与创新进行以下三点思考：第一，开发基于《国际中文教育中文水平等级标准》(简称《标准》)的基础性资源，依据《标准》确定的词汇表、汉字表和语法等级大纲，开发词汇、汉字和语法学习资源等；第二，开发在《标准》引领下的各类课程标准/大纲配套教材；第三，进一步加强汉语基础资源研究，实现资源建设创新发展，这就迫切需要深化教学理论研究、面向教学的汉语本体研究、学习需求分析等基础研究。

其次，文章就教学资源的建设机制与平台功能提出以下三点建议：一是形成师生共建共享的资源建设机制；二是建构“集碎片而成系统”的资源库结构形态；三是通过教学资源库建设促进全球中文教师共同体的发展。

语言与社会文化密不可分，文章还分析了教学材料的社会文化语境问题。一是要充分利用和采集真实语料；二是赋予教学材料更加丰富的社会文化语境。文章提到，为教学目的而编制语料，是不可避免的，但在保证语言自然典范的前提下，为了让学习者充分地感知中国社会和文化，应尽可能多角度地展示一个语言项目的社会文化语境。

来源文献：

叶军：《没有万能的课本，唯有万有的资源——新时代国际中文教育资源建设的几点思考》，《国际中文教育》（中英文）2021 年第 4 期。

吴中伟：《关于汉语教学资源建设的三点思考》，《国际中文教育》（中英文）2021 年第 4 期。

在数字化科技创新与后疫情时代背景下，国际中文教材开启数字化教材建设新篇章。吴英成、林惜莱在《从纸质教材到云教材：国际中文口语入门教材的建设与展望》中，以国际中文口语入门教材为例，对云教材的特点和开发进行了阐述。

文章基于国际中文口语入门教材，提出以下三个特点。

一是口语教材的两种模式。口语教学的重点为语音，口语教材旨在帮助学习者了解汉语的语音体系、掌握听与说的技能。文章认为，在口语能力发展的过程中，汉字不是中文学习者必须依赖的“拐杖”，而是终身学习中不可或缺的“良伴”。

二是“语”和“文”的特殊关系。文章认为，初始阶段的教材如果能够采用口语和书面语分轨、口语优先的“先语后文”模式，不仅有助于提高口语教学的质量，也能为日后书面语的教学打好基础。

三是语言事实成分与语言行为成分兼容。文章提出，语言事实以基底语/本族语进行讲解，让学习者“知其所以然”，语言行为让学习者能够实际使用目标语，以目标语进行模仿和操练。

关于云中文口语入门教材的开发，文章从四方面进行阐述。

首先是云中文在线课程的特色，云中文在线课程的最大特色是学习者可以按照个人学习目标与需求，制定自我管理的个人化学习路径，作为个人学习规划总蓝图，因此云中文教材与纸质中文教材建设的核心教学理念迥异。其次是云中文口语入门教材框架，云中文口语入门教材由教程三元件（口语发展、发音基础、汉语导读）、口语发展三单元（导入、资源、情境）、学习三部曲（精熟学习七步法、五大操练法、两大应用练习）、精熟测验四部分组成，让学习者按照个人学习目标与需求制订个性化学习计划，自主学习并进行自我管理。再次是云中文口语入门教材的编订，由内部教材开发处和众包教程开发平台两部分组成。最后是云中文口语入门教材开发展望，文章提出，云中文口语入门教材开发正处于草创期，一系列棘手问题仍待各方共同解决。高效能的云中文教材与线上的评测、即时辅导、个人档案管理等教程管理机制都有待教育和科技产业共同研发。

来源文献：吴英成、林惜莱：《从纸质教材到云教材：国际中文口语入门教材的建设与展望》，《国际中文教育》（中英文）2021 年第 4 期。

教学资源的研究热点和研究前沿，也是学界密切关注的课题。梁宇、李诺恩在《国际中文教育数字教学资源研究主题、热点与前沿——基于文献计量学的视角》中，采用文献计量与可视化分析，探究当前研究热点和前沿问题，发现未来研究方向，为今后中文数字资源研究提供了参考。

文章以国际中文教育领域 1670 篇数字教学资源研究文献为样本，利用 CiteSpace 软件进行分析。

从发文趋势来看，研究可划分为三个阶段：起步期（1990~2003 年）、上升期（2004~2010 年）、加速期（2011~2020 年）；从核心力量来看，核心研究机构群、合作研究群已形成，但核心作者群尚未形成；从研究主题来看，关键词共现和聚类显示出中文数字资源理论、开发、应用、评价、主体五大研究方向；从研究热点来看，包含多媒体教学资源、教育技术、资源设计与应用、数字教学模式；从研究前沿来看，包含慕课、资源发展、“互联网+”教学环境和移动学习。

文章从以下两方面提出中文数字资源建设的展望。

一是加强教育技术与中文数字资源的深度融合。教育技术进步是中文数字资源研究的驱动力。完善中文数字资源研究，需要以丰富、系统的中文数字资源为基础，而中文数字资源的发展离不开教育技术的支撑。文章从技术创设、技术运用、技术管理三个层面提出建议，并指出以上三方面相结合，方可紧随教育技术的发展趋势，提升中文数字资源建设质量和研究质量。

二是拓展中文数字资源的研究空间。文章指出三个拓展方向。①资源管理和评估研究。前期文献大多侧重资源创建和运用，资源建设标准、质量评价、管理机制的研究成果极为匮乏，亟待补充。②创新教学模式研究。文章认为，随着技术进步和资源丰富，基于资源的教学模式研究前景广阔，并且会进一步深入教学主体的行为、心理分析层面，延伸到教学效果及其影响因素的实证研究领域，提升到数字化教学模式的创新理论研究。③资源发展监测研究。利用大数据技术对中文数字资源建设和应用开展动态监测研究，分阶段、全景式展示中文数字资源发展走势和建设现状，可为主管部门、研发单位、教学机构规划、开发、使用中文数字资源提供依据。

来源文献：梁宇、李诺恩：《国际中文教育数字教学资源研究主题、热点与前沿——基于文献计量学的视角》，《海外华文教育》2021 年第 1 期。

小结与思考　后疫情时代国际中文教育教学研究热点及展望

一　数据来源与处理

本节数据主要来源于研究报告的检索文献目录，对目录中教学研究部分的文献限制数据库为中国知网（CNKI），并筛选期刊文献共 992 篇。同时依据重点作者在 CNKI 数据库中手动检索 2020~2021 年的文献，补充教学研究相关文献 90 篇，共计 1082 篇。其中 2020 年的期刊文献共计 394 篇，约占文献总数的36%；2021年期刊文献共688篇，约占文献总数的64%。文献年份分布情况如图2-2所示。

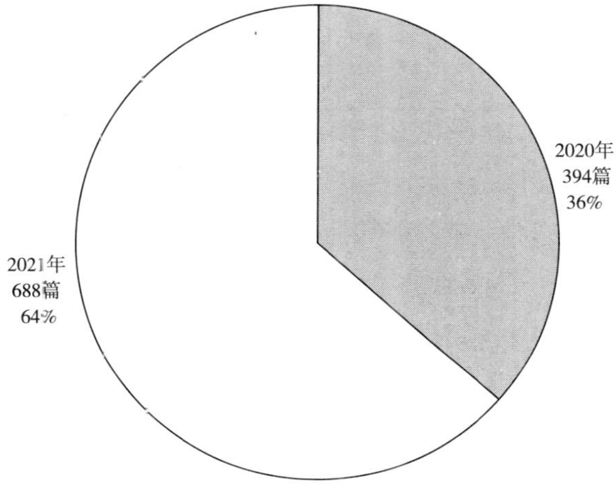

图2-2　2020~2021年国际中文教育教学研究文献占比情况

本文采用CiteSpace（5.8.R3）可视化分析软件对数据进行处理。在对获取的数据进行清洗和格式转换后，得出可进行CiteSpace分析的数据共1082条。本文的基本参数阈值设置为：时间分区2020~2021年，每一年为一个时间分区（Years per slice）；术语来源为题名、摘要、作者关键词和扩展关键词；选择节点类型（Node Types）为关键词（Keyword），选择阈值为“G-index K=25”，对上述获得的文献数据分别进行研究机构、作者、关键词共现分析和聚类分析。

二　研究概况

（一）文献期刊分布

国际中文教育教学研究相关文献共集中于405种学术期刊，其中发表10篇及以上论文的期刊有18种，下面对发文量大于10篇（含10篇）的学术期刊进行统计。如表2-2所示，排在前三位的期刊分别为《汉字文化》、《云南师范大学学报》（对外汉语教学与研究版）、《国际汉语教学研究》，三个刊物共发文 134 篇，约占论文总数 1082 篇的 12.4%。

表 2-2　国际中文教育教学研究发文量≥10 篇的期刊统计

单位：篇

排名	期刊	发文量
1	《汉字文化》	55
2	《云南师范大学学报》(对外汉语教学与研究版)	44
3	《国际汉语教学研究》	35
4	《文教资料》	29
5	《国际中文教育》(中英文)	27
6	《现代语文》	18
7	《文化创新比较研究》	17
7	《作家天地》	17
9	《现代交际》	16
9	《语言教学与研究》	16
11	《大学》	13
11	《天津师范大学学报》(社会科学版)	13
13	《湖北开放职业学院学报》	11
13	《华文教学与研究》	11
13	《时代报告(奔流)》	11
13	《文学教育(下)》	11
17	《出版广角》	10
17	《国际汉语教育》(中英文)	10

（二）主要研究机构及核心作者

本文运用 CiteSpace 绘制主要研究机构及核心作者共现图谱，在前述基本参数阈值设置的基础上，分别选择节点类型（Node Types）为机构（Institution）和作者（Author），仍选择阈值为“G-index K=25”得出共现图谱及具体数据，如图 2-3、图 2-4、表 2-3、表 2-4 所示。

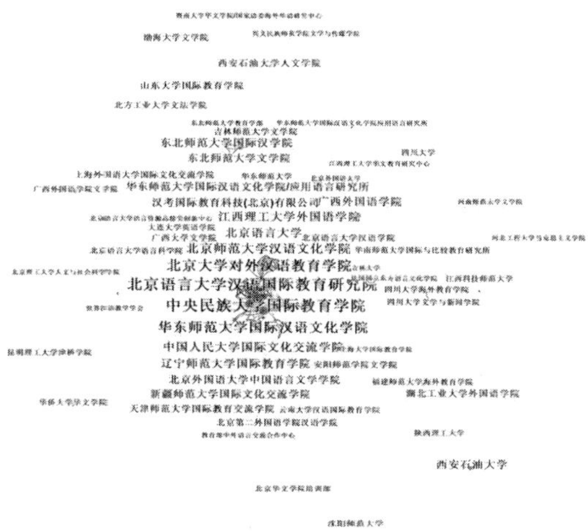

图 2-3　国际中文教育教学研究主要研究机构共现图谱

表 2-3　国际中文教育教学研究发文量≥5 篇的研究机构统计

单位：篇

排名	研究机构	发文量	排名	研究机构	发文量
1	北京语言大学 汉语国际教育研究院	27	6	中国人民大学 国际文化交流学院	11
1	中央民族大学 国际教育学院	27	9	辽宁师范大学 国际教育学院	10
3	北京大学 对外汉语教育学院	19	10	西安石油大学	9
4	华东师范大学 国际汉语文化学院	17	10	广西外国语学院	9
5	北京师范大学 汉语文化学院	13	10	东北师范大学 国际汉学院	9
6	江西理工大学 外国语学院	11	13	汉考国际教育科技（北京）有限公司	8
6	北京语言大学	11	13	新疆师范大学 国际文化交流学院	3

续表

排名	研究机构	发文量	排名	研究机构	发文量
13	华东师范大学 国际汉语文化学院/应用语言研究所	8	22	沈阳师范大学	5
13	北京外国语大学 中国语言文学学院	8	22	广西大学 文学院	5
13	东北师范大学 文学院	8	22	安阳师范学院 文学院	5
18	西安石油大学 人文学院	6	22	吉林师范大学 文学院	5
18	湖北工业大学 外国语学院	6	22	北方工业大学 文法学院	5
18	山东大学 国际教育学院	6	22	北京语言大学 汉语学院	5
18	天津师范大学 国际教育交流学院	6	22	北京第二外国语学院 汉语学院	5
22	渤海大学 文学院	5	22	上海外国语大学 国际文化交流学院	5

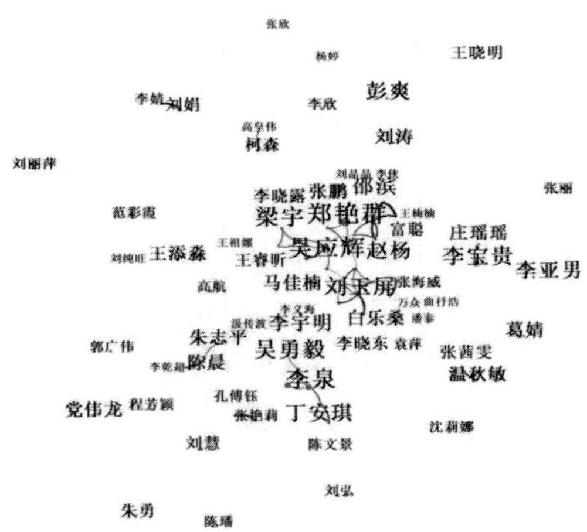

图 2-4　国际中文教育教学研究的核心作者共现图谱

表 2-4　国际中文教育教学研究发文量≥5 篇的核心作者统计

单位：篇

排名	作者	发文量	所在研究机构
1	郑艳群	11	北京语言大学汉语国际教育研究院
2	李泉	10	中国人民大学国际文化交流学院
2	吴应辉	10	北京语言大学汉语国际教育研究院
4	梁宇	9	北京语言大学汉语国际教育研究院
5	吴勇毅	8	华东师范大学国际汉语文化学院/应用语言研究所
5	李宝贵	8	辽宁师范大学国际教育学院
5	刘玉屏	8	中央民族大学国际教育学院
8	李亚男	7	北京语言大学语言科学院
8	彭爽	7	东北师范大学文学院
8	赵杨	7	北京大学对外汉语教育学院
8	丁安琪	7	华东师范大学国际汉语文化学院
8	邵滨	7	中央民族大学国际教育学院
13	李宇明	6	北京语言大学语言资源高精尖创新中心
14	党伟龙	5	北京华文学院培训部
14	张鹏	5	大连大学英语学院
14	陈晨	5	北京大学对外汉语教育学院
14	庄瑶瑶	5	东北财经大学国际教育学院
14	温秋敏	5	广西外国语学院文学院
14	葛婧	5	北方工业大学文法学院
14	刘涛	5	东北师范大学国际汉学院
14	王添淼	5	北京大学对外汉语教育学院
14	朱志平	5	北京师范大学汉语文化学院
14	马佳楠	5	教育部中外语言交流合作中心
14	白乐桑	5	法国国立东方语言文化学院

由前文可知，国际中文教育教学研究主要研究机构以高校国际教育学院、对外汉语教育学院、国际文化交流学院等为主，如北京语言大学汉语国际教育研究院、中央民族大学国际教育学院、北京大学对外汉语教育学院、华东师范大学国际汉语文化学院、北京师范大学汉语文化学院等。除高校外，汉考国际教育科技（北京）有限公司在 2020~2021 年发文 8 篇，也是一

个成果较为突出的研究机构。在校际合作方面，目前已初步形成了以北京语言大学汉语国际教育研究院（中介中心性 Centrality0.05）为核心的研究合作网络。北京语言大学汉语国际教育研究院与北京大学对外汉语教育学院、北京师范大学汉语文化学院等 18 所高校和研究机构间形成了一个较为稳定的合作网络。这些研究机构不仅研究成果丰富，还在研究中发挥了桥梁枢纽作用。此外，中央民族大学国际教育学院点位较大，研究成果丰硕，在该网络中连接了 12 所研究机构。

就核心作者及其合作情况而言，目前国际中文教育教学研究所形成的合作网络以学校为单位，整体上合作网络规模较小且分布情况比较分散。由图 2-4 可知，目前形成了以吴应辉为核心的合作网络。较为突出的研究成果有北京语言大学汉语国际教育研究院的吴应辉、梁宇等联合发表的《全球中文教学资源现状与展望》《国际中文教育教学资源建设 70 年：成就与展望》。此外，从发文量来看，2020~2021 年，郑艳群、李泉、吴应辉三位学者在教学研究方面成果较多，发表期刊文献在 10 篇（含 10 篇）以上。

三　2020~2021年国际中文教育教学研究的热点分析

关键词是作者对于文章核心的概括和精炼，是一篇文章的精髓，借助 CiteSpace 来分析文献题录中的关键词可以确定某一领域的热点。因此对文章的关键词进行分析，频次高的关键词常被用来确定一个研究领域的热点问题。① 本部分将从关键词出现的频次、中介中心性以及聚类情况来分别探讨 2020~2021 年国际中文教育教学研究的热点话题。

（一）高频关键词

在 CiteSpace 中选择节点类型为关键词（Keyword），在 G-index 中选择 K=25 进行分析，得出 2020~2021 年国际中文教育教学研究的关键词共现情况如图 2-5 所示。

---

① 赵蓉英、许丽敏：《文献计量学发展演进与研究前沿的知识图谱探析》，《中国图书馆学报》2010 年第 5 期。

图 2-5 国际中文教育教学研究关键词共现图谱

为了更清晰地呈现国际中文教育教学研究的热点关键词，提取出现频次最高的前 30 位关键词的指标数据，如表 2-5 所示。

表 2-5 国际中文教育教学研究频次前 30 位关键词统计

序号	关键词	频次	序号	关键词	频次
1	对外汉语	55	14	对策	14
2	留学生	40	18	国际化	13
3	孔子学院	35	18	中文教学	13
4	汉语教学	27	18	汉语	13
5	中文教育	25	21	泰国	12
5	人才培养	25	21	等级标准	12
7	线上教学	24	21	教学资源	12
7	一带一路	24	24	应用	11
9	课程思政	21	24	汉语学习	11
10	文化教学	16	24	高职院校	11
11	现状	15	24	文化传播	11
11	教学改革	15	24	课程设置	11
11	教学策略	15	24	文化	11
14	教学	14	30	教材	10
14	国际汉语	14	30	词汇教学	10
14	华文教育	14	30	高校	10

结合图2-5和表2-5可知，除“对外汉语”“中文教育”“汉语教学”外，国际中文教育教学研究的高频关键词依次为“留学生”“孔子学院”“人才培养”“线上教学”“一带一路”“课程思政”“文化教学”。从整体看，2020~2021年的国际中文教育教学研究具有较为明显的时代特征。2020年作为国际中文教育的转型之年，①新冠疫情的影响和国际环境的变化促使学者们探索新时代背景下的学科转型和教学改革。此外，自2021年7月1日起，《国际中文教育中文水平等级标准》作为国家语委语言文字规范正式实施，新的等级标准下的框架体系构建、教学资源建设以及“中文+”职业技能教学等都成为学者们探索的热点话题。

（二）高中介中心性关键词

文献节点中介中心性的高低可以反映一篇文献对某一学科研究领域的桥梁枢纽作用。表2-6为依据中介中心性排名的前30位关键词，其中中介中心性越高，表明该关键词在整个研究中的影响力越大。

表2-6　国际中文教育教学研究中介中心性前30位关键词统计

序号	关键词	中介中心性	序号	关键词	中介中心性
1	对外汉语	0.44	13	中文教学	0.07
2	留学生	0.22	13	泰国	0.07
3	孔子学院	0.19	13	课程设置	0.07
4	汉语教学	0.18	17	国际化	0.06
4	人才培养	0.18	18	课程思政	0.05
4	一带一路	0.18	18	教学资源	0.05
7	对策	0.13	18	高职院校	0.05
8	线上教学	0.11	18	文化传播	0.05
9	教学	0.09	18	文化	0.05
9	汉语	0.09	18	教材	0.05
11	中文教育	0.08	18	教学模式	0.05
11	口语课	0.08	25	文化教学	0.04
13	现状	0.07	25	华文教育	0.04

① 李泉：《国际中文教育转型之元年》，《海外华文教育》2020年第3期。

续表

序号	关键词	中介中心性	序号	关键词	中介中心性
25	汉语教师	0.04	29	高校	0.03
25	问题	0.04	29	来华留学	0.03
29	教学改革	0.03	29	东南亚	0.03
29	国际汉语	0.03	29	汉字教学	0.03
29	汉语学习	0.03	29	hsk	0.03

综合表 2-5 和表 2-6 可知，2020~2021 年，国际中文教育教学研究中频次较高且中介中心性也较高的关键词有“对外汉语”“留学生”“孔子学院”“一带一路”“汉语教学”“人才培养”“线上教学”等，这说明这些关键词的相关研究众多且在近两年的教学研究中具有较高影响力。将关键词依据中介中心性排序后，前三位关键词没有变化，仍分别是“对外汉语”“留学生”“孔子学院”，它们的关键词频次和中心性均是最高的，这说明它们的相关研究成果广泛，且承载的信息流也很丰富。

关键词出现的频次与关键词所具有的中心性并不存在严格的正相关关系，即出现频次高的关键词并不一定具有更强的中心性，中心性强的关键词也不一定出现频次高。比较表 2-5 和表 2-6 可知，2020~2021 年，国际中文教育教学研究中频次较高且中介中心性也较高，排名变化较大的共有 8 个关键词，“对策”由第 14 位上升至第 7 位、“课程设置”由第 24 位上升至第 13 位、“文化传播”由第 24 位上升至第 18 位、“文化”由第 24 位上升至第 18 位；“课程思政”由第 9 位下降至第 18 位、“文化教学”由第 10 位下降至第 25 位、“教学改革”由第 11 位下降至第 29 位、“华文教育”由第 14 位下降至第 25 位。这说明，围绕“对策”“课程设置”“文化传播”“文化”这 4 个关键词展开的相关研究虽然有较强的桥梁和枢纽作用，但是出现频次较低，相关研究成果尚不丰富；围绕“课程思政”“文化教学”“教学改革”“华文教育”展开的相关研究成果丰富，但在教学研究中的影响力有限。

（三）关键词聚类

本文通过 CiteSpace 中的 LLR 算法（Log-likelihoodrate）对共现的关键词

进行聚类分析，选取其中规模量大于 10 的前 7 个聚类，具体信息及聚类图谱如表 2-7、图 2-6 所示。

表 2-7 国际中文教育教学研究关键词聚类

Cluster ID	Size	Silhouette	mean(Year)	LLR
0	40	0. 85	2020	人才培养
1	29	0. 803	2020	孔子学院
2	28	0. 82	2020	现状
3	19	0. 762	2020	文化传播
4	19	0. 741	2020	线上教学
5	18	0. 853	2020	留学生
6	11	0. 84	2020	课程思政

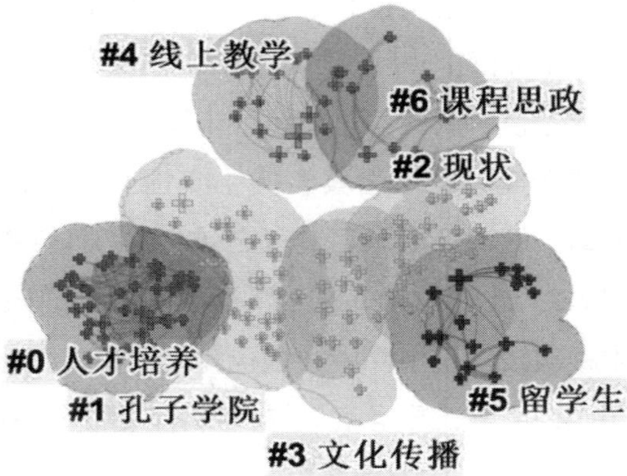

图 2-6 国际中文教育教学研究关键词聚类图谱

如表 2-7 所示，依据关键词划分出的规模量大于 10 的聚类有 7 个，分别是：人才培养、孔子学院、现状、文化传播、线上教学、留学生、课程思政。

（四）研究热点聚焦

本部分主要聚焦人才培养、孔子学院、文化传播、课程思政四方面的研究热点做一简述。

1. 国际化视野下的人才培养研究

"一带一路"倡议下，沿线国家在经济、教育、文化等领域的交流和沟通不断深入，国际中文教育不仅要培养学习者的汉语技能，还要培养具有国际视野的复合型人才。"一带一路"的国际化背景对人才培养提出了需要开展职业教育和具备一定的专业技能的新要求，"中文+职业教育"应运而生。在2020~2021年的国际中文教育的人才培养问题研究中，学者们聚焦"一带一路"倡议下国际化人才需求的转变和模式构建展开探讨。邢欣、宫媛提出，创新发展人才培养模式是时代的必然要求，应把握好从泛化到精准化、从单层次到多层次、从通用型到专门化、从单一化到多样化的转变，从而形成精准化、高科技化、专业化和速成化国际汉语人才培养机制。① 孙朝阳从协同创新视域出发，提出要建设以协同创新为取向的汉语国际教育人才培养机制，具体而言，就是要促进体制协同、学科协同、理论教学与实践教学协同、国内外相关机构协同、汉语国际教育与所在国经济社会文化协同。② 总之，应对世界局面之变，提出并适应汉语教育新理念，需要创新汉语国际化人才的培养模式。在此过程中，需要不断促进和培养开放、多元、创新的国际化视野，同时也要努力引进和培养一批具有国际视野的汉语国际教育创新型专业教师队伍。

2. 融合线上和走向本土化的孔子学院研究

孔子学院是中国语言文化国际传播的重要机构。比较2020~2021年的孔子学院相关文献可知，在教学研究方面，孔子学院研究关注的新问题是线上教学模式与孔子学院教学的融合问题和教学本土化问题。应对网络化、数字化的新趋势，部分学者集中微课和慕课教学在孔子学院教学中的应用展开探索。如孟乐等提出应充分考虑互动体验，推动线上和线下教学的整合，探索基于慕课的虚拟孔子学院的构建等问题。③ 另外是教学本土化的

---

① 邢欣、宫媛：《"一带一路"倡议下的汉语国际化人才培养模式的转型与发展》，《世界汉语教学》2020年第1期。

② 孙朝阳：《协同创新视域下汉语国际教育人才培养问题探析》，《安阳师范学院学报》2020年第3期。

③ 孟乐、何佳、王骏：《体验视角下孔子学院如何开展MOOC教学？——基于德国海德堡孔子学院的问卷调查与访谈分析》，《现代教育技术》2020年第12期。

问题，赵杨指出，实现由输血向造血转变，培养本土师资，是汉语国际教育实现可持续发展的关键。[①] 中国作为汉语母语国，应更多在教师培养与培训、课程标准、教学大纲、课程设置、合作教材编写、汉语水平标准及评估等方面进行助推甚至引领。

3. 倡导融汇新技术的文化传播研究

国际中文教育中的语言教学和文化教学相伴而生，中文教学离不开文化教育。人工智能、VR 等新技术的发展使在近年来的文化传播研究中，学者们更加重视新技术、多模态在文化传播中的融合问题。学者们探索文化传播新形式，探索文化慕课和微课资源的设计及其开发。贾琪、韩蓉在汉语俗语与文化微课程设计中融入图片、音效、动画、视频等多种模态，使学生在线上学习中能够有效调动多个感官，提升学生的学习效果。[②] 此外，将虚拟现实（VR）等新兴数字技术与文化传播融合，探索虚拟文化浸润环境的互动性平台创建也是国际中文教育进行文化传播的一个成功探索。如陈丽媛探索开发的燕赵文化在线互动平台，既是融汇新技术的优秀文化传播典型，又是文化教学资源的创新性积累。[③] 总之，文化传播结合新技术是时代所需，在新冠疫情的影响下，线上学习者无法获得线下课堂的体验感和氛围感，新技术是弥补这一缺点的有效方式。融汇新技术开展文化传播，能够丰富视听语言，构建多模态沉浸式课堂，在弥补线上课堂体验感不足的缺点的同时，突破传统课堂的时空局限，也是未来国际中文教育的发展趋势之一。

4. 初步探索将课程思政纳入国际中文教育的相关研究

如何将课程思政纳入国际中文教育也是近年学者们关注的问题之一。一方面，教育部指出，全面推进课程思政建设是落实立德树人根本任务的战

① 赵杨：《汉语国际教育的“变”与“不变”》，《天津师范大学学报》（社会科学版）2021 年第 1 期。

② 贾琪、韩蓉：《面向国际学生的汉语俗语与文化微课程设计研究》，《汉字文化》2021 年第 13 期。

③ 陈丽媛：《融媒体视角下燕赵文化在线互动平台建设探究》，《文教资料》2021 年第 20 期。

略举措，要求将课程思政融入课堂教学建设全过程。另一方面，全球化的发展和人类命运共同体的推动使培养具有国际化视野的“世界公民”成为汉语国际教育的新目标。因此，国际中文教育中课程思政的实践探索成为学者们集中关注的话题。学者们从不同主体分别探讨了“课程思政”纳入国际中文教育的问题。对汉语学习者而言，李慧指出，应探索创新型汉语课程思政育人的实践模式，要在通识教育和专业教育中开展课程思政，达到专业知识与思想教育的统一。① 对汉语国际教育硕士研究生而言，陈亚探索汉语国际教育硕士海外实习与思政工作融合机制的构建，从打造全员育人的工作机制、创新工作形式、打造全程育人模式三个方面提出了思政教育与汉语国际教育海外实习工作融合的机制与路径。② 在 2020～2021 年的国际中文教育教学研究中，学者们探索课程思政与国际中文教育的融合。汉语国际教育专业的学生和汉语学习者都是讲好中国故事的主体，有意识地将课程思政融入教学，合理运用课程思政的元素，一方面有利于完善汉语国际教育的课程体系，另一方面也有利于培养知华友华的国际学生，进而让汉语学习者成为讲好中国故事、展现“真实、立体、全面的中国”的主体。

四　研究展望

国际中文教育既是学科，也是事业，响应时代需求是国际中文教育教学研究义不容辞的责任和担当。面对百年未有之大变局，教学研究应着力做好以下几方面的工作。

（一）线上教学研究

新冠疫情触发的线上教学引发了国际中文教育的急剧变革，使 2020 年成为“国际中文教育转型之元年”。这一变革对于国际中文教育的影响既是全方位的，也是长期而深远的。国际中文教育要经历从传统课堂教学到智能教育、再到智慧教育的发展历程，最终实现线上线下一体化、课内课外

① 李慧：《知华友华视角下国际汉语教学中的课程思政探索》，《汉字文化》2021 年第 20 期。

② 陈亚：《汉语国际教育专业硕士海外实习与思政工作融合机制研究》，《安阳师范学院学报》2021 年第 4 期。

一体化、虚拟现实一体化的全场景教学，离不开相关研究的支持。线上教学研究应超越已有的现状调查、价值意义及教学模式等方面的研究，在加强顶层设计与规划研究的基础上，开展国际中文教育领域的智慧教育研究、海内外在线中文教育平台及虚拟社区的研究，以及国际中文在线教育标准研究等。

（二）通识教育研究

目前，我国已经成为亚洲最大的留学目的国，并且选择来中国攻读学位的学历留学生的数量已超过非学历留学生。同时，教育部等制定的《学校招收和培养国际学生管理办法》中明确规定："汉语和中国概况应当作为高等学历教育的必修课"。在此背景下，通识汉语课程和中国概况课程的重要性不言而喻。然而，现有研究成果相对有限，而且主要聚焦于《中国概况》教材编写、相关课程教学模式及教学法等方面，通识汉语课程的研究尚未引起学界应有的重视。为保证学历留学生教育的教学质量，今后应加大对通识教育研究的力度，为相关教学提供有力支撑。

（三）《国际中文教育中文水平等级标准》的研究

2021 年 3 月，由教育部语合中心组织研制的国家语委语言文字规范《国际中文教育中文水平等级标准》（GF0025-2021）（简称《新标准》）发布，2021 年 7 月 1 日起正式实施。《新标准》的发布与实施对于国际中文教育的影响是系统性的，既包括课程设置，也包括教学内容；既包括资源建设，也包括测试评估。《新标准》自颁布以来受到广泛关注，并产生了一批研究成果，主要包括价值研究、解读研究、应用研究等。鉴于其重要性和影响力，基于《新标准》的相关研究在可预见的未来都将是国际中文教育持续性的研究热点，如留学政策研究、教学研究、资源研究以及测试研究等。

（四）"讲好中国故事"的研究

2021 年 5 月，习近平总书记提出，讲好中国故事，传播好中国声音，展示真实、立体、全面的中国，是加强我国国际传播能力建设的重要任务。在构建人类命运共同体的背景下，促进中外人文交流和民心相通是新时代国际中文教育的目标之一。如何润物细无声地进行中华文化的国际表达、如何潜移默化地展现中国故事及其背后的价值内核，是新时期国际中文教育开展语言与文化教学的重要命题。目前，国际中文教育领域“讲好中国故事”的相关研究成果数量极其有限，研究内容虽涉及路径、方法及教学改革等方面，但距离支撑国际中文教育相关实践尚有较大发展空间，研究广度和深度均有待提升。

（五）人才培养研究

在线汉语教学的发展、新冠疫情对于国际中文教育专业学历生海外实习的影响，以及逆全球化的国际形势，共同作用引发了学界对国际中文教育人才培养的现实反思及创新性研究。2020~2021 年的研究主要聚焦于创新人才培养模式的研究、教育实习及实践改革研究等。今后须继续加强中外人才培养目标的研究、加强基于现实需要和实践取向的研究、加强人才培养中的信息素养及教育素养研究等，以支撑国际中文教育人才培养实践，为国际中文教育事业输入高水平、高质量人才。

（六）资源建设研究

国际中文教育的成功转型有赖于智能技术的发展和优质教学资源的支持，如没有基础研究作为资源建设的依据，国际中文教育的资源建设容易陷入低水平重复建设的困境。由此，资源建设研究的重要性愈发凸显。2020~2021 年的资源建设研究成果丰硕。国际中文教育领域第一部全球中文教学资源发展报告——《国际中文教育教学资源发展报告（2021）》发布，全面梳理了新中国成立 70 年来全球中文教学资源的发展现状与特点，引起了广泛关注。其他相关研究还包括国际中文教育资源体系研究、资源的集成与创新研究、资源的新形态研究、资源的市场化研究等。今后教学资源建设应更加注重科研支撑，将国际中文教育领域的资源建设研究与智能技术相结合、与中外课程体系及线上教育平台相结合、与国际传播力建设相结合、与市场机制建设相结合、与创新全媒体出版融合体系相结合、与打造全产品用户服务链相结合，加速国际中文教育教学资源的创新性发展。

第三章

国际中文教育发展研究

第一节　历程回顾与前景展望

肇始于新中国诞生之初的对外汉语教学事业，如今已度过了 70 多个年头。 刘珣在《追随对外汉语教学事业 60 年——试论对外汉语教学事业和学科的发展》中，将对外汉语教学事业的发展历程分为三个时期：20 世纪 50~70 年代的对外汉语教学事业开创时期，20 世纪 80~90 年代的对外汉语教育学科确立时期和进入 21 世纪以来的汉语加快走向世界时期。

文章指出，开创对外汉语事业的第一个时期，又经过了初创、巩固和恢复三个阶段。 1978 年 12 月，党的十一届三中全会吹响了改革开放的号角，对外汉语教学从此跨入了对外汉语教育学科确立的第二个时期。21 世纪的国际汉语教学实现了前所未有的大发展。 世界经历百年未有之大变局以及受新冠疫情的影响，2020 年意外地成了国际中文教育发展史上的一个重要的节点。 中文加快走向世界的进程，已从以规模发展为主的阶段转向以内涵发展为主，构建更加开放、包容、规范的国际中文教育体系的可持续高质量发展的新阶段。 新阶段将更加重视国际中文教育的标准建设，更加重视“中文+”、职业汉语、中小学汉语教育等问题。将大力加强学科建设和人才培养，大力加强教学资源体系建设，特别是新教育技术和新教学模式的运用。 同时要从汉语的特点出发，加强汉语教学理论和汉语教学法的研究，完善汉语教学法体系，提高汉语学习效率，把我国建成国际汉语教学的研究中心，更好地发挥世界汉语教学的引领作用。

来源文献：刘珣：《追随对外汉语教学事业 60 年——试论对外汉语教学事业和学科的发展》，《国际中文教育》（中英文）2021 年第 4 期。

70 年风雨兼程，来华留学汉语教育跟随国家发展的脚步也逐渐走向繁荣。在留学规模上，我国已超过英国、法国和澳大利亚，成为世界第二大留学目的地国。李宇明和翟艳在《来华留学汉语教育 70 年：回顾与展望》中，将我国来华留学汉语教育划分为三大阶段：来华留学汉语教育的发端、来华留学汉语教育的学科奠定与规模发展、来华留学汉语教育的新阶段。

文章指出，第一阶段（1950～1977 年）是来华留学汉语教育的发端，此阶段汉语教育有以下特点。教学性质：汉语预备教育；教学与活动，政治特色鲜明；重视教学，学科建设初具雏形。此阶段的经验与启发为：①预备教育目标明确；②侧重教法的研究；③重视“走出去”的实践经验；④亦师亦友的师生关系。第二阶段（1978～2010 年）是来华留学汉语教育的学科奠定与规模发展阶段，主要特点为：教学门类更加丰富、自费生数量急剧增长、办学层次稳步提高。此阶段的发展成就如下：①教学认识走向成熟，并与国际二语教学合流；②教材编写百花齐放，推陈出新；③学科建立，汉语教育发展有了根基；④汉语测试国标诞生，汉语教育如虎添翼。

2010 年至今为来华留学汉语教育的新阶段。此阶段的汉语教育有以下特点。学历生成为留学生主体，来华留学生源结构发生巨大变化。汉语预科教育作为汉语作为二语教学的一个特殊门类异军突起，为培养和选拔合格的学历生做出了自己的贡献。教学和科研仍在向内涵化发展，汉语本体与教学的接口研究、研究的理论与视角较有新意。慕课、网上课程、多媒体技术等信息化教育手段越来越多、越来越深入地渗透到实体教育中。线上教学对传统线下教学的冲击以及所带来的教学模态的变化，给教师带来了革新观念、教学转型的推动力。来华留学汉语教育进入了一个新的发展转折点。

作者认为，未来的汉语教育至少要在教学理念、教学模式、教学内容与方法等方面实现六大转变，以顺应未来的发展需要。①由“学汉语”向“用汉语学”转变；②教学内容由“历史中国”向“现代中国”转变[①]；③由“人工教学”向“科技教学”转变；④由“课堂”向“课堂内外”转变；⑤身份由“外宾”向“学生”转变；⑥由“教学”向“教育”转变。

来源文献：李宇明、翟艳：《来华留学汉语教育70年：回顾与展望》，《语言教学与研究》2021年第4期。

新冠疫情背景下世界大变局在经济、政治、社会意识形态、科技四个维度呈现一些趋向性特征，构成国际中文教育事业当下和未来发展的历史大背景。它们作为障碍或者机遇，也必将在事业发展过程中打上或深或浅的烙印。王春辉在《历史大变局下的国际中文教育——语言与国家治理的视角》中，在论述70年国际中文教育取得成就与挑战的基础上，分析当前与未来的几个全局性认识：①中国依然处于发展上升期，这一历史大势不会改变；②中华文明依然昌盛，依然无可替代；③中文的悠久历史和独特魅力提供了强劲动力[②]；④全球最大的语言生活共同体是牢固底盘；⑤语言的国际教育有其客观规律，起伏波动都是正常的。国际中文教育仍然处在发展初期，要为一段时间后国际中文教育的下一波大发展积蓄能量。

面对上述历史背景，未来要立足国际中文教育至少需在以下五大任务和15个具体策略上持续努力。①聚焦语言主业，建立健全国际中文教育体系：建立健全国际中文教育结构体系和服务体系；加快发展现代教育体系，推动教育体系优化升级，提升国际中文教育体系和教育能力的现代化水平。②全面深化改革，构建高水平国际中文教育体制：激发各类主体活力；完善国际中文教育规划；加强市场化发展。③优化既有布局，探索全新项目，稳妥有序推进：进一步挖掘常规品牌价值；强化本土化建设；支持高端人才

① 转引自李宇明：《中文怎样才能成为世界第二通用语言》，《光明日报》2020年1月4日。
② 转引自王春辉：《国际中文教育行稳致远，底气何来》，《光明日报》2020年6月20日。

专业教育；支持中文国际学校建设。④坚持创新驱动发展，全面塑造发展新格局：打造线上和线下相结合的新业态；推进“中文+职业技能”的新范式；提升中文作为国际通用语的新高度。⑤统筹发展和安全，为平安中国和和谐世界助力：重视地缘视角，筑牢事业发展核心地带；建设依法治教的国际中文教育法治体系；强化事业安全风险防控机制，建立安全事件应急机制。

在这个过程中，需要注意以下几个问题：一是树立国家自信、实践自信、“走出去”的自信；二是走差异化发展之路；三是注意分散学习者的潜力，注重多元需求；四是处理好线上与线下的关系；五是秉持复杂系统科学思维把国际中文教育事业的研究放在更大的背景、更高的层次来分析。

来源文献：王春辉：《历史大变局下的国际中文教育——语言与国家治理的视角》，《云南师范大学学报》（哲学社会科学版）2021 年第 2 期。

新时期，全球语言文化传播格局面临深刻变革，国际教育发展环境迎来重大转变。李宝贵、刘家宁在《新时代国际中文教育的转型向度、现实挑战及因应对策》中提出，面对错综复杂、风云变幻的国际形势，国际中文教育应在使命担当、发展方式、工作中心、人才培养等方面进行相应的调整与转变。①在做好语言教学主业的基础上，不断丰富服务内涵，向兼顾语言教学与服务经济社会发展转变；②由外延式高速度发展向内涵式高质量发展转变，由单一中文语言教学向多元化“中文+”教学转变，由各国教育体制外的汉语教学向融入各国教育体制内的本土化中文教学转变，由传统的线下教学模式向线下与线上教学相结合的智慧教育转变；③在学科建设方面的工作重心应由以往的学科基础理论与教法研究向学科体系建设与标准体系建设并重转变，同时应对后疫情时代国际教育市场的新趋势，推动国际中文教育实现高质量发展；④人才培养由以往单一的语言人才培养结构向立体多元化的语言人才培养结构转变。

文章指出，国际中文教育转型面临内涵发展、人才供给、平衡发展、安全发展、可持续发展等五个类型的现实挑战。面对上述挑战，国际中文教育需更新发展理念，转变自身发展方式，以增强发展韧性，提升高质量发展能力，实现自身跨越式发展。一是加快完善国际中文教育全球和区域布局。第一，合理统筹国际中文教育办学资源，着力营造良好教育生态，优化海外中文教育资源配置，多方联动形成合力，打造有国际影响力的中文传播平台。第二，调整优化孔子学院全球布点，全地域谋划，形成区域联动。第三，推动中文教育纳入各国国民教育体系，一方面要根据不同区域、不同国家的具体国情制定有针对性的中文教育发展规划，另一方面要将不同学段的中文教学分批次纳入国民教育体系。① 二是加强国际中文教育制度和标准体系建设。第一，完善国际中文教育质量系列标准建设。第二，创新国际中文教育机构运营机制和管理模式，明确不同类别中文教育机构的功能定位。第三，建立健全国际中文教育质量监督机制，引入质量监督评估体系。第四，规范国际中文教育机构的准入标准和退出机制，定期进行专项检查考核。三是推进人才培养模式多元化。一方面，要横向优化人才培养类型结构，站在助力各国经济发展的全局高度，以服务“一带一路”和人类命运共同体建设需求为导向，构建与自身办学定位和办学特色相匹配的学科专业和人才培养体系；另一方面，要纵向提升学历教育层次，加大高端中文人才的培养力度，培养具备跨文化交际能力的高层次中文人才。四是强化安全风险防控机制。第一，要开展国际中文教育领域的安全风险识别，收集学校、机构基础信息，制定安全风险清单，梳理隐患，不断完善安全风险清单；第二，推进风险分析与风险评估，完善安全风险应对机制，对教育机构进行风险评估，整治风险源；第三，健全安全风险定期评估、监督检查机制，搭建防控平台，建立安全风险等级地图。五是积极应对中文教育低龄化趋势。第一，顶层设计方面，积极开展应对低龄化趋势的中文教学与科学研究，以适应海外低龄少年儿童的实际情况和特点。第二，师资培养方面，要建立精细化的中文教师培养体系，全面提升中文教师队伍的

① 转引自李宝贵、庄瑶瑶：《汉语纳入海外各国国民教育体系之方略探索》，《现代传播（中国传媒大学学报）》2020 年第 1 期。

整体素质和专业化水平。六是全面推动本土化、特色化与智慧化发展。第一，深入推进本土化发展，构建高效务实的中外语言交流新模式，推进教材编写和师资队伍建设的本土化，发挥中文母语国的优势，在师资教材、课程设置、人才培养等方面创造条件；第二，大力推动特色化发展，开设特色专业和课程，培养"中文+"复合型人才，做大做强国际中文教育品牌；第三，创新实现智慧化发展，借助云计算、大数据、人工智能等现代科技，依靠教学决策数据化，实现资源推送智能化，使现代智慧教育技术与国际中文教育有机融合，构建智能化的中文学习环境。

来源文献：李宝贵、刘家宁：《新时代国际中文教育的转型向度、现实挑战及因应对策》，《世界汉语教学》2021年第1期。

第二节　国际化、本土化与标准化

伴随中国国际化程度的不断加深，汉语国际化已成为不可逆转的发展进程。李泉在《论汉语国际化规划》《再论汉语国际化规划》中指出，汉语国际化规划即对涉及国际汉语教学全局的问题做出的发展计划、应对策略及所持主张。汉语国际化规划事关汉语走向世界的大局与效益，关乎中国的国际话语权及话语影响力。汉语母语国有义务有责任，从战略高度和国际视野对汉语国际化做出规划。汉语国际化规划不仅属于汉语二语教学的研究范畴，也是国家语言战略规划的重要组成部分，业界的学术研究不可缺席，而国家层面的主导和实施更是责无旁贷，唯此才能促使汉语国际化更加有序而专业化、顺畅而高效化地发展。

文章重点讨论了汉语国际化的观念规划、声誉规划、阶段规划、学科规划、标准规划的内涵和理据，并在此基础上探讨了汉语国际化规划的目标、原则和理念，即国际汉语教学的总目标是使汉语成为普遍教授和学习的语言，进而成为国际化的交际工具；汉语国际化规划可分为学科内部规划和学科外部规划，分别需遵守学科内部规划原则（具体包括二语教学规律的原则、汉语二语教学特点的原则、共同而有差别的原则）、学科外部规划原则（具体包括促进事业发展的原则、促进阶段性目标实现的原则、促进汉语教学本土化原则）；汉语国际化规划的主要理念包括服务化理念、内外有别理念、资源为主理念。

文章还从国内规划、国外规划、模式规划、教法规划、应用规划等角度，进一步展示汉语国际化规划的问题：①国内规划不应仅限于国内，而应同时关照国外汉语教学的发展，也要跟国家对外发展联系起来，将汉语国际化视为中国国际化的重要内涵与标志；②国外规划站在汉语母语国责任和义务的立场上，本着“促进汉语国际化持续和深度发展”的理念，对海外汉语教学的学科建设和事业发展提出规划意见和发展策略，并避免无效“长臂管辖”；③模式规划方面，根据教学对象的学习目标和学习需求，对语言要素、教学内容和教学资源进行优化组合，夯实汉语教学模式设计的根本着眼点和模式多元化的基础；④教法规划基于二语教学普遍规律和汉语二语教学特点，规划国际汉语教学法流派及多元化的教学方法；⑤应用规划，即研究和规划扩大汉语国际应用的机会和场合、范围和领域。汉语国际应用规划与实践是一个系统化的工程，应本着“积极主动、从点滴做起”的理念来推进汉语国际应用。

来源文献：

李泉：《论汉语国际化规划》，《辽宁大学学报》（哲学社会科学版）2021 年第 1 期。

李泉：《再论汉语国际化规划》，《语言教育》2021 年第 4 期。

实现中文教育的国际化，必须实现中文教育的普及化，而中文教育的本土化是实现中文教育的普及化、国际化的必由之路。王海峰在《国际中文教育的国际化与本土化》中提出中文教育本土化的目标与任务有以下三个方面。

第一，推动将中文教育纳入所在国国民教育体系。目前，全球已有 70 多个国家将中文纳入国民教育体系，但许多国家纳入的层次还不高，深度还不够。我们要从各个层面努力推动更多国家将中文教育纳入国民教育体系，切实落实好“一带一路”倡议，发挥孔子学院、孔子课堂的正面引导作用，释放中文学习红利；加强中外官方及民间机构、团体、人员的交流合作，深度调研所在国语言政策、教育体制和实际困难，帮助建立中文教学课程体系，并提供必要的师资、教材、教具等方面的资助，切实服务好中文教育等。第二，加强中文教育师资力量培养，提高本土师资中文教育水平。汉语教师和志愿者在当地发挥教学作用有时存在局限性，依靠本土教师是解决国际中文教育的根本。本土汉语教师具有一定的优势，他们不仅熟悉中国文化，而且了解当地学生的性格特点、学习规律，习惯当地的教育模式、文化、生活方式；他们懂学生母语，可以跟学生充分交流，及时发现和解决学生在学习、心理及生活上的问题。更为重要的是，他们有中文学习的切身经历，有中文学习的经验和教训，积累了不少中文学习的技巧和方法；他们可以通过母语和目的语对比，及时避免和纠正学习者母语的负迁移。本土教师流动概率较小，便于教学机构教学规划和教学管理。作为目的语国家有责任为推动中文国际教育的进步做出努力，做好国际中文教育师资建设的顶层设计，持续加大国际中文师资供给，加强在职本土教师培训工作，加强国内汉语教师与海外本土教师之间的交流，扩展合作模式和空间。第三，加强学科建设，编写本土化教材，形成本土化的教学模式。研究并编写出针对本土学习者不同需求、学习兴趣、特点难点、接受心理、认知水平，适应学习者思维、文化、习惯和语言表达方式的教材，有利于推进中文教育本土化。中外中文教师要加强合作、取长补短、交流互鉴，共同探索本土教材编写规律。国内中文教育工作者，尤其是有海外工作经验的教师，要积极参与所熟悉的国家或地区的本土教材的研究和编写，以提升汉语本土教材水平。

文章指出，虽然受到疫情和某些国际舆论的影响，国际中文教育面临严峻考验，但整体上来说，国际中文教育仍处于历史最好的发展时期。我们要顺应形势，把握好国际中文教育大局，调整国际中文教育布局，采取具体措施，推动国际中文教育的本土化，推进中文教育的普及化，以实现中文国际化的目标。

来源文献：王海峰：《国际中文教育的国际化与本土化》，《汉字文化》2021 年第 9 期。

国际中文教育发展实践证明本土化发展是实现中文走向世界的关键路径，然而，如何评价各国本土化发展的程度成为国际中文教育学界的一个重要问题。郭晶在《国际中文教育本土化发展指数构建研究》中，借鉴经济学领域中的指数工具，首次提出“国际中文教育本土化发展指数”概念，构建了国际中文教育本土化发展指数模型。“国际中文教育本土化发展指数”（Chinese Language Education Localization Index，CELI）是指中文在世界各国本土化发展程度或变化情况。依据指数的不同分类，可将国际中文教育本土化发展指数分为数量指数和质量指数，数量指数主要反映一个国家本土化发展各个指标在数量上的变化情况，如不同时期中文教材本土化数量变化、教师本土化数量变化等，质量指数反映各个国家的本土化发展水平，如不同时期本土化中文教材的使用占比变化；从项目数量上分，国际中文教育本土化发展指数也可划分为个体指数和综合指数，个体指数又叫单一发展指数，反映本土化发展某一个变量变动情况，而综合指数则是反映本土化发展多个变量的综合发展水平；从计算方法上分，可将本土化发展指数分为简单指数和加权指数，简单指数将各个变量视为同等重要，而加权指数是对各个变量赋予不同的权重进行计算；从比较对象上看，还可分为时间性指数和区域性指数，前者是指对不同时期某国本土化发展指数进行纵向比较，了解本土化变化情况，后者指同一时期的不同国别或区域本土化发展指数横向比较，以便了解本土化发展水平的差异。

“国际中文教育本土化发展指数”体系构成主要包括中文融入当地国民教育体系情况、中文师资和中文教学资源情况。“国际中文教育本土化发展指数”体系由 3 个一级维度指标和 4 个二级单项指标组成，一级指标包括中文教育政策本土化发展指数、中文师资本土化发展指数和中文教学资源本土化发展指数；二级指标包括法律和政令中的中文教育本土化发展指数、中文教师本土化发展指数和中文教材本土化发展指数。该指数是客观评价各国中文教育本土化成效的有效手段，有助于了解国际中文教育本土化发展进程，对把握世界各国中文教育本土化状况、精准对接各国中文教育需求、提高项目支持效益、促进中文国际传播具有重要的理论意义和应用价值。

构建国际中文教育本土化发展指数，可实现以下目标。一是纵向反映一个国家或区域本土化发展中各影响因素的变化情况，以及这些因素对本国或本区域中文教育本土化整体情况的影响程度。二是横向比较不同国家或地区的中文教育本土化发展程度。世界各国中文教育的本土化程度存在很大差异，引入本土化发展指数可以精细化评估各国中文教育的本土化发展程度并对其进行比较，既可为理论研究提供数据支撑，也可为精准支持有关国家中文教育提供科学依据。三是从整体上或分专题综合评估和分析全球中文教育本土化发展状况。我们不仅需要了解各国家或地区的中文教育本土化程度，也需要从整体上认识全球中文教育发展的本土化发展进程。若建构了国际中文教育的本土化发展指数，就可以从整体视角研究全球的发展程度，以便为相应评估指标的发展提供科学参考。四是可通过本土化发展指数对特定国家的发展趋势做出研判。中文教育发展的本土化程度反映中文国际化的程度。若能通过指数指标对特定国家中文教育的本土化发展趋势做出预测，将有利于精准把握中文传播的国别走势，从而预测国际中文教育的发展趋势。

来源文献：郭晶：《国际中文教育本土化发展指数构建研究》，《民族教育研究》2021 年第 3 期。

学界有关孔子学院本土化的研究成果颇多，对孔子学院的本土化建设有一定的促进作用，王美雨在《孔子学院本土化研究述评及本土化建设趋势》一文中详述了学界研究并据此提出本土化的发展路径，孔子学院是一个综合体，包括多种要素，既包括师资、教材的本土化，也包括文化活动形式、管理人员、内勤人员及外勤人员等各种要素的本土化。因此，它的本土化发展不可能只依靠其中一种要素的本土化。所以，在此所言的孔子学院的本土化发展，既包括其构成要素的综合式本土化发展，也应容纳所有海外孔子学院的本土化特征。在这种特征鲜明的语境内，如何深化和细化对孔子学院本土化发展的理解，有效服务于汉语教学的实施和中国故事的诠释，应是重点考虑的一个问题。而本土化的实施途径是多样性的集成，师资、教材、教学方法、媒介方式、管理人员等都是实现本土化的重要因素。在孔子学院本土化发展中，将这些要素各自的功效最大化地利用，并将其融合在一起，是孔子学院本土化发展的核心路径；在汉语教学及中华民族文化的传播过程中，挖掘这些要素在不同领域的独特功效，是孔子学院本土化发展的基本路径。培养体系主要通过坚持以学生为主体、转变协同创新意识、营造协同创新环境、转变教与学环节等来构建。通过学校与企业协同，创新培养主体、教师与学生协同，创新培养渠道、内隐与外显协同，创新培养新方式等路径来实现经管类大学生创新能力培养。

来源文献：王美雨：《孔子学院本土化研究述评及本土化建设趋势》，《高教研究：西南科技大学》2020 年第 4 期。

孔子学院本土化发展道路是在 2014 年全球孔子学院大会上，由孔子学院总部/国家汉办提出的孔子学院可持续发展的方向，即孔子学院要实现“因地制宜、特色发展”的改革发展，必须走本土化路径。邢清清在《孔子学院本土化问题研究》中，围绕“孔子学院本土化”的理论框架、教学实践和国别差异探索三个主题收录论文，从孔子学院本土化的意义、孔子学院本土化的意义建构及其知识生产理论等角度分析了孔子学院本土化理论；以加拿大、日本、南部非洲等地的孔子学院职业教育为例，分析了孔子学院的本土化教学问题；从美国、西班牙、韩国、加拿大、澳大利亚、俄罗斯等国的政策角度论证了孔子学院的国别化发展问题。

其中，《孔子学院本土化过程中的知识生产》一文以组织学习理论为视角，探讨孔子学院本土化知识生产的概念及其路径问题。在孔子学院知识生产的概念框架中，“知识”是指在特定的社会经济和历史环境中形成的系列实践、规范和价值观。对当地文化和社会环境的高度敏感性是知识生产本土化的首要条件。孔子学院作为一个在教育国际化背景下诞生的全新学术共同体，首要任务是建构"合法性"的知识(legitimate knowledge)，也就是要解决什么样的知识可以被当地环境接受，什么样的知识是适切的问题。从这个意义上讲，要建构本土化的知识体系，首先要描述清楚这个知识体系将在何种情境下，由哪类社会范畴内人群使用，其意义为何，学习过程包含哪些社会关系等，接下来，才能经由直接参与孔子学院教学和管理的教师、管理人员和学习者之间在教室里和课堂之外的活动互动，通过"协商"构建意义(negotiated meaning)，从而建立"本土化"的知识体系。而"协商"的行为就是指在孔子学院本土化过程中，在孔子学院所在地的"实践理论"基础上，创造适用于本地学习者特色的规范、方法和理论，即孔子学院的本土化知识生产是一个合作协商的过程。

任何知识都是情境化的产物，也是动态的过程，由人类行动和人与人之间的关系决定。孔子学院本土化不是将国内现有的知识转移到国外的过程，而是在一个由中外方教学、管理人员和国外当地语言学习者共同组成的学术共同体之内，由各个利益相关方共同创造的全新知识体系。这个知识体系包括事实、意见、思想、理论、原则、模型、经验、价值观、情境、专家洞察力和直觉，而且有隐性和显性两个维度。孔子学院的活动体现了高等教育国际化活动中包括教学、科研、社会服务在内的多个层面功能。孔子学院本土化知识既包括生产和传播的显性中华文化知识，也包括孔子学院根据自身与环境之间互动关系产生的经验、观察、反思总结的信念和行为模式等内隐知识。孔子学院的知识生产和传播，包括能够明确表达和传递的显性知识，以及经验、思维和特定的情感在内的内隐知识。

从知识生产的角度看，孔子学院作为一个在教育国际化背景下诞生的全新学术共同体，其新知识的创造过程，是通过不断生产并转隐性及显性知识实现的。而孔子学院的本土化过程就是知识在物理、虚拟和心理的环境中被生产并传播的过程。其知识转化是人与人之间的社会行为，并不局限于单一的个体。由于任何知识都是情境化的产物，因而是"特定化而且不完整的"。孔子学院本土化研究者必须阐明并反思其主体位置，阐明基于差异的“处境知识”以及与此相伴生的“偏见”。

文章认为，孔子学院本土化知识生产包括以下几个步骤。第一个阶段是指孔子学院过去十余年的跨越式发展阶段。在这个过程中，知识的生产和传播方式是以显性知识的叠加为主：在这个阶段，孔子学院中心化的特征与当地文化之间会产生冲突和矛盾，从而产生孔子学院本土化的需求。在这个阶段，本土化知识生产系统受到扰动，产生停滞。这个阶段需要完成对内隐知识的定位和外化，包括定点知识盲区，探求内隐知识并与个人或者群体原有的知识比较之后，通过口头表达和沟通，形成中方和外方人员对两种类型知识的差异的理解。第二个阶段是本土化知识的协商阶段，在内隐知识被认知，并以隐喻、类比或者模型的方式外显之后，孔子学院知识生产的参与者根据知识结构的差异完成不同类型知识的对话和结合。第三个阶段是新知识的内化阶段，属于组织的内隐知识转化为属于个人的内隐知识，即组织中的各个成员能够通过或者是重新经历其他成员的体验，从而将组织的外显知识内化成个人的内隐知识的过程。“协商”是一种中方和外方都接受的模式，并将其以内隐知识的形式固定；接下来是对新形成的组织知识的尝试，如果问题仍然存在，则重新寻找知识盲区，重复上述过程。在孔子学院的本土化即知识生产、传播和转化过程中，中方和外方教师、管理人员和相关机构构建起一个学术共同体，通过对话和协商，将中华语言、文化等显性知识加以叠加，并处理其中蕴含的与本土文化、行为规则等内隐知识之间的矛盾。

来源文献：邢清清：《孔子学院本土化问题研究》，中国社会科学出版社，2020，第 28~35 页。

《国际中文教育中文水平等级标准》（GF0025—2021）的发布，将成为国际中文相关标准化、规范化语言考试的命题依据以及各种中文教学与学习创新型评价的基础性依据，也将为世界各地国际中文教育的总体设计、教材编写、课堂教学和课程测试提供参考，还将为“互联网+”时代国际中文教育的各种新模式、新平台的构建提供重要依据。赵杨在《构建国际中文教育标准体系》中认为推出中文水平等级标准有三方面的原因：第一，研制中文水平等级标准是国际中文教育新形势的需要；第二，标准是掌握一门语言、教好一门语言的核心要素①；第三，标准建设是国家语言能力建设的重要内容。

作者认为，过去几十年国际中文教育的变化主要有以下几个。第一个变化是教学理念和师生角色的变化，标准要反映最新的教学理念，教学理念变了，标准也要随之改变。第二个变化是场景和媒介的变化，特别是近年来线上教学已经成为常态，以线上眼光审视线下，充分发挥线上教学的特点，把线上教学的优势发挥到极致。第三个变化是教学内容的变化，这就是近几年经常提到的"中文+"和"+中文"，也就是过去几十年外语教学界出现的形式与内容融合式教学（content and language integrated learning）。第四个变化是非目的语环境下的中文教学迅速发展，标准要充分考虑本土教师和学生特点，关注本土中文教育的规律。

作为纲领的国际中文教育标准要遵循三个规律。首先就是外语学习规律，要关注中文作为外语教学的特殊性与外语教学的普遍性之间的关系。其次是教育教学规律，明确外语教学的过程目标和终极目标。最后是学习者的认知发展规律，只有符合认知发展规律的标准，才能成为指导教学的纲领。标准制定还要平衡几种关系：第一是理想与现实的关系；第二是普适性与多样性的统一；第三是语言共性与中文特点的平衡，既要从其他语言的视角看中文，更要从中文视角看其他语言。

文章指出，国际中文教育标准研究起步晚，发展空间巨大，必须加强三个方面的研究。首先是对形势有全面准确的把握，让出台的标准靶标明确，一是能用，二是好用，在学科建设和事业发展中能够发挥积极作用。其次是加强微观研究，寻找作为标准的最基本的要素，如新描写主义倡导的那样，通过微观描写、刻画和分析来揭示语言的共性与个性。② 最后是注意学科关联，国际中文教育是一个跨学科专业，涉及语言学、教育学、心理

① 转引自马箭飞：《强化标准建设，提高教育质量——国际中文教育标准与考试研讨会大会致辞》，《国际汉语教学研究》2021 年第 1 期。

② 转引自胡建华：《什么是新描写主义》，《当代语言学》2018 年第 4 期。

学、传播学、管理学等学科，相关标准要充分吸收这些学科的最新研究成果，体现跨学科性质。

来源文献：赵杨：《构建国际中文教育标准体系》，《国际汉语教学研究》2021 年第 2 期。

互联网技术的日新月异和新冠疫情的全球蔓延，使国际中文在线教育获得了空前的发展。张杰在《国际中文在线教育质量评价标准初探》中指出，要研究制定出相应的在线教学规范和标准，适时开展在线教学评估与评价，通过“以评促建”，不断提升国际中文在线教育教学效果。关于国际中文在线教育质量的评价原则，包含以下三点：第一，从评价指标要素构成、体系设定、权重分布等来看，要坚持科学专业的原则；第二，从评价的行为和过程来看，要坚持客观公正原则；第三，从评价的目的和结果来看，要坚持引导发展原则。

关于国际中文在线教育质量评价的要素与标准。国际中文在线教育既具有一般在线教育的共同特点，也具有语言教学和文化传播的个性特征，具体体现在以下四个方面：其一，教与学存在一定的时空距离，尤其是受制于当地的网络技术条件；其二，教育机构和组织对线上教学的影响有所扩大，体现在线上教育资源的提供、师资力量、课程设置与排课等方面；其三，汉语语言和中国文化是属于不同内容的国际中文教育，具有不同的教学特征，应探索多元的线上教学形式；其四，师生之间的双向交流与沟通存在同步和异步之分，所以必须重视教学的效果反馈。因此，国际中文在线教育质量评价是一个定性与定量相结合的综合性考察过程，它是一个动态发展的开放式系统，其基本框架和要素主要包括教育环境、教学环节和效果反馈等三个方面。①教育环境。教育环境是一个宏观意义上的“环境”概念，是针对国际中文在线教育现状而开展的质性评价，包括相关的政策、技术及平台等。②教学环节。教学环节是国际中文在线教育评价的主体部分，具体评价指标包括教学资源的“在线化”程度、教师队伍结构、学生结构与规模。③效果反馈。效果反馈是国际中文在线教育质量评价的重要组成部分，可以从客观和主观两个层面进行评价。效果反馈的客观性课堂教学部分体现为出勤率、作业完成率、考试合格率（含 HSK、BCT、MCT 等考试的通过率）、续课率，以及课堂上师生之间、生生之间的互动频率等；非课堂教学部分则体现为教学资源的下载量、评论量等。主观层面的效果反馈以学生的主观评价为主。

来源文献：张杰：《国际中文在线教育质量评价标准初探》，《国际汉语文化研究》2021 年第 1 期。

第三节　多元主体与资源配置

"自我"与"他者"是体现主客体二元对立关系的一组概念，多见于哲学和文学讨论，赵杨在《"自我"与"他者"视角下的国际中文教育主体间性研究》中，借用以上概念，从宏观、中观和微观三个层面考察国际中文教育中存在的多种主客体关系。宏观层面讨论了语言文化间的关系，认为国际中文教育是一种多元文化教育，目标是培养跨文化交际能力，学习者在这一过程中实现自我重构和文化超越，达到自我与他者的融合。中观层面讨论了国际中文教育与其他课程、专业和职业的关系，考察了国际中文教育的工具属性。微观层面讨论教学中的师生关系，认为和谐的师生关系能够提高教学效率，帮助学习者形成跨文化交际能力。

宏观上国际中文教育的主客体关系体现在语言文化层面。"自我"即中国语言文化，"他者"即其他语言文化，二者关系通过国际中文教育的性质和特点得以展现。国际中文教育的本质是国际理解教育，也是一种多元文化教育，包括以中文作为载体的中华文化和学习者的语言文化。① 国际中文教育也能够帮助中文学习者理解和适应中国文化，形成多元文化认同。

① 转引自胡范铸、陈佳璇、张虹倩：《目标设定、路径选择、队伍建设：新时代汉语国际教育的重新认识》，《世界汉语教学》2018 年第 1 期。

对中国语言文化的理解与适应，表明学习者形成了“间性文化”，这种文化具有非唯我性与非中心性特点，文化和文化主体之间相互渗透与融合。[①]这也是一种中介文化，“既区别于学习者的母语文化行为系统，也不同于学习者的目的语文化行为系统。然而，它却带有两种文化的某些特征”。[②]换言之，这种文化是母语文化与非母语文化、自我与他者相融合的第三种文化。国际中文教育的目标是培养学习者跨文化交际能力。由语言背后的文化，扩展到广义的文化，学习者的跨文化交际能力在学习者自我语言文化和中国语言文化的共同参与下逐渐形成，始于自我文化，逐渐适应目的语文化，最终实现文化超越。学习者意识到文化差异或文化定型的存在，但不为其所缚，能够以开放、灵活、有效的方式进行跨文化交流，建构自我认同。[③]

中观上国际中文教育的主客体关系体现在学科层面。“自我”即中文学科自身，“他者”即其他相关学科。国际中文教育既是目的，也是手段和工具。[④]中文学科内自我与学科外他者更多地体现了国际中文教育的工具属性，自我与他者融合，共同完成某种使命。从专门用途中文来看，涉及多重“自我”与“他者”，除了表面上的汉语与专业或职业，还有深层的中国语言文化与学习者的语言文化以及二者在专业或职业上的具体表现，甚至还要处理语言发展规律与职业发展规律[⑤]；从中文与其他学科的关系来看，国际中文教育是交叉学科，涉及汉语言文字学、语言学、教育学、心理学、信息科学、传播学等多个学科门类；从语言教学层面看，国际中文教育对应的是中文母语教育和其他语言教育，在国内要处理好作为母语的中文教育和作

① 转引自刘辉：《间性文化观中的留学生素质教育》，《中国高教研究》2005 年第 7 期。

② 转引自王建勤：《跨文化研究的新维度——学习者的中介文化行为系统》，《世界汉语教学》1995 年第 3 期。

③ 转引自高一虹：《跨文化交际能力的培养：“跨越”与“超越”》，《外语与外语教学》2002 年第 10 期。

④ 转引自赵杨：《汉语国际教育的“变”与“不变”》，《天津师范大学学报》（社会科学版）2021 年第 1 期。

⑤ 转引自周延松、陈杨国生：《专门用途汉语教学中的文化因素——基于中医汉语的考察》，《海外华文教育》2017 年第 5 期。

为二语的中文教育的关系[①]，在中文作为外语的国家和地区需要处理好中文与所在国家的母语和外语的关系。还有一个重要的关系，就是与语言教育大学科的关系，国际中文教育具有“国际性”属性，在借鉴其他语言的教学理论基础上，要尊重中文和中文教育事实，发现有价值的理论，为语言教育大学科和普通语言学做出贡献。[②]

微观上国际中文教育的主客体关系体现在教学层面。作为教学过程参与者的教师和学生构成教学中最基本的主客关系，可大致分为两类。一类是师生对立关系，教师“自我”与学生“他者”地位不平等，教师处于支配和控制地位，学生处于被支配和被控制地位。另一类是主体间性师生关系，强调师生间平等交往，基于平等性、交互性、理解性等原则实现师生主体间的双向交流与理解。根据他者伦理观，教师不仅是学生的对话者，更是学生“言说”的回应者；教师不仅是学生发展的引导者，更是学生发展的无限责任者；教师不仅是学生平等的交流者，更是学生差异性的保护者；教师不仅是学生学习的促进者，更是学生心灵的关怀者。[③] 国际中文教育由于牵涉中文母语教师和非母语教师、中文目的语环境和非目的语环境、教学所在国家不同的历史文化等因素，师生关系呈现更复杂的多样性和动态性。良好的师生关系首先要保证教学效率，因为教学效能是课堂教学的重要目标；其次要促进学生身心发展，培养学习者用中文进行跨文化交际的能力。

来源文献：赵杨：《“自我”与“他者”视角下的国际中文教育主体间性研究》，《民族教育研究》2021 年第 5 期。

发挥多元主体在国际中文教育中的作用，有助于形成传播合力，提升传播效果。彭增安、张梦洋在《传播学视阈下的国际中文教育主体研究》中指出，国际中文教育经历了从“请进来”到“走出去”的发展历程，即从对来华

① 转引自陆俭明：《汉语作为第二语言教学的本体研究和汉语本体研究》，《世界汉语教学》2007 年第 3 期。

② 转引自赵杨：《汉语国际教育学术话语权构建》，《世界汉语教学》2019 年第 4 期。

③ 转引自蔡婉怡：《他者伦理视角下教师角色的重构》，《教师教育学报》2021 年第 5 期。

留学生的汉语教学到走进世界各国进行国际中文教育，学习者数量的爆炸式增长给教学主体带来了极大的挑战，教学对象和教学环境的变化也引起一系列的反应，但国际中文教育作为传播活动的本质没有改变。目前，在国际中文教育中国家、机构和个人作为传播主体存在一些问题：国家主管部门和机构间缺少协调；传播个体因为专业知识和跨文化交际能力，以及跨文化传播能力的欠缺导致传播效果不佳；海外传播主体包括华人华侨及海外汉学家和本土汉语教师的作用未能充分发挥；来华留学生的“说书人”作用未受到足够重视。

论文首先分析了作为传播主体的国家和机构。文化和旅游部全面加快海外中国文化中心建设步伐，策划举办高水平、专业化、符合当地受众欣赏习惯的文化项目，在大文化领域全方位展示中华文化，塑造国家形象。国务院侨务办公室主导的华文教育通过中华民族语言的推广，传承、弘扬中华文化，保持华侨华人的民族特性。孔子学院设立了“孔子新汉学计划”，吸引和鼓励世界各国有志青年来华学习中华优秀传统文化，为培养高层次汉语人才探索出了一条新路，网络孔子学院和广播孔子学院充分体现了新媒体的资源优势。国家汉办组织的“汉语桥”项目通过组织大、中学生的语言文化大赛，激发了各国青年学习汉语的积极性。我国的电影电视节目纷纷在国际电影节和电视节获奖，许多电视节目被翻译成不同语种在他国播出，各种文学艺术作品通过版权输出得以让各国读者加深对中国的了解，不同机构和行业的传播主体都对中国语言文化对外传播起到了积极的作用。与此同时，孔子学院运作模式、公派教师专业背景，以及国内各职能部门运行统筹方面还有进一步优化或改进的空间。

在谈到作为传播主体的个人时，论文分析了孔子学院中方院长、公派教师、教师志愿者，以及海外汉学家等四类传播主体。

孔子学院中方院长应该具备环境分析和经营能力、对中华文化的国际化表达叙述能力、学术观察发现和钻研能力、跨文化交际能力，以及在国外工作环境下和团队带领所具备的综合领导能力，选拔的条件要求人选具有副处级管理经验并具有良好的语言沟通能力，但实际情况并不乐观，有学校将外派孔子学院院长与干部培养结合在一起，同时储备、培养类似职业外交官的职业院长模式也值得探讨。公派汉语教师是课堂教学的主导者，他们是教学内容的把关人，也是议程设置者，教师可以利用与学习者面对面的机会适当关注公共外交领域的一些意见领袖、具有影响力的团体组织或个人，利用他们的声音进行多渠道的发声，形成多中心的传播格局。汉语教师志愿者是公共外交的生力军，需要了解目前教师志愿者的情况和需求、在汉语教育推广中遇到的问题、对岗位培训效果的反馈和建议等，并有针对性地进行深化研究，形成优势互补、协调运作的完善体系。

海外汉学家、本土汉语教师和来华留学生亦是不可忽视的力量。海外汉学家作为意见领袖在公共外交领域有着引领舆论风向的作用，他们的信息具有权威性和可信性，同时，他们更了解本国的受众心理，因此在诠释中国的做法时传播效果会更好。本土汉语教师则更容易获得学生的信任，更了解本国学生的学习需求、学习习惯和难点，还可以通过对比本国语言与汉语的差异、重难点、用法，帮助本国学生在母语的基础上更好地理解和学习汉语，同时本土汉语教师还可以利用母语介绍中国的国情，开阔学生的视野，培养学生的兴趣，具有不可替代的教学和文化传播优势。来华留学生讲“中国故事”有许多优势，他们了解中国文化及其本国文化，能够选取适合他们国家口味的“中国故事”，同时，他们发布的图片、语音、视频等都具有即时性，时刻传播着与中华文化有关的信息并可实时更新，同胞之间具有文化信任，对于外国人而言具有眼见为实的可信度。

来源文献：彭增安、张梦洋：《传播学视阈下的国际中文教育主体研究》，《河南社会科学》2021 年第 2 期。

刘晗将国际中文教育置于全球教育治理和语言治理语境中，认为国际中文教育治理是全球治理理论在实践中的深度延展，其使命指向在全球化背景下提高国际中文教育的规范性、教育价值及传播力。文章从中国国内汉语国际教育治理、国际上的中文教育事业治理和海外华文教育治理三个层面介绍了中国参与国际中文教育治理的实践。在国内汉语国际教育治理方面，第一，学科基本理论不断完善，对学科发展和治理实践起到了重要指导作用；第二，对外汉语教材建设稳步推进，有效提升了学科教学质量；第三，研究队伍和平台持续扩大，使汉语国际教育的学术与治理生态初步形成。[①] 在国际上的中文教育事业治理方面，语言文化国际交流渠道不断拓宽，所涉及的国别更加多元，治理范围更加广泛。[②] 在海外华文教育治理方面，中国利用天然优势与世界各地华人华侨建立了良性互动机制，深度参与海外华文教育现代化建设。

文章指出，中国参与国际中文教育治理的挑战主要表现为四个方面。第一是治理模式蒙受国际势力诘难，第二是治理对象遭遇内部利益冲突；第三是治理研究难以解决实际问题；第四是治理内容不易满足市场需要。基于以上问题，文章指出应对挑战的四种对策。

首先，权衡治理模式的“全球视野”与“中国特色”。面对一些国际势力对中国国际中文教育运行机制提出的质疑，中国参与国际中文教育治理应从以往粗犷投资、以量取胜的模式向精准建校、以质保优的模式转变，在赢得国际声誉的同时，讲好中国故事。这首先需要具备全球视野，不仅关注中文，也要深度参与国际通用语和非通用语建设；合作搭建国际语言教育治理的交流平台；主动开拓国际语言教育市场；积极进行国际语言教育援助；合理配置国际语言教育资源。与此同时，也需要回归中国语境，提升国际中文教育作为国际公共产品的附加值、科技值、供应量；深入思考国际中文教育体系的内部权力更迭和外部机制重组问题；调和国际中文教育的中华底蕴与世界气魄的关系，树立文化自信、理论自信、制度自信、道路自信，建构具有中国特色的国际中文教育治理模式。

其次，协调治理对象间的对立统一关系。针对汉语国际教育和海外华文教育系统间的矛盾，教育部语合中心与中国国际中文教育基金会的成立为矛盾的化解带来了重要契机。语合中心属于公益性教育机构，基金会属于公益性民间组织，它们的挂牌运行意味着我国国际中文教育事业的治理模式实现了从政府治理到民间自治的转换。政府运营模式的“退场”为汉语国

① 转引自李泉《中国对外汉语教学七十年》，《语言战略研究》2019 年第 4 期。

② 国家语言文字工作委员会:《语言生活皮书——中国语言政策研究报告（2019）》，商务印书馆，2019，第 283~287 页。

际教育和海外华文教育事业创造了自主竞争的环境，同时也为重塑两者的融合生态提供了可能。此时需要智慧性地弥合裂痕、求同存异、共同发展，在尊重当前海外华文教育特殊性的基础上，将其有机纳入国际中文教育体系，最终实现体系内部诸要素间的协调互动、共存共荣，满足国际中文教育治理的价值期待。

再次，推进治理领域的跨界国际比较研究。对于国内语言教育研究的学术群体和研究视野问题，文章提出以下观点：认识学术共同体的孕育是刺激国际中文教育治理能力升级的催化剂；在形成学术共同体的基础上，加强综合性国际比较研究，适当拉远视距，转换视角，将汉语国际教育和海外华文教育同时纳入国际中文教育治理的研究范畴，放在更广阔、真实与复杂的环境中考察。文章指出了一种可行的研究思路，即对西班牙塞万提斯学院、德国歌德学院、法国法语联盟等在国际上较为活跃且具有较大规模的国际语言营销机构动态进行追踪、深剖与比较，能够更好地理解国际语言教育政策的输入与输出，洞悉国际语言教育治理体系的内在逻辑。

最后，开发中国语言资源的教育价值。为满足多元化的国际语言教育市场，应促进国际中文教育的内容体系改革，尝试探索中国语言资源的教育价值，形成以汉语普通话为核心，涵盖多种语言资源的“国际中文教育语言包”。如此一来，“中文+”教育除了以往强调的“中文+职业（专业）”以外，其结构等式也可进一步分解为“汉语+（方言+少数民族语言+海外华文）+职业（专业）=复合型语言人才”。一个丰满厚实的国际中文教育体系不仅承担语言教学，也是中文学习者全面了解中国地域文化、民族文化和侨胞文化的窗口。从这个意义上讲，国际中文教育也便成为国际理解教育。

来源文献：刘晗：《中国参与国际中文教育治理的挑战与应对》，《世界教育信息》2021 年第 7 期。

孔子学院奖学金（现名为“国际中文教师奖学金”）是孔子学院发展与国际中文推广的一个重要政策工具。郑崧发表的《新时代孔子学院奖学金项目治理》、郑崧和吴强共同发表的《孔子学院奖学金项目改进研究——以喀麦隆为例》两篇文章指出，喀麦隆的教师教育与管理政策、教师教育体制导致相当一部分奖学金生在毕业回国后并未成为汉语教师。喀麦隆的个案显示了评估项目实施外部环境以确定影响奖学金项目实施绩效的外部因素的必要性，同时也说明奖学金项目需要通过改进项目治理以提升项目绩效。鉴于此，作者提出以下改进国际中文教师奖学金项目治理的策略。

一是项目投资者应确保利益相关者聚焦支持国际中文教师人才库建设。国际中文教师奖学金项目设计者和投资者有责任、有必要完善其制度体系，规范项目利益相关者之间的权、责、利关系，从而确保所有利益相关者有效协调，达成项目的终极目标。未来的国际中文教师奖学金项目应该围绕“支持国际中文教师人才培养”这一目标，调整奖学金类别结构，重点向学历教育、在职中文教师培训投放资源，适当压缩旨在激发孔子学院或孔子课堂中文学习者学习兴趣的短期研修奖学金名额。而“汉语+职业技术培训”类奖学金，尽管它有助于复合型技术人才培养以及孔子学院类型多元化发展，但是明显不符合奖学金项目设定的培养合格海外中文教师的目标，建议予以调整。

二是孔子学院应推动奖学金项目与各国中文教育发展规划对接。国际中文教师奖学金项目应积极对接各国中文教育发展规划和本土中文教师教育项目，在资源配置上重点向那些将中文教育纳入其国民教育体系的国家，特别是本土中文教师培养能力薄弱的国家倾斜。在国际中文教师奖学金项目与所在国教育部门的对接中，孔子学院应该发挥主要作用。一方面了解所在国对中文教师队伍建设与专业发展的需求，加强与所在国已有中文教师教育体制的衔接，并根据需求提供“订单式”的支持服务；另一方面促使所在国教育部门认可奖学金生在中国获得的学历以及汉语教师资格，让这些奖学金生获得与本土教师教育体系下培养出的中文教师同等的待遇。

三是项目各利益相关者要重视项目绩效评估，特别是国别绩效评估。首先，要强化奖学金生的跟踪机制与奖学金项目的绩效评估。国际中文教师奖学金项目的绩效评估可以检视项目投入是否实现目标和物有所值，为此，国际中文教师奖学金项目管理者应该努力与国际接轨，消除评估“赤字”，切实推进奖学金生跟踪机制和奖学金项目评估体系建设，强化校友联系与项目评估，并依据评估结果精准分配资源，提升项目绩效。同时，借助项目评估过程以及奖学金生跟踪机制，巩固中国与奖学金生之间的关系网络，使项目本身的积极影响不断延续和扩大，从而充分发挥项目的公共外交功能。其次，要通过国别评估发现制约奖学金项目绩效的背景因素，充分利用项目评估所获得的知识，开展“更为精确和实质性的学习”，以改进项目在各个国家的实施策略，进一步提高项目的绩效。最后，要通过提高项目治理能力改进项目绩效。一方面，要让各利益相关者明确项目目标，特别是聚焦“支持本土中文教师人才培养，促进各国中文教育发展”这一根本目标。项目导向和目标分散模糊，项目效果就难以保证和评估。另一方面，要实现利益相关者协同行动，特别是要实现奖学金项目与各国本土中文教师发展项目的对接。

来源文献：

郑崧、吴强：《孔子学院奖学金项目改进研究——以喀麦隆为例》，《浙江师范大学学报》（社会科学版）2021 年第 3 期。

郑崧：《新时代孔子学院奖学金项目治理》，《云南师范大学学报》（对外汉语教学与研究版）2021 年第 2 期。

目前，微信的日活跃用户达到 10.9 亿，成为用户最多、使用频率最高的社交媒体。作为一个信息平台，微信公众号供给的资源具有重要价值。惠天罡、刘瑾轩在《国际中文教育微信公众号内容与传播效果调查》中，以 5 个具有代表性的国际中文教育微信公众号作为样本，借助相关数据平台的技术支持，结合样本公众号调查与数据分析的结果指出，大部分国际中文教育类微信公众号的推送活跃程度不足，信息发布不够密集；推送内容多为转载，多是将“知识点、信息元素经过内容搜集、整合、编辑和推送”给受众，原创能力有待提升，缺乏引爆朋友圈的内容亮点和话题性，缺乏品牌塑造的整体布局。[①] 推送形式看似都是图文并

① 转引自张叶青：《教育类出版社微信公众号运营现状调查分析及对策》，《中国出版》2016 年第 15 期。

茂，有的还附有视频，但图片关联度不强，缺少信息传递的趣味性、新颖性、针对性，视频也多是平台自身宣传。此外，虽然像“对外汉语”这类经过认证的订阅号有意识地开设了微店，设置了电商平台接口向销售环节导流的渠道，但是营销手段过于简单直接，商业气息过于浓厚，用户似乎并不买账，即宣传行为向消费行为的直接转化率较低。综上所述，该类微信公众号对新媒体属性理解不够深入，对如何利用微信平台经营和兑现品牌价值缺乏规划。

据此，文章提出几点建议。一是充分利用微信的新媒体属性，兑现品牌价值吸引用户关注，增强用户黏性，提高用户转化率，在更大范围内兑现品牌价值，是经营微信公众号的重要任务。微信构筑的是强关系间的社交圈，而微信公众号同样也具备“强关系”特征，因为它汇聚的是一个具有明显标签的社群。今后，国际中文教育微信公众号应充分利用微信公众号的交互性与及时性、个体化与社群化等特点，基于重点需求构建和维护用户群，通过后台数据分析，精准定位用户群体，完善产品供给，强化供给端与用户之间的连接和沟通，从而解决信息流不对称导致的重复供给、低效供给和无效供给等问题。国际中文教育微信公众号还应充分发挥后台服务功能，通过数据采集，分析用户的阅读喜好、信息关注点、资讯热点等动态信息数据，进一步勾勒“用户画像”，更为精准、快速地了解用户需求，从而让产品的持续、有效供给更具针对性。二是优化供给内容与形式，丰富用户阅读体验持续供给精品内容、不断提升有效服务的能力是微信公众号的发展目标。读字与读图结合、音频与视频结合，亦静亦动，有助于充分调动用户的多种感官，持续优化用户的阅读体验，同时会让供给内容更具辨识度。同类微信公众号容易出现“同质化”“同源化”现象，即供给内容相似度高、差异性弱。这种情况容易导致用户注意力分散，“供需关系”稳定性差。因此，国际中文教育领域的公众号应找准自身市场定位，进行差异化、精细化内容生产。此外，国际中文教育公众号在内容编排上还可以进一步完善与拓展，充分发挥微信小程序作用，将公众号中无法展现的内容在小程序中得以完善，进而强化内容呈现效果。这样，小程序的配合使用延伸了内容供给方对用户的服务，甚至可能促进用户成为相关内容的生产者，进一步丰富用户的体验感和参与感。三是多方合作供给资源，充分释放新媒体功能。国际中文教育的发展主要基于三个层次的供给。①上游供给：国家政策引领发展方向，相关研究成果跟进，为实践活动提供指导。②中游供给：校企合作、产教融合，形成产学研一体化的多方供给服务模式。③下游供给：以“三教”问题为主的教与学问题，如各层次的国际中文教育专业人才实践能力培养、汉语国际教育专业课程设置、“互联网+”课程开发建设与远程教育模式发展、建立针对不同群体的各类课程的教学标准等。国际中文教育微信公众号的内容供给如能围绕国际中文教育的三个层次的供给进行将更为有效。国际中文教育的发展与国际环境、国内政策、双边及多边外交关系等因素关系紧密，微信公众号应密切关注以上因素的变化，及时发挥新媒体传播快捷、传播范围广泛、传播形式多样、传受双方互动性强等优势，及时推送与国际中文教育发展密切相关的国内外信息，包括国际交流信息、最新教育政策等，使微信公众号与其他相关媒体互为补充、相互呼应，形成全方位、多层次、多类型的内容供给，助力国际中文教育新发展。四是发挥新媒体的时效性优势，传播知识信息与提供咨询服务并举，充分利用微信公众号自媒体的日发文频次，并结合影响国际中文教育发展的内外部因素，选择合适主题进行推文。例如，热点事件自带流量，一般来讲，以“蹭热点”的方式做选题，往往能带来更多关注度。国际中文教育微信公众号中，有不少内容缺乏亮点和话题性，因此，充分利用平台特点，精准整合、创作与当下关注热点相结合的优质内容是十分必要的。如“两会”期间不少代表为教育建言献策，尤其是有关语言文化传播的提案在业界备受关注，国际中文教育类公众号如能以此作为话题切入点，发布相关内容，既能强化微信公众号自身的市场定位，也能增强用户对公众号的关注度与黏性。

来源文献：惠天罡、刘瑾轩：《国际中文教育微信公众号内容与传播效果调查》，载李艳主编《语言产业研究》（第3卷），首都师范大学出版社，2021，第173~185页。

第四节　专题：后疫情时代国际中文教育发展

新冠疫情带来了全球性的公共卫生危机，甚至引发了国际形势的复杂变化，也为国际中文教育带来巨大的机遇和挑战，与此同时，2020 年，国际中文教育的体制机制也在发生重大转变。李泉在《2020：国际中文教育转型之元年》《2020 年应成为国际汉语教学学科建设转型之年》中指出，历经了线上教学，业界教师普遍熟悉了线上教学模式并充分认识到其巨大的作用和潜力，认识到传统的课堂教学必须加以革新和改造，因此，必须走线下教学与线上教学相结合的路子，必须进一步全面发挥线上教学的优势。与此同时，业界同仁初步的相关研究不仅对线上教学有普遍性认可的共识，也展示了普遍性的线上教学研究的新趋势。这表明国际汉语教学的学科建设进入了全面向现代化教学和研究转型的新时代。鉴于此，文章从学科建设、课程设置、教学模式、教师发展、教材编写、教学和学习理论研究等角度，提出了学科转型的若干问题。

第一，应重新规划学科建设的取向与内涵。后疫情时代的学科建设应将线上教学提升到关乎学科建设现代化的高度来认识，将线下课堂教学与线上网络教学结合起来统筹规划，不应再走仅以线下课堂教学为主的老路。第二，应重新规划课程设置体系与教学方式。新时代应明确将线下教学与线上教学相结合，将其确立为一条重要的国际汉语教学原则，[①]重新规划与设计国际汉语教学的课程体系和相关课程的教学计划。第三，线下线上混合式教学应成为常态化模式，不仅是纸质教材内容的混合式教学，更是纸质教材内容与网络教学资源的混合式教学，以此实现基于语境的有效输入，实现既教教材中的语言，也用教材中的语言拓展语言教学，在真实语境中教语言和学语言。第四，线上教学技能应成为教师发展的重要取向，发展包括现代教育技术技能在内的课堂教学能力，发展网上教学的技能，不断探索线

① 转引自李泉：《大变化、小思考：线上教学的一点启示》，《语言教学与研究》2020 年第 4 期。

下教学和线上教学结合与对接的时机和方式。第五，网络时代的教材编写应有线上教学环节，充分利用网络教学的方式和资源，增强教材的使用功能，也为线下和线上混合式教学提供了条件。新时代的教材设计和编写应增加线上教学的环节和内容，应在语言知识的"懂"和语言实践的"用"之间建立起恰当的关联。第六，教学理论和学习理论的研究应转型升级。加强学习者"学"和"用"的研究，在教材编写和课堂教学中引导和培养学习者自主学习的能力，将教师在线教学和学习者在线学习，视为与传统的课堂教学和学习同等重要的地位来加以研究，从而为课堂教学和教材编写、为线下教学和线上教学的结合提供新的理论和方法。

作者指出，学科发展和建设的转型升级还应该有其他一些方面。比如，学科建设方式的转型升级，如打通国内与国外的界限，合作研究和建设国际中文教学公共资源平台，集中海内外优质师资开设各级各类精品网络课程，供全球各类汉语学习者学习。又如，招生、教学和管理方式的转型升级，可以有在校生和在地生，各教学单位创造条件设立网络教学研究室，培养网络教学名师。再如，学术研究和学术会议的方式应该转型升级，既可以有传统的面对面的学术会议，也可以有网络学术会议，甚至可以实现会议天天可有、时时可有，而不再受交通和住宿等条件的限制，从而形成多元化的学术研讨的新局面。学科建设的转型升级关键在于要反思和更新传统的教学观念。国际中文教学的网络化建设不会是一蹴而就的，需要广泛而深入的研究和实践探索，包括线上教学的劣势及应对和规避的策略等，这是学科发展和建设的方向。强调汉语教学的网络化，绝不是主张一概而论地采取线上教学。事实上，线下课堂教学中的线上教学无论是录播还是直播，在很大程度上仍是线下教学的拓展和延伸，仍具有辅助性。不过，这种辅助确实能够使课堂教学提质增效，而这正是我们应该追求的目标。

来源文献：

李泉：《2020：国际中文教育转型之元年》，《海外华文教育》2020 年第 3 期。

《"新冠疫情对国际中文教育影响形势研判会"观点汇辑》，《世界汉语教学》2020 年第 4 期。

疫情以来，国内外的环境和形势发生了巨大的变化。为了更清醒地认识汉语国际教育作为学科和事业所面临的挑战，北京语言大学汉语国际教育研究院与《世界汉语教学》联合举办了一次线上形势研判会。陆俭明、贾益民、赵杨、崔永华、李宇明、崔希亮、吴应辉、姜丽萍、梁彦民、朱瑞平、李泉、张博、王治敏、王瑞烽等专家学者参加了研讨；同时，也邀请了业界的相关领导参与讨论，包括教育部中外语言交流合作中心主任马箭飞、世界汉语教学学会会长钟英华、北京语言大学校长刘利。会后，《世界汉语教学》以“新冠疫情对国际中文教育影响形势研判会”观点汇辑的方式刊文呈现了研讨的观点。

在谈到国际中文教育对世界客观认识中国方面的作用时，陆俭明认为当今迫切需要编写两方面的通俗易懂的文化教材：一是《中国历代对外交往、交流史话》，让国外读者特别是年轻人从中看到中国在对外交往上一直是一个和平使者；二是《当代中国概况》，在介绍我国深邃、辉煌、灿烂、神奇的古代文化基础上，介绍当今中国巨大的正能量变化——从硬件到软件，从民众的物质生活到精神生活，以满足当今国外民众特别是年轻人更迫切希望了解中国的需求。

关于后疫情时代国际中文教育的发展建议，李宇明谈了四个问题。一是稳定中文国际教育的基本盘，全力支持老华人社区（主要在东南亚）的华语文教育，形成中文国际教育的辐射源，支持欧美亚非的新华人社区的中文教育，作为稳固中文国际教育的“船锚”和“登山梯”；二是树立“中文+X”的理念，一个方向是培养学生利用中文从事各种职业的能力，提升劳动就业机会，另一个方向是培养学生利用中文掌握文理工等各科学识，具有从事相关科研、教育及从业的专业能力，属于高层次人才培养的范畴；三是大力探索线上中文教育，做好“教学+教务”，一方面提升线上教学效果，另一方面做好以“组织”与“评价”为中心的教务；四是持续为中文增加学习价值，把人类的思想、文化、科技成果最大限度地注入中文，重视国际语言生活中的中文应用，发展和推广中文信息技术。

朱瑞平主要谈的是国际中文教育的多元主体及其协同。①在部分国家主动关闭部分孔子学院的情况下，考虑适当调整孔院系统的机构在全球的结构布局，用更多资源支持对中国具有战略意义的中文教育的后发市场。②世界汉语教学学会在世界各国大力发展新会员，建立和完善区域和国家的“世汉”分会组织，充分发挥其职能；提供信息，促进合作，推广应用。注意团结和发挥非华裔汉学家、汉语名师和当地华人华侨汉语教师的作用。③国内高校可考虑充分发挥移动互联网的优势，通过大力开办基于移动互联网的国际中文教育，把部分精力由传统面授的学历教育适度向非传统面授的、非学历教育为主的中文教育教学转移，把过去主要面对来华留学生的中文教育向世界各国本土中文教育的“主战场”转移，加强服务本土的意识和能力建设；主动服务走向世界各国的中国企业；按需定制培养“汉语+跨文化交际+X 技能”的人才。④相关部门负责统筹并提供支持，采用校企合作、中外合作等模式，有效整合现有资源，有规划地建设新资源，实现对全球中文教育的资源支持。做好与国际中文教育事业相关的正名、释疑、对内对外宣传等工作，以减少甚至消除误会，改善舆论环境，促进事业发展。

姜丽萍提出三点对策。首先，以增加汉语需求（学生人数）为根本。提高国情吸引力，满足学生学习汉语的需求是国际中文教育从业者的出发点。其次，“线上+线下”融合是保障。加强融合的教学理论、教学模式、教学资源、实现方式等方面的研究与实践是当下的立足点。最后，打造适合国际中文教育的线上教学平台是增长点。构建“国际中文教育的新基建”，即基于在线的智能化、全天候国际中文教学系统，主要围绕两个方面展开：一是创建国际中文教学“智慧云课堂”平台；二是国际中文教学资源平台建设，包括教材、教学模式、教学方法、教学设施、标准与考试等数字化综合创新建设，以及教师数字化能力提升建设。

贾益民结合华文教育的有关情况，提出以下四个方面的应对策略。①增强华文教育互联网线上教学环境下人的主体意识，增强我们的“人”的主体意识和主观能动性，正确认识和对待互联网技术在华文教育教学中的应用及其产生的重大影响，积极转变观念，树立创新型的“世界华文教育”办学理念。②科学制定互联网教育环境下华文学校及其教育教学发展的规划，在学校定位、办学形态、培养目标、教学模式、师资队伍、学生结构与规模、网络环境建设、设备购置、资金来源、学校管理、校园文化等方面，都必须从本校特点以及区域、国别的实际情况出发，集思广益，认真研究，科学决策。③加强互联网环境下云教育教学资源库建设，加快资源建设，实现共建共享。资源库可以分类分批分期建设教材库、课程库、微课库、工具库、语言知识库、文化知识库、影视库、微视频库、汉字库、语料库、测试库、学校库、教师库、学生库等。④致力于提高互联网线上教学的教育教学质量，建设一支互联网线上的教育教学师资队伍，建设互联网网络环境，配置必要的互联网教学技术设备和技术系统，培训、配置网上教育技术专业人员，为教师提供更多的网上教学资源，为学生提供更多的网络学习资源，变革教师教学模式与学生学习方式，尤其是要加强网上教学的互动性。

关于师资队伍建设，崔永华也提出四个方面的思考。第一，语言教学跟科学技术密切相关，后疫情时代，运用以互联网为核心的现代科学技术支持语言教学已成必然。第二，汉语教学是可以通过网络实现的，现代科技已经为全方位的线上语言教学提供了充分的条件。我们担心的很多弊端，理论上都可以找到解决途径，关键是汉语教学界要积极寻找自己跟现代科学技术的接口，开发出真正的网络课程，推动汉语国际教育走进一个全新的境界。第三，线下线上相结合，多种教学模式，有传统的课堂面授教学，有各种线上教学，更多的可能是以不同比例、不同方式组合的多种教学形式。第四，汉语国际教育专业的学士、硕士、博士应该注重现代科技意识、知识、技能、能力的培养，应当把现代科技能力纳入必修课程。

王治敏则重点关心的是国际中文教育的学科体系建设，他提出：①顺应国际大势，回归语言主业，夯实学科基础，谋划国际中文教育未来的学科和人才培养的大布局，体现国家战略定力；②理顺学科归属，赋予国际中文教育特色交叉学科之内涵，合理设置跨中国语言文化和教育学两个一级学科的一级交叉学科和二三级学科，同时也可考虑增加语言智能与技术、语言工程等特色方向，不断加强信息化、智能化、在线教育人才培养的分量；③打通国内外人才培养课程体系，保持与国外汉学、中国学专业的有效联通，加大与国外大学的深入合作，特别要关注与中国有重要贸易的伙伴国家，建设汉学系；④明确学科地位，将国际中文教育纳入教育部学科评估和双一流评价体系，推动汉语国际教育以培养单位数量为基础，以师资队伍、人才培养、科学研究、社会服务为支撑，形成具有中国特色的人文社会科学的话语体系和学术体系。

张博专门对大家普遍关心的在线中文教学谈了三点具体建议。一是建议对前期在线中文教学进行全面深入的问题调研，总结经验和问题，设计出具有针对性和可操作性的行动方案，确保精准施策，避免线上中文教学“一刀切”或“大拨哄”的问题。二是科学地构划对策，合理布局。教育部中外语言交流合作中心作为发展国际中文教育事业的专业公益教育机构，建议依靠教育智库和业界专家学者的智力支持，尽快出台更多发展线上中文教学的政策、规划、措施、办法、规范、标准、技术指南等，对在线中文教学提供科学的宏观指导，实现主管部门、高校和社会力量的功能互补，教学平台和教学资源的共建共享，使在线中文教学由各自为政、条块分割、小打小闹、鱼龙混杂转向多维联动、优势互补、合力攻关、统筹推进。三是加大在线中文教学研究的力度。期待全国社科规划办、教育部社科司和中外语言交流合作中心等主管部门对线上汉语教学研究加大支持力度，一线教师也应当强化反思意识、问题意识，针对在线教学中发现的问题展开实证性研究，探索符合科学规律的在线教学模式。

崔希亮对各位专家发言进行了总结，他认为，大家讨论了汉语国际教育发展所面临的挑战和机遇，并在此基础上提出应对的策略。这些策略包含宏观层面的、中观层面的和微观层面的。从宏观层面来看，讨论了学科建设、理论研究、政策支持和发展观念等重大问题。从中观层面来看，讨论了教学法的问题、教学资源平台的问题、教学标准的问题和师资培养的问题。从微观层面来看，讨论了课程体系、远程教育技术问题和教学模式问题。所有的讨论，都是在对形势分析和判断的基础上进行的。在汉语国际教育这个重大的转型期，我们有责任和义务来研究学科基本理论和教学的基本问题。在逆全球化的趋势下，我们面临的国际局势已经发生了重大改变，国际交流合作的困难比以往要大得多。汉语学习的吸引力和影响力会受到什么样的影响仍然是一个未知数。在疫情形势下，人员的流动受到了阻碍，因此远程教学、云课堂是我们目前不得不做出的选择。而在教学工具的设计和建设、教学途径的选择、教师的培训以及教学法的革新方面，都需要做出应对。我们还需要在宏观上对国际形势和汉语国际教育的形势做出正确的分析和理性的判断，并在此基础上分析汉语国际教育的国际需求，把握好汉语国际教育发展的历史方位，在两个百年大变局中明确我们的发展目标和政策导向，在转型中优化资源配置，开拓创新，在挑战中加强自身的建设。在学科建设方面、在线教育方面、国际协同合作方面，做出我们力所能及的贡献。专家们一致认为，大力发展在线教育是汉语国际教育的必由之路，要做好前期调研、科学施策、合理布局、加大在线教育研究的力度，把消极影响降到最小，把网络教育的优势发挥到最大。

来源文献：《“新冠疫情对国际中文教育影响形势研判会”观点汇辑》，《世界汉语教学》2020 年第 4 期。

为做好国际中文教育事业总体设计和战略筹划，促进事业可持续高质量发展，世界汉语教学学会于 2020 年 9 月 26 日召开了国际中文教育发展线上研讨会，邀请具有鲜明特色的地方社团、理工农医法类高等院校与职业院校国际中文教育负责人，以及国际中文教育研究所、基层对外汉语教研室与华文机构代表等进行交流，同时讨论了学会未来发展的蓝图。袁礼、孔明以“后疫情时代国际中文教育大家谈——世界汉语教学学会调研国际中文教育发展观点集萃”为题撰文总结了以下六个方面的研讨观点。

第一，后疫情时代国际中文教育孕育新机。安徽省汉语国际教育研究会副会长兼秘书长、安徽农业大学人文社会科学学院院长姜红教授认为，后疫情时代的人才竞争将更加激烈，中国成功抗疫的经验和经济生产的快速恢复，将吸引更多的外国留学生到中国学习。天津大学国际教育学院副院长杜修平教授指出，中文教师主动或被动养成了在线教学的习惯，也骤然间极大丰富了线上中文教学资源。江苏大学语言文化中心主任、文学院院长任晓霏教授认为，疫情激发了广大师生将现代信息技术应用于中文教学和学习的创新性和创造性。赤峰学院对外汉语教研室主任于芳认为，大规模的线上教学实践为今后中文教育网络化、信息化积累了丰富的经验，同时也催生了新的中文教学模式和教学形态。天津市汉语国际教育研究会副会长兼秘书长杨薇认为，国际中文教育在经过了各种方式的教学实践后，也逐渐积累了经验，不断探索出符合新时期需要的发展之路。参会专家一致认为，要用更长远、更开放的眼光乐观看待国际中文教育的未来发展。

第二，加强国际中文教育人才培养和师资队伍建设。姜红指出，国别化、语别化、不同学段等多元化中文教师的缺乏成为日益凸显的问题，要有针对性地开展师资培训和建设。任晓霏建议，进一步加快国际中文教育相关博士点的建设步伐，切实解决国际中文教师的学术生涯和职业发展问题，加强国际中文教育领域的高级别学术期刊服务人才培养工作。中国政法大学国际教育学院宋春香副教授建议，发挥世界汉语教学学会的引领作用，定期举办教师培训活动，为一线教师提供交流机会和学术成果发表平台，使国际中文教师始终明确发展方向，保持清晰定位。铜仁职业技术学院国际教育学院对外汉语教研室主任赵岩建议，突出区域特色，聚焦实用教学技能，开展专项师资培训。扬州工业职业技术学院海外教育学院教学负责人金明蔚建议，针对新媒体在线上教学中的应用，提供专门培训，帮助一线教师快速适应新形势，掌握教学新技能。杨薇建议，大力培养优秀本土教师，系统性地为他们提供支持，激发国际中文教育融入本土教育体系和社会生活的内驱力；针对不同国别区域的特点，重点关注在本土培养高层次、高水平的复合型人才。

第三，加大新技术在中文教学中的融合应用。同济大学国际文化交流学院院长孙宜学教授指出，必须减少人力资源投入，加大技术资源的投入，加强与人工智能等新兴学科的合作交流与融合发展。任晓霏说，未来中文教学的发展离不开信息化技术的支撑，技术手段在各类教学及服务平台建设中的广泛应用对深化中文教学改革具有非常重要的推动作用。闽汇学院汉语国际教育研究所所长李义海教授认为，中文教学所面临的依旧是中文研究、教学研究与技术手段的关系问题，所谓的“线上”或“上线”属于技术问题，相较于中文研究和教学研究，它最为急迫也最易解决。

第四，共建共享国际中文教育资源与学习平台。孙宜学指出，应系统梳理“一带一路”沿线国家的中文教师、教材等情况，为海外中文教育资源的科学投放提供数据支撑。江苏农牧科技职业学院国际教育学院院长陈熔说，国际中文教育的均衡发展迫切需要组织相近类型学校共同开发中文在线教学资源，特别是开发中文教学培训包，以满足网络基础条件薄弱国家留学生的线上学习需求。井冈山大学人文学院汉语国际教育教研室主任罗志春指出，远程教学最大的问题是时差，直播难以实现，录播和发放资料自学的方式互动性较差，线上教学共享资源库的建设需求迫切。杜修平建议，从总体规划设计入手，推动国际中文教学资源共建共享，打造开放的中文教学生态圈。宋春香建议，利用世界汉语教学学会的资源整合力量，依托会员单位丰富的资源数据，构建中文教育教学的公共性和共用性平台，共享免费教学资源，发挥合力效应。赵岩建议，开发立体化、活页式、数字化新业态的教材，让师生都成为教材的续写者，营造良好的课堂氛围，拓展国际中文教学空间。国家开放大学华侨学院办公室主任毛丹建议，由世界汉语教学学会统筹建设更加富有地域文化特色以及更有职业语言特色的语言教学资源库。

第五，加快构建常态化国际中文教育合作交流平台与机制。任晓霏建议，通过高端专业的大规模学术会议、研修项目，以及会员之间和会员单位之间的教学与科研的合作等，加强国际中文教育阵线的交流与合作。孙宜学建议，打通文理科之间的通道，在留学生预科教育工作中打造一个联合平台，同类和不同类的高校互学互鉴。于芳建议，根据实际需求，世界汉语教学学会成立相关的分支机构，为同类院校特别是医学、法律、生物等专业和职业技能特色类院校提供更多交流和互助的平台与机会。

第六，重视“中文+专业”“中文+职业”建设，满足专业化、职业化中文教学需求。姜红说，当前专业汉语教材短缺，迫切需要组织同类院校的专业力量共同投入开发和建设。南方医科大学国际教育学院院长陈君说，要积极探索医学等专业汉语融入专业课程汉语浸润计划，依托专业教育，开展“中文+”教学，将中文与专业课程相结合。陈熔指出，高职院校的汉语教材开发严重落后，缺乏专业双语教材、汉语教材、就业创业类素质教育教材等，根据高职教育的特点开发适合高职教育留学生的系列教材是亟须解决的问题。赵岩从职业教育的角度，建议中文教学转变观念，将中文教学融入国际化技术技能人才培养之中，纳入校企合作、产教融合之中，培养更多的“会中文、懂技术、有素养”的“中文+职业”的技术技能人才。

来源文献：袁礼、孔明：《后疫情时代国际中文教育大家谈——世界汉语教学学会调研国际中文教育发展观点集萃》，《国际汉语教学研究》2020年第4期。

社会环境的变化会对语言教学产生影响，新冠疫情也对国际中文教育的发展产生着重大影响。王辉在《新冠疫情影响下的国际中文教育：问题与对策》中，尝试建立一个包括宏观和微观双重视角的分析框架，探讨疫情之下国际中文教育和线上中文教学面临的问题，并提出应对策略。宏观环境变化给国际中文教育带来的问题包括：国际政治剧变导致的发展方向、资源配置问题；全球经济重挫引起的资金短缺、市场萎缩问题；社会文化差异凸显引发的国际理解、舆论博弈问题；技术变革加速带来的数字鸿沟、人机关系的问题。在线中文教学微观层面的问题主要有：教师的信息素养欠缺、学习者参与度不够、教学模式受限、教学平台不完备、教学管理困难等。

作者认为，应对宏观环境变化可采取的策略包括以下几个方面。①重视国际中文教育的危机管理，评估疫情的影响程度，加强危机应对研究。应提高全球孔子学院的危机管理意识，成立危机管理小组，建立快速处置和化解危机的机制。孔子学院和中国文化中心、华文学校及其他国际中文学校等机构需要协同配合，共同构建良好的中文教学生态，形成协同效应，避免恶性竞争。国内的教学机构则需要及时应对疫情防控引发的潜在的文化冲突和舆情风险。②面对疫情之下国际中文教育面临的资金短缺、市场萎缩等问题，需要加强国际中文教育的市场化运作，积极吸纳各方面资金，形成多元融资渠道[①]，合理调整教学项目，整合资源，坚持运行，按照市场规律拓展生源、做好市场细分、改善供需关系，主动对接和开发当地学习者对中文的学习和使用需求。③聚焦国际中文教育的语言主业，丰富孔子学院和华文学校等机构语言教学的内涵，回归中文教学本质，完善国际中文教育相关的标准和体系建设，在师资和教材建设上加快实现本地化，改进对孔子学院和中文教学的评估办法，突出语言教学的核心地位。④促进信息技术与国际中文教育的深度融合，进一步针对中文学习的特点，增强互动模块的功能，通过大数据技术的应用，分析中文学习者的学习行为、学习偏好和学习场景，为自主化、个性化中文学习提供精准服务，还可通过人工智能技术的融合促进教学设计、作业批改、语言操练、汉字书写等教学内容更加智能化，提高教学效率。利用现代信息技术聚合网络教学资源，形成技术先进、功能多样、资源丰富的大型综合中文教育专业平台，为大规模的线上教学提供优质平台支持，弥补数字鸿沟，构建良好的人机关系。

在微观层面，作者认为中文在线教学可采取的策略包括以下几个方面。①提升教师信息素养，增加教师对信息技术与中文课程整合的基本知识，扩大信息技术在线上教学中的有效应用。掌握用搜索引擎和教学平台获取、整合网络中文教学资源的能力。要加强信息伦理教育，构建健康的人机关系。②增强学习者的能动性，学习者充分利用课前预习、课上练习、课后复习等线上线下相结合的方式增强学习的主动性和自主性，巩固在线学习效果，可通过参与在线交流和经验分享为主题的线上交流群组，通过自主查找所需中文学习资源、辅助使用中文学习软件等方式，增强网络学习的共享性和自主性。对于教师而言，多鼓励学习者积极参加问答、分组讨论、汇报展示等教学环节，并及时反馈信息，及时帮助并鼓励学生通过参与互动来缓解心理压力。③优化教学模式，要改变传统教学观念，接受师生角色、教学空间和教学活动的虚拟化，形成开放、共享、自主的数字化教学新理念，突出线上中文教学的交互性和自主性。改进以精讲多练为主的教学方式，

① 转引自王辉：《新时代孔子学院的发展路径》，《中国社会科学报》2018 年 3 月 5 日。

精心设计语言操练环节，促进师生间的交互性学习。要善用线上中文教学的微教学工具和方法，整合线上中文学习资源，拓展合作学习、个性化学习、自主化学习的新空间。[①] ④完善现有线上教学平台的功能，特别是优化平台的互动功能，增加师生互动、生生互动的方式，增强操作上的友好性和便利性。开发集在线直播、录播、测试、作业上传与批改、互动答疑、社区讨论等多种功能于一体的综合性教学平台。设计适合线上中文教学的专业化的功能模块。增强平台的学习智能化和自主化。加强中文教学平台之间的互联互通和资源共享。提升平台对教学的技术支撑和服务能力。⑤强化教学管理和服务，对学生的线上学习态度、学习需求和存在的问题等做调查分析，对学习者的线上表现采取更多样的激励措施，通过课程助理员协助教师对学习者的线上学习过程进行了解和监测。

来源文献：王辉：《新冠疫情影响下的国际中文教育：问题与对策》，《语言教学与研究》2021 年第 4 期。

针对疫情的影响和疫情后国际中文教育现状与趋势等问题，高育花在《新冠疫情下的国际中文教育研究综述》中进行了总结与展望。文章把新冠疫情之下关于国际中文教育的研究归纳为微观和宏观两个层面。其中，微观层面以探讨线上中文教学模式尤其是互动模式、教学方法、信息技术应用等方面存在的问题及应对策略为主；宏观层面以如何解决汉语学习者人数减少、国际中文教育资源配置不均衡、市场化机制不健全、国际中文传播受限、学科规划和顶层设计缺位等问题为研究目标。

作者回顾微观层面的研究后提出以下思考。①关于线上中文教学模式、方法，虽然线上教学因为缺少真实的课堂环境而给教学带来了一定的困难，但从已有的教学实践看，线上教学也有所长，在未来的国际中文教育中，依然有其不可替代之处。研究和探索更适合线上语言教学的模式和方

① 转引自王良存、王辉：《拓展线上教学空间 促进国际中文教育发展》，《中国教育报》2020 年 7 月 12 日。

法，应是未来一段时间学界努力的方向。教学模式是教学理论转化为教学实践的中介，是从教学实践中探索总结出来的，但如果没有明确的教学理论为指导，其所建构的教学模式就可能是零碎的、经验式的，难以复制和推广。新冠疫情下的国际中文教学，不仅是教学环境的线下转线上，还面临随之而来的师生心理的变化、课堂管理的变化。因此，在建构线上中文教学模式时，就亟须秉持整体优化的思想，要充分考虑教学系统中诸要素间的相互制约和影响，这样形成的教学模式才有可能成为一种“范型”。②关于某一类型汉语课程线上教学模式、教学设计，一方面，一线教师只有充分认识和了解线下教学与线上教学的具体区别，并能针对具体问题展开实证性研究，再将研究成果运用到线上教学实践中，才能为以后的线上教学提供有力支持。不过，如果都只是具体而微的研究，缺乏理论建构，研究成果也许很难推而广之。另一方面，基于认知与服务需求的“中文+”必将成为国际中文教育的核心领域，学界不仅要积极探索专门用途汉语的教材建设、教学模式创新，还应关注专门用途汉语教师的发展与培养，研究分析他们应该具有的素养、知识结构等。只有拥有了高素质的专门用途汉语教师，才能实现“授人以渔”，而不仅仅是“授人以鱼”。③关于中文教师信息技术素养，无论是建议将信息技术素养纳入教师评估指标体系，还是倡导教师自觉自发学习新的信息技术，都只是一种外化的舆论导向。对标世界各地教育技术新政，作为国际汉语教师评估指标的信息技术素养应包含哪些具体内容？如何才能结合国际中文教学中的实际问题，将新的信息技术转化为一种切实可行的操作策略？这些都是学界仍须研究的课题。

作者回顾宏观层面的研究后提出以下思考。①国际中文教育面临的主要问题与挑战，从总体上看，宏观角度的研究成果数量相对较少。国际中文教育作为一项国家与民族的事业，政治、经济、文化、公共卫生事件等外部因素对其影响和冲击可能更大，更需要持续深入地关注和系统地研究。②关于后疫情时代国际中文教育发展策略及发展战略，从学科内涵上看，国际中文教育具有典型的新文科特点：集语言、教育、信息技术、国际传播等于一身，因此，分析其未来发展路径，既需有宏观的视角和战略眼光，更需有明确的应对策略和可实施方案。关于国际中文教育的学科归属问题，学界论证了十余年，虽然目前取得了一定的共识和建设成效，但要使其真正成为一门独立的一级学科，尚有很长的路要走。其中夯实学科基础，做好汉语本体与国际汉语教学的接口研究，仍是提升学科地位的关键一步。从新冠疫情下的国际中文教育研究成果看，微观的教学模式、教学方法和宏观的策略研究、智库研究，都取得了一定的成就，但中观的、系统的接口研究、实施方案鲜有论及。国际中文教育作为国家和民族的事业，要在国际上获得竞争优势，既要有强大的经济作后盾，也要以科学研究、文化艺术为推手，更要有成熟的运作机制作保障。只有将国际中文教育提升至国家战略层面，加快顶层设计，完善国际中文教育规划，制定系统的战略框架，才能有效保障国际中文教育的可持续发展。

来源文献：高育花：《新冠疫情下的国际中文教育研究综述》，《天津师范大学学报》（社会科学版）2021 年第 6 期。

小结与思考　从政府主导到多元协同：中文国际传播的“项目制”研究*

一　引言

随着中国在世界舞台上扮演的角色愈加重要，中文也加快了走向世界的步伐。根据我国教育部 2022 年 6 月发布的数据，截至 2021 年底，联合国教科文组织、世界旅游组织等 10 个联合国下属专门机构将中文作为官方语言，76 个国家将中文纳入国民教育体系。语言国际教育是最温和的语言国际传播方式，自新中国成立至今，中文的国际教育相继采用了对外汉语教学、汉语国际推广、国际汉语教育、国际中文教育等若干重要概念，在某种

* 本部分系 2020 年度国际中文教育研究课题重点资助项目“国际中文教育多元主体协同治理机制研究”（项目批准号：20YH04B）的阶段性成果。

程度上也表明了国内外环境的深刻变化。

从国际环境来看，中国在全球治理中的作用和影响力快速提升，守成大国与新兴大国之间的磨合与博弈持续进行、波及全球，语言与文化领域深度竞合使中文国际传播面临高度复杂和不确定性的国际生态环境，某些国家发生了孔子学院签证事件、关闭事件。从国内形势来看，中国经济进入由高速增长转向中高速增长的换挡期，国家治理体系和治理能力现代化建设进入深水区，为获得稳定的发展空间和广泛的社会认同，中文国际传播的体制机制创新，既要能适应国家体制改革要求，又要能切实发挥“统筹国际国内两个大局”的作用。

鉴于此，1987 年成立的国家对外汉语教学领导小组（后更名为国家汉语国际推广领导小组）于 2008 年撤销，部分议事协调功能转由 2006 年成立的孔子学院总部理事会承担；2020 年，中国教育部中外语言交流合作中心和中国国际中文教育基金会相继成立，意味着孔子学院总部及其理事会也成为一段历史。这两次重大的体制机制调整，一方面优化了语言文化国际传播中的政府角色和支持方式；另一方面顺应了政府机构改革和国家治理体系建设的必然要求。然而，如何在议事协调机制取消后，继续加强而非减少政府以及相关单位的多部门联动，依然是亟待破解的体制机制难题。

二 相关文献述评

关于以上问题，近年来的研究主要集中在三个方面：一是国家体制机制与中文国际传播，包括中文国际传播如何融入对象国的教育体制[①]，也包括中文国际传播如何适应中国的政治和经济体制[②]；二是中文国际传播的协同

① 申建良：《中国新疆与中亚国家高等教育合作研究》，新疆农业大学博士学位论文，2014；刘旭彩：《试析汉语教学纳入西班牙教育体制的必要性》，《教育现代化》2018 年第 37 期；刘军、王亚克：《土耳其教育体制与汉语国际教育研究》，《云南师范大学学报》（对外汉语教学与研究版）2019 年第 3 期。

② Hartig，Falk，*Chinese Public Diplomacy*， *The Rise of the Confucius Institute*（Routledge，2016）；舒建国、范晓歌、乔晓歌：《孔子学院成长的困境与应对》，《长白学刊》2017 年第 1 期；逄增玉、乐琦：《跨文化传播语境中孔子学院运营与管理研究》，《现代传播（中国传媒大学学报）》2017 年第 2 期。

机制，包括汉语教学、华文教育、文化传播等职能工作的协同[①]，也包括孔子学院、华文学校、当地中小学等中外方教学机构的协同[②]，还包括中文国际传播与中国高等教育国际化和文化“走出去”的协同[③]；三是中文国际传播的管理机制，涉及受众研究、项目策划、资源配置、评估监管、机构管理等方面[④]。部分代表性观点集中在以下三个方面。

一是兼顾“淡化色彩”与“加强投入”的平衡，对政府功能再定位。研究认为，中国政府是中文国际传播尤其是其初期的主要推动力量，新时代背景下，政府的作用依然关键，然而，在“淡化政府色彩”“转变治理职能”的过程中，政府对中文国际传播的介入方式、范围和程度等应有边界。尤其是中国国际传播的重点项目孔子学院，其职权之内所辖事务，政府不宜贸然干预，应适度干预、加强监管和间接管理。[⑤]

二是兼顾“总体统筹”与“区域自治”的平衡，对内部结构再优化。研究认为，中文国际传播尤其是孔子学院坚持在地化管理和本土化发展，建构了传播中文和中国文化的全球性实体网络，成为一个超大型的跨国运营机

---

① 郑通涛、陈荣岚、方环海：《两岸华文教育与文化传播协同创新的建构机制与运作模式研究报告之四》，《海外华文教育》2015年第4期；王焕芝：《“一带一路”视阈下海外华文教育发展的动力机制与策略：以东南亚为中心的探讨》，《海外华文教育》2019年第3期。

② 钟美荪、龚婧：《创建资源共享机制，加快合作网络建设——论欧洲孔子学院的建设与发展》，《国际汉语教育》2010年第3期。

③ 杨英法、张骥：《借力汉语国际化推进中华文化走向世界的思考》，《河北师范大学学报》（哲学社会科学版）2016年第1期。

④ Starr D.，“Chinese Language Education in Europe：The Confucius Institutes”，*European Journal of Education* 44(1)，2009：65～82；袁礼：《试论孔子学院和国际汉语教育的制度化建构》，《华侨大学学报》（哲学社会科学版）2011年第1期；宛新政：《海外孔子学院评估的实践与思考》，《国际汉语教育》2011年第2期；曹叠峰：《各国语言推广机构运营模式和决策机制的比较分析》，《湖南师范大学社会科学学报》2014年第1期；刘旭：《中国孔子学院历时发展研究》，《重庆大学学报》（社会科学版）2015年第6期；王志英、闫城宇：《汉语国际教育的发展战略与体制建设研究》，《社会科学论坛》2016年第5期；唐京华、李国青：《孔子学院对外文化传播功能的现状与反思》，《改革与开放》2018年第13期；孙宜学：《打造中外共建共享机制推动孔子学院可持续发展》，《国际传播》2018年第6期。

⑤ 王海兰、宁继鸣：《适度干预：孔子学院发展中的政府行为选择》，《云南师范大学学报》（哲学社会科学版）2016年第1期；舒建国、范晓歌、乔晓歌：《孔子学院成长的困境与应对》，《长白学刊》2017年第1期。

构。在“简政放权、放管结合、优化服务”的基础上，应建立完善“中国国内总体统筹—洲/国家等区域自治—孔子学院等教育机构特色发展”三级治理架构，实行区域代表制，实现管理重心下沉和管理单元前移。①

三是兼顾“合作建设”与“办学主体”的平衡，对角色责任再强化。研究认为，中外大学等办学主体的身份和责任仍有待进一步强化，中国的地方高校教育国际化要提供机制保障。在此基础上，要引入激励机制，发动从政府到社会的各种力量参与中文国际传播，与海外中资企业构建双向共赢合作机制，形成密切合作的战略联盟。②

在以上研究的基础上，中文国际传播的体制机制仍有三个方面的研究空间。第一，相关研究是基于自身的理解与实践谈体制机制，但多个机构参与的中文国际传播应设立怎么样的体制机制促进协同发展？中文国际传播协同机制的概念内涵、边界内容、学科基础都需要进一步厘清和界定。第二，基于中文国际传播自身研究传播问题，关注环境和外部相对较少，尤其是在把国家治理体系改革和政治体制转型优化作为研究背景和基础方面有待加强。第三，对语言国际传播共同性和中文国际传播特殊性的提炼相对较少，在尊重政府治理角色转变和社会力量介入等共同性的基础上，适度考虑中文国际传播的国家战略目标等特殊性，从“应该做”的宏观论述，转向“如何做”的操作框架和实施指南，都需要加强理论和政策研究。

三　项目制：中文国际传播体制机制的一个分析视角

“战略决定结构，结构追随战略”。此处的“结构”在某种程度上就

---

① 孔梓：《孔子学院社会资本研究》，山东大学博士学位论文，2015；王丝雨、邓新：《全球化背景下孔子学院内涵式发展的思考与探索》，《亚太教育》2016 年第 25 期；王彦伟：《非营利组织全球文化治理功能的实践——以孔子学院项目为例》，《中国非营利评论》2017 年第 1 期。

② 钟美荪、龚婧：《创建资源共享机制，加快合作网络建设——论欧洲孔子学院的建设与发展》，《国际汉语教育》2010 年第 3 期；Hartig，Falk，*Chinese Public Diplomacy*：*The Rise of the Confucius Institute*（Routledge，2016）；李远、刘志民、张红生：《推动“一带一路”沿线孔子学院战略联盟与企业合作共赢》，《中国高等教育》2017 年第 10 期。

代表了任务的组织方式和支撑任务的体制机制。支撑中文国际传播的体制机制，首先是由国家自身的治理体制和运行方式决定的。1987 年，中国成立国家对外汉语教学领导小组，2006 年更名为“国家汉语国际推广领导小组”（以下简称领导小组），与此同时，领导小组的职能和内容进行了调整优化，组长由原来的教育部部长调整为国家分管教育工作的国务院领导，使有关工作能在更高的层面进行归口管理与统筹协调。领导小组的组织形式在中国并不少见，是为加强党对国家事务的统筹领导，应对常规国家机构在处理跨领域综合事务中表现出的能力不足等问题而形成的一种国家政治制度，是凸显社会主义集中力量办大事的重要机制。[①] 它以事本主义为原则，以特定任务跨部门协同的方式，重点解决国家发展中的重大问题。

2008 年，根据《国务院关于议事协调机构设置的通知》，国家汉语国际推广领导小组撤销，其工作由教育部承担。尽管领导小组被撤销，但是中文国际传播的领导工作在某种程度上由一个新的机构承担，那就是 2006 年由中国政府有关部门、中外方高校校长等组成的孔子学院总部理事会。按照综合人文交流平台的定位，孔子学院的建设与发展涉及教育、文化、外交、商务等不同领域的工作，这对政府传统的职能管理方式、政府与社会力量合作等提出新的要求。鉴于此，孔子学院总部理事会吸收了中国政府不同部门乃至海外教育机构共同参与，以政府职能管理体系为基础建立横向协同机制。尽管理事会成员以中方尤其是中国政府的官员为主[②]，但是从国家治理的角度来看，这仍是一次非常重要的转型，即从“单纯依靠政府推动”转型调整为所谓的“多元主体协同”。这不仅是为了适应在汉语国际传播的现实规律，而且是国家治理手段发展和优化的某个必然阶段。不管是理事会还是领导小组，其运作形式有不少先例可循，在中国的国家治理体系中称为“项目制”。

---

① 郎明远、王臻荣：《“领导小组”：中国特色社会主义的优势机制》，《理论探索》2019 年第 3 期。

② 蔡翠红、黄子玲：《从公共外交角度比较孔子学院及歌德学院的美国实践（上）》，《世界教育信息》2019 年第 22 期。

“项目制”原本是指一种事本主义的动员或组织方式，即依照事情本身的内在逻辑出发，在限定时间和资源约束下，利用特定组织形式完成具有明确预期目标（某一独特产品或服务）的独特性任务。从组织的角度说，项目组织不同于常规组织，是一种基于特定任务的组织形式。推动项目实施的主体是多样的，但项目有一个特点，即它并不归属于常规组织结构的某个层级或位点，而恰恰要暂时突破这种常规组织结构，打破纵向的层级性安排（条条）和横向的区域性安排（块块），为完成一个专门的预期事务目标而将常规组织中的各种要素加以重新组合。①

项目制有三个基本特征：第一，它是一种基于特定专项工作的组织方式，突破了常规职能的设置；第二，它打破了纵向层级安排和横向区域安排中的条条框框；第三，它将常规的组织中的各种要素加以重新组合，面向特定的任务和特定的项目，以提高资源的使用效率和效果。根据以上特征，项目制运作的核心就是多元协同。其中，“多元”体现在两个方面，一是基于特定专项工作的任务分解，明确要“做什么”，二是任务分解的供给角色和责任安排，明确“谁来做”；“协同”集中体现在一点，即明确“谁来做”和“做什么”的优先序和逻辑关系。关于中文国际传播的体制机制安排，项目制的研究提供了一个可资参考的分析视角。

四　多元协同：中文国际传播“项目制”的一个研究框架

“体制”与“机制”的高频联用体现了二者之间存在一定的联系，二者都属于制度的范畴，是制度在不同层面的表现，同时两者又相互区别。“体制”是指各类组织在机构设置、领导隶属关系和管理权限划分等方面的体系、制度、方法、形式等的总称，而“机制”主要是指有关机构组成部分的相互关系以及各种变化的相互联系。体制机制的完善与创新是国家治理体系和治理能力现代化建设中的重要内容，具体体现在三个方面，一是理顺政府自身运作机制，减少职能运作的隔阂，提高资源配置能力和机构运行效

① 渠敬东：《项目制：一种新的国家治理体制》，《中国社会科学》2012 年第 5 期。

率；二是理顺政府与市场的关系，充分激发市场活力；三是理顺政府与社会的关系，调动社会力量参与国家建设，培育公民精神。

在此基础上，以“项目制”为分析视角，以“多元协同”为分析框架，中文国际传播的体制机制可以总结为三个方面：一是优化政府、市场和社会在中文国际传播中的互动关系，在国家对中文国际传播进行公益性支撑和有效监管的基础上，激发市场活力、调动社会力量办学，以提升资源配置水平和传播效率；二是充分调动文化、教育、外交、经济等不同的政府职能领域对中文国际传播的支持，建立横向协同，降低跨部门运作的隔阂，以替代领导小组/孔子学院总部理事会机制的功能，更好地发挥任务导向和议事协调的作用，实现“无间隙运作”的帕累托优化[①]；三是对中文国际传播体系内部的政府主管部门、中外方参与机构、孔子学院、中文学校，以及各类利益相关组织构成的中文国际教育系统进行有效的治理与管理。以中文国际传播自身为视角出发，前两个方面更加侧重于外部体制的建设与保障，第三个方面更加侧重于内部机制的优化与完善。

（一）中文国际传播的政府与社会资本协同体制

近年来，以教育形式开展的中文国际传播正在进行改革与创新。2019年底，在历届全球孔子学院大会的基础上，国际中文教育大会在中国长沙举行，会议提出国际中文教育的发展方向之一即持续吸引和凝聚各方力量积极参与。在此之前，中国政府也明确鼓励社会力量参与孔子学院建设。从本质上而言，这都属于国家推行的政府与社会资本合作模式的一种表现形式。该模式源于英国的公私合作模式，中外的体制差异决定了对该模式的界定有所不同。通过政府与社会资本合作，实现政府、市场和社会的良性互动，解决好缺位、让位和补位的根本问题。政府与社会资本合作模式应用的前提是存在所谓的准公共物品。

按照经济学的观点，纯公共品应由政府来付费购置或自行供给，纯私人

① 帕累托优化（Pareto Improvement），也称为帕累托改善或帕累托改进，是以意大利经济学家帕累托（Vilfredo Pareto）命名的，是指在没有使任何局中人境况变坏的前提下，使至少一个局中人变得更好，进而推动整体收益最大化。

品可由市场供给、消费者来付费。因此，如果中文国际传播提供的是纯公共品，就应该由政府提供；如果提供的是纯私人品，就可以由传播受众付费，从而增加市场参与的可能性。然而，现实中更多的物品介于纯公共品和纯私人品之间，属于准公共品，这些物品的供给，不仅需要政府，也需要市场或者说社会资本更广泛的参与，这样既能保证其公益性，又能充分发挥市场活力以提高配置效率。能否持续这种参与，关键在于设置一种混合付费的可行性缺口补贴机制，即在市场回报不足的情况下由政府付费进行适度补贴。这应该是政府与社会力量来合作供给中文国际传播产品和服务的学理基础。如果解决了这个问题，也就解决了如何调动更多层面或更多类型的社会资本参与中文国际传播，以及如何获取收益的问题。

举例而言，目前的国际中文教育普遍存在教材针对性不足、国别化教材缺乏的情况，考虑到国别化教材在销售对象和销售数量方面的限制，出版机构会因无法获得长期稳定利润而产生供给意愿不足的想法，政府对教材销售进行适当补贴，这就是一种较为简单的混合付费。当然，补贴（政府付费）的方式有多种，通过对国际中文各类产品和服务公共性程度的分析与设计，可以推广政府付费、使用者付费和可行性缺口补贴等多种政府与社会资本合作模式。

（二）中文国际传播的政府部门间横向协同体制

建立语言推广机构是各国传播本国语言的通行做法。从诞生之日起，语言国际推广机构与政府就有着不可分割的先天关系。[①] 这也意味着政府在语言国际推广中不仅要承担与市场、社会等同的主体身份，而且还要承担“元治理”[②]的主体身份。在国家治理现代化的进程中，政府部门的职能不断优化和调整，协同在加强，在此大背景下，汉语国际传播涉及的教育、

① 王海兰、宁继鸣：《适度干预：孔子学院发展中的政府行为选择》，《云南师范大学学报》（哲学社会科学版）2016 年第 1 期。

② 治理理论认为，公共事务应广泛通过对话、协商而不是完全控制的形式，使政府、市场和社会都成为治理主体。元治理可以简化理解为关于治理的治理，意指在多元对话、互动和协商的治理环境中，政府因其特点和优势，应该承担首要责任，成为元治理的主体。

外交、文化、财政等多项职能协同，是以专业资源的供给为基础的。以国际中文教育为例，“领导小组”和“孔子学院总部理事会”等协调机制撤销后，国际中文教育尽管不断加强自身力量建设，如建设专职教师队伍、加强区域国别教材建设，但在专业分工与合作的主流态势尤其是分工的精准性不断提高的过程中，国际中文教育仍然要从外部获得大量的政策、资金、项目等专业性资源。

因此，以资源的需求、供给、使用、评价、反馈为线索，可以形成三组关键关系。一是整合资源和培育资源的关系，中文国际传播一方面要对各职能部门的要素进行“定向选取”和“重新组合”，进而完成资源整合，另一方面也应逐步构建起自身相对独立的组织性力量，确保政策落实到位的后续工作顺利完成，同时也在一定程度上缓解跨部门要素配置的冲突。[①] 而对于各类政府资源而言，仅从运行层面去整合是不够的，要充分考虑资源提供者的意愿和动力，才能保证供给的持续性和稳定性。这就涉及第二组关系，即使用资源和提升资源的关系，如果资源在被使用的过程中得到提升，而且相比其他资源配置方式有显著优势，那就有更多部门愿意供给。这就要求同时实现第三组关系，即获取资源和反哺资源的关系。

举例而言，人力资源是任何一个组织的核心资源，尽管人员的流动使知识管理在一定程度上取代了人力资源管理，但就目前而言还很难完全建立“依靠人但是不依赖人”的知识管理系统，中文国际传播也是如此。中文教学和文化传播两类专业人员是中文国际传播中重要的人力资源。对于中文教学，应该“自立”，逐渐建立专门和专业的稳定性资源，孔子学院专任教师就是其中的一类典型代表；而对于文化传播，应该“借力”，通过资源的整合、使用、提升与反哺，借助并支持外部力量建设。事实上，所谓中文教学人员的“自立”，也是相对的，以孔子学院专任教师为例，在教育系统内部，主管部门[②]和各个高校之间同样形成了资源的“需求—供给”关

① 周望：《超越议事协调：领导小组的运行逻辑及模式分化》，《中国行政管理》2018 年第 3 期。

② 孔子学院专任教师的主管部门曾为孔子学院总部，现为教育部中外语言交流合作中心。

系，高校作为“蓄水池”，承担了初期的教师培育责任，但也同样从教师外派的过程中实现了对自身的反哺。更为重要的是，管理作为一门专业常常被忽视，对于一个经营性组织而言，职业经理人的重要性并不亚于甚至要高于某个领域的专家，中文国际传播同样需要“职业经理人”。如孔子学院的院长，其作为一类管理型专业资源，从资源配置的角度来看，亟待阶段性地从“借力”走向“自立”。

（三）中文国际传播的组织内部管理协同机制

就项目制的角度而言，组织内部的机构可以简化分为两类，一类是承担项目的机构，另一类是通过资源供给支持项目的机构。参与中文国际传播的机构类型广泛、数量众多，但就项目制的角度而言，一类是在国内外承担中文教育与传播的机构，另一类是提供资源和支撑的机构。中外大中小学、孔子学院、民间中文学校等世界各地的中文教学机构因国而异、因地而异，从“一刀切”转向“因地制宜”是必然趋势。然而，要赋予中文教育机构更多的自主权和特色发展空间，就要通过资源供给提供更多的标准和规范。理顺不同层级之间的治理和管理关系，是中文国际传播的组织内部管理协同机制的重点。

举例而言，作为“走出去”的中文传播实体，孔子学院的治理和管理水平决定了中文国际传播组织内部管理协同机制的效果和效率。而与一般的企业或非营利组织相比，孔子学院的特殊性体现在三个方面：①中外方合作建设，共商共建共管，权力关系较为复杂；②在地域上是跨国界的，海外孔子学院本地化发展与管理，国内外相关机构提供支持；③语言文化领域代表了国家利益，因此其与政府的关系是不可分割的。

鉴于此，作为孔子学院办学主体的中外方合作机构、负责品牌运行的中国国际中文教育基金会、孔子学院是孔子学院系统内部的重要组织层次，各层次相互配合有效运转离不开三个动态支撑与配合。第一个是国内对国外的支撑与配合。每一个孔子学院都是一个特定的任务组，需要强化国内支撑任务和支撑项目的导向。第二个是有关部门对办学主体的支撑与配合。每个办学主体尤其是中方承办机构应该得到更多的办学自主权，但与此同时需要得到信息和资源，特别是标准和规范。第三个支撑，主要针对资源供给特别是公共产品供给系统而言，在用好“项目发包”的基础上，避免陷入“凡事皆项目”的误区，逐步通过有效的“多项目管理”和“项目组合管理”，提高各类资源特别是资金资源的配置效率和效益。

五 结论与展望

对于任何一个国家，语言文化的国际传播的出发点都是国家利益，但在不同的阶段和不同的环境中，又在不同程度上超越了国家利益，满足国际利益甚至全球利益的诉求，这是语言文化国际传播能成为国家公共事务、国际公共事务乃至全球公共事务的现实基础。这种多重公共性，使语言文化国际传播尽管在初期由推动国或者主要推动国政府主导，但必然会转向一种超越民族国家边界的政府与社会资本合作。这符合语言文化国际传播的一般规律，也使合作本身更加复杂甚至富于挑战。

与其他语言的国际传播相比，中文国际传播具有共同性也有特殊性。中国的政治社会制度和发展方式具有自身特点，在国际语言文化环境竞合与博弈态势加剧、国家治理体系和治理能力现代化深入推进的国内外环境中，应充分考虑把国际中文教育初期“领导小组”的组织优势继续以某种适当的形式在当前的中文国际传播中延续，发挥政府不同部门支撑中文国际传播的制度优势。中文国际传播体系自身也需要建立以任务为导向的、超越国家边界的治理和管理体系，以提升运行效率。项目制与多元协同的思想为中文国际传播体制机制的理论与实践提供了一个可供参考的分析视角与研究框架。

在政府与社会资本协同、政府跨部门协同和中文国际传播内部系统协同的研究框架下，每一项协同体制机制都是一个重要的研究课题，这不仅应该成为中文国际传播重点关注的内容，也应该成为国家参与全球治理和进行国内治理的一个典型案例，强化和凸显中文国际传播对中国特色社会主义制度建设的多重意义。

第四章

国际中文教育影响研究

理解国际中文教育的影响，需要深入理解国际中文教育所处的中国乃至全球范围内，教育实践发生的背景、路径及其特点等一系列相关问题，本着这样一种探究思路，本章分四节对 2020~2021 年相关文献进行了梳理与摘录，并分别从“教育国际化”“国际关系与多边合作”“语言服务与经济效应”“文化传播与体育外交”四个维度进行呈现。在总结前述文献的基础之上，本章将对国际中文教育的影响研究进行回顾梳理与讨论思考。

整体来看，2020~2021 年度国际中文教育的影响研究依然呈现“相关研究”增加、“专题研究”渐少的特点，这与“影响”这一关键词所涉及的现实要素的属性与特征不无关联——进入后疫情时代，国际局势持续动荡，国际中文教育所依托的内外环境具有越来越突出的不确定性，这也进一步加快了国际中文教育多元探索的脚步，以教育为中心，教育实践与学科建设沿着课程设置、学生培养、教师发展、项目开展、平台建设、技术迭代等多重方向延伸铺设开去，并与社会不同领域产生愈加深入的联结，使国际中文教育的影响呈现一定的分散性特点。如果将观察的镜头再拉远一些，我们会发现，这些分散的影响又逐渐整合起来，凝聚成为国际中文教育参与共建人类命运共同体的经验图景。

第一节　教育国际化

自初始至今，国际中文教育一直坚守教育合作的发展路径，在拓展事业发展可能的同时，也为推动“来华留学”与“走出去办学”的中外教育交流与合作提供了新思路。2020年初，新冠疫情发生，世界格局发生深刻变化，身处这股潮流中的国际中文教育也不可避免地受到冲击，新问题与新挑战层出不穷。然而，在不确定性加剧的同时，新的机遇也在酝酿之中。顾明远、滕珺在《后疫情时代教育国际交流与合作的新挑战与新机遇》中认为，在后疫情时代，世界形势必然会发生很大变化，但全球化的大势不可阻挡。进入知识经济时代，全球产业链不会中断，各国亦无法摆脱相互依存的关系。同时在一个时期内区域发展会加强，本土化的价值观会有所强化，国际竞争会更加激烈。面对这个百年不遇的大变局，要以习近平提出的“两个大局”重要论述为指导，迎接新的挑战。

文章指出明确和把握教育国际交流与合作是中国教育现代化的鲜明特征和重要推力，更是服务“两个大局”的重要内容这一基本定位，我们就能理性、科学地研判当今我国教育国际交流与合作中出现的新挑战和新机遇，主要包括以下六点：第一，人才竞争会更加激烈，国际竞争说到底是人才的竞争；第二，受中西方国家在应对疫情时的反应和不同成效的影响，再加之原本一些西方国家就存在的种族和文化歧视，中国学生和家长会更加理性地看待留学教育；第三，某些国家正在制定政策限制中国的留学生，尤其是在某些尖端科学领域限制中国留学生学习，对我国学生出国留学也会产生较大的影响；第四，由于中国抗疫的经验和成绩以及中国经济生产的迅速恢复，会有更多的外国留学生希望来中国学习；第五，虽然某些国家对与我国的文化教育交流与合作会设置一些障碍，但国际教育交流与合作依然会越来越频繁，中国悠久的文化历史和迅猛发展的科学教育吸引了世界大量学生向往中国；第六，受疫情的影响，不少发展中国家的教育受到了巨大的冲击，这将进一步加大各国内部教育与国与国之间教育的发展差距。除此之外，进一步呼吁重视包括国际理解教育在内的价值观教育，更加关注边缘人群和弱势群体的教育公平问题，都是中国可以积极参与的全球教育治理、教育援助方面的重要议题。

面对后疫情时代的新局面，应以积极的态度开展国际教育交流与合作，进一步促进“文化交流互鉴”。《教育部等八部门关于加快和扩大新时代教育对外开放的意见》为开展国际教育交流与合作提出了重要的原则、要求和路径。文章就以下几个具体问题提出相关建议。

第一，要以宽广的胸怀、长远的眼光来审视国际形势的发展，更加开放地接纳世界来访之客，要摒弃民粹主义，加强国际主义。一方面我们要鼓励教师和学生更广泛深入地开展国际教育交流与合作；另一方面应把培养具有全球竞争力的人才摆在重要位置，不断加强本土学生的国际理解教育，提升各级各类学校学生的全球胜任力，将我国教育国际化的程度提上一个新台阶。

第二，加强与欧盟国家的教育交流，互派留学生，加强学位互认，进一步推进中欧人文交流机制的发展，促进中欧战略合作与发展。同时，加强与发展中国家的教育交流与合作，特别要吸收“一带一路”沿线国家的来华留学生，增加发展中国家留学生的名额，真正落实《推进共建“一带一路”教育行动》，增进彼此的了解。

第三，对美国的科学技术优势不能小觑，虽然美国会限制中国留学生，但我们还是要争取机会，特别要加强与美国学术界的民间交流与合作。

第四，鼓励中国学校到外国办学。随着“一带一路”建设的推进，在合作国家创办学校，一方面可解决中国企业职工子女上学的问题，另一方面可为“一带一路”建设培养人才。除了创办中小学以外，还要创办一些技术学院及大学。

第五，不断提升我国高校高质量内涵式的发展水平，真正做强“留学中国”品牌。

第六，改进孔子学院的建设。有必要结合新的世界格局对孔子学院的建设进行改进调整，特别是要优化孔子学院的布局，在当地需求迫切的地区布局孔子学院的建设。同时，改革孔子学院的运行模式，吸纳民间办学、社会运作的优势，以民间组织开展活动。此外，孔子学院的教学内容和方式也应不断改进更新，使之更适应外国学生的学习，真正做到文化相融、民心相通。

第七，加强与多边国际组织的合作，积极参与全球教育治理。对于当前全球教育出现的新议题，我们应加强与多边国际组织的合作；基于我国的历史和文化，认真总结中国教育发展的经验和教训，真诚地与愿意合作的国家沟通交流，并提供必要的资金或技术援助，彼此促进，共同发展。同时，我们要加大力度，不仅在国内大学选拔优秀的学生到国际组织去培训或实习，也可以支持海外的留学生到国际组织中接受锻炼，帮助他们熟悉国际交流规则，增进他们的国际理解，提高他们的国际竞争力。

第八，深化体制与机制改革。当前，在我国各级各类教育涉外事务中还有很多烦琐的制度限制，需要总结经验，找出差距，一步步改进，使各级各类学校的教育国际交流与合作更加便捷与高效。

来源文献：顾明远、滕珺：《后疫情时代教育国际交流与合作的新挑战与新机遇》，《比较教育研究》2020 年第 9 期。

“一带一路”倡议的纵深发展使沿线各国的中文学习需求快速增长，越来越多沿线国家将中文纳入国民教育体系。李宝贵、庄瑶瑶在《中文纳入“一带一路”沿线国家国民教育体系的特征、挑战与对策》中，以“一带一路”沿线国家颁布的相关文件为依据，统计分析了中文纳入“一带一路”沿线国家国民教育体系的情况。首先，从中文纳入国民教育体系的层次上看，“一带一路”沿线国家优先选择在基础教育阶段纳入，占沿线纳入国家总数的 68%。其次，从中文纳入国民教育体系的形式上看，主要分为进入课程体系和进入考试体系两类。76%的沿线国家选择将中文纳入课程体系的形式，一般只有中文教育历史悠久、基础深厚的国家才会将中文纳入考试体系。最后，从沿线国家中文课程的设置上看，目前，“一带一路”沿线国家的中文课程多为选修课程，占沿线纳入课程体系国家总数的 84%。

文章指出，随着“一带一路”建设进入全面实施新阶段，中文纳入沿线国家国民教育体系过程中面临的瓶颈也逐渐显现。主要集中于以下四点：第一，中文纳入沿线国家国民教育体系的进度不一；第二，中文纳入沿线国家国民教育体系的延续性弱；第三，沿线国家中文教育的资源适配度整体偏低；第四，孔子学院/课堂的服务作用有待增强，现阶段孔子学院规划与“一带一路”布局尚未有效对接[①]，在沿线国家孔子课堂助力基础教育阶段，中文纳入国民教育体系的作用发挥不够充分，孔子学院在服务高等教育阶段中文课程建设上的作用有待提高。

基于以上分析，文章提出中文纳入“一带一路”沿线国家国民教育体系的优化对策：一是加强中外政策沟通与对接，提供合作政策保障。应重视高层交流的引领和导向作用。通过加强沿线国家双边（多边）高层磋商，协调推动建立中外多层次良性合作机制，建立“一带一路”沿线国家相关政策数据库，系统梳理各国各地中文纳入国民教育体系的政策文件，为实现精准助力“一带一路”沿线国家中文教育提供参考。同时应积极利用中外合作协议、备忘录、声明公报等形式，规范和深化双方各阶段在中文教育领域的合作。二是服务沿线国家中文需求，融入对象国教育体系。助力中文平稳有序纳入沿线国家国民教育体系，应从广度和深度两个维度加大服务投入。对于尚未将中文纳入国民教育体系的国家，应填补孔子学院/课堂的服务空白，携手多元主体合作开展形式多样的语言教学及多领域文化交流和体验活动，提高当地民众的中文学习兴趣。三是重视中文教育成效，提升学习者的获得感。应重视学术研究的支撑作用，提高科研转化水平；中文课程设置应逐渐由选修课向必修课转变，提高中文学习的延续性，并逐步构建起健全完善的中文教学体系；重视提升中文学习的实用性，满足各领域、各层次学习者的中文学习需要；丰富沿线国家民众的语言生活，扩展中文使用场域。四是科技赋能中文教育，助力融合与智慧发展。持续推动科技赋能，为沿线国家中文教育的高质量发展注入新动力；不断加强多元平台的中文教育交流合作，扩大知识和人才的共享半径；通过即时反馈和及时调适，精准服务沿线各国的中文教育，联通沿线国家的语言文化交流，助力经贸、教育等多领域实现融合发展，促进沿线全域实现人才共育、经济共荣、文化共生

① 转引自李宝贵、尚笑可：《“一带一路”背景下汉语国际传播的新机遇、新挑战与新作为》，《辽宁大学学报》（哲学社会科学版）2018 年第 2 期。

的发展新格局。

来源文献：李宝贵、庄瑶瑶：《中文纳入“一带一路”沿线国家国民教育体系的特征、挑战与对策》，《语言文字应用》2020 年第 2 期。

“一带一路”倡议不仅深刻助推了沿线国家的中文教育事业发展，也为促进区域教育交流与合作提供了诸多可能。2016 年教育部印发了《推进共建“一带一路”教育行动》，提出构建“一带一路”教育共同体，推动共建“一带一路”区域教育高质量发展的要求。刘宝存、张惠在《“一带一路”视域下跨区域教育合作机制研究》中，从梳理“一带一路”视域下跨区域教育合作机制的发展现状出发，分析“一带一路”倡议对跨区域教育合作机制构建提出的新要求以及由此带来的新挑战，并在此基础上提出跨区域教育合作机制构建的对策。

文章指出，自“一带一路”倡议提出以来，我国与“一带一路”沿线国家的教育合作与交流不断增加，在跨境学生流动、跨境合作办学及学历学位互认等方面取得了一定的成效，并在跨区域教育合作机制建设方面取得了初步的进展。双边、多边及次区域教育合作机制初步形成，不同级别的人文交流磋商机制与对话平台纷纷建立，双边及多边的跨境教育对话活动日益频繁，跨区域教育质量保障协作机制不断深化。2016 年，教育部印发的《推进共建“一带一路”教育行动》指出，要聚力构建“一带一路”教育共同体，促进区域教育发展，全面支撑共建“一带一路”。这就对“一带一路”跨区域教育合作机制的构建提出了新的要求。其一，构建“一带一路”教育合作的目标抉择机制。其二，加快推进“一带一路”沿线国家教育资历框架的建设和对接。其三，重视“一带一路”沿线国家教育磋商及协调机制的建设。其四，重视跨境教育市场质量保障与监管机制的构建。其五，注重跨区域教育合作的创新机制建设。

同时，“一带一路”倡议也给跨境教育合作机制建设带来新的挑战，主要包含以下五点。其一，跨区域教育合作机制建设的经验不足导致教育政策供给滞后。其二，沿线国家教育水平的参差不齐阻碍教育合作。其三，沿线国家的社会文化差异阻碍跨境人员流动。其四，沿线国家的教育体制差异导致学历学位认证存在障碍。其五，沿线国家的语言多样性制约课程衔接与联合培养。基于此，文章提出“一带一路”视域下跨区域教育合作机制构建的对策。

一是加快跨区域的顶层设计和总体布局，打造“一带一路”高等教育区。在当下跨区域教育合作机制建设相关研究不足的情况下，我国应该逐步打造“一带一路”高等教育特色智库，建立跨区域高等教育智库合作网络，开展高等教育跨境合作与对外开放相关政策研究，为国家建言献策。政府及相关教育部门应成立专门的规划小组，整体设计“一带一路”跨区域教育合作机制的框架体系和建设路径，明确机制建设的重点任务等，并成立咨询委员会，对实施过程中的重大问题提出意见和建议。针对建设经验不足导致教育政策供给滞后的问题，迫切需要建设由我国主导、各国助力、多方推进的“一带一路”高等教育区。在此可以借鉴发展较为成熟的跨区域教育合作机制的建设经验，规避跨区域教育合作中的常见风险和误区，并将其转化为“一带一路”教育合作长效推进机制的新思路和新举措。

二是建立和完善“一带一路”跨区域教育合作机制的框架体系。在制定框架过程中，要重点关注教育政策互通与协调机制、沿线国家教育磋商机制、资历框架建设、跨境教育市场质量保障机制，以及跨境教育质量监管和协调机制等。此外，框架的搭建还要重点解决因跨区域教育合作机制建设经验不足所导致的教育政策供给滞后问题，以及沿线国家教育水平参差不齐、由社会文化差异及语言多样性所带来的教育合作衔接及跨境人员流动等问题。对于教育合作衔接问题，可以充分利用现有的双边及多边合作机制，构建沿线教育合作机制来协调和解决。

三是循序有效推进“一带一路”跨区域教育合作机制建设。首先，应在“一带一路”倡议的总体框架和原则下，结合《关于做好新时期教育对外开放工作的若干意见》等文件的精神，基于已有的教育合作框架，先在跨境教育合作政策制定等容易达成协议的领域开展合作，然后再分阶段、分步骤、有计划地推进其他领域的合作。其次，要抓住跨区域教育合作机制框架中的关键环节，如学历学位互认体系等，只有处理好这些关键性环节，才能确保整个跨区域教育合作机制建设的成功。最后，要在机制框架搭建的过程中注重整体的结构设计，关注各分支机制间的协调与配合。

四是加强“一带一路”沿线互联互通，促进沿线跨境人员流动。积极推进沿线国家民心相通建设、国际理解教育和“一带一路”命运共同体建设，促进沿线国家民众对彼此的文化认同和教育认同，从而减少人员流动的障碍。实施“一带一路”人才培养与交流推进工程，增设多样化的“一带一路”教师合作项目及学生流动项目，实施以公派留学为引领、出国留学和来华留学并重的留学政策，扩大人才流动规模并提高留学质量。

五是推进教育质量保障及标准互认机制建设，促进学历学位互认。加快推进我国教育资格框架和教育标准的开发工作，完善质量保障机制和认证机制，并呼吁沿线各国建立教育资格框架和认证标准，加强与国际质量评价、监督及保障机构的教育合作，推动沿线国家落实《亚太地区承认高等教育资历公约》，促进跨境双边及多边学历学位的互联互认，推进各国终身学习社会的建设。

六是建设多语言协调机制和多语种师资队伍，促进课程及培养的衔接。同时加大对外汉语教学志愿者的培训和输送力度，助力海外孔子学院和孔子学堂的建设，设立汉语言教学质量国际标准和测试标准，减少沿线国家教育合作中因语言不同而产生的课程衔接及学历衔接问题。

来源文献：刘宝存、张惠：《“一带一路”视域下跨区域教育合作机制研究》，《复旦教育论坛》2020 年第 5 期。

“一带一路”沿线的教育区域合作有共性特征，也有个性需求。随着相关研究在区域国别方向的具体展开，探索中国与“一带一路”沿线国家/地区开展教育合作的路径问题成为学界关注的焦点之一，也为国际中文教育的区域国别化研究与相关实践开展提供了更为丰富的理论参考。

丁瑞常、徐如霖在《“一带一路”倡议下中新教育交流合作回顾与前瞻》中指出，我国与新加坡自 1990 年建立正式外交关系以来，双方政府建立了制度化的教育交流合作框架，多主体搭建了丰富的教育交流合作平台，师生互访已形成规模，两国合作办学日益深化。中新教育交流合作发挥了语言文化近缘优势，重视战略规划和高层引领，且立足实用主义外交关系。

“一带一路”倡议为中新在教育领域的交流合作打开了机遇与挑战并存的新局面。一方面，教育在共建“一带一路”中具有基础性和先导性作用；另一方面，国际教育服务贸易本身就是国际贸易中一个重要的新兴领域，中新相互发展国际教育服务贸易将成为两国共建“一带一路”的应有之义。与此同时，两国在抢占国际教育服务贸易市场过程中必然存在利益重叠，使中新从教育优势互补走向竞争。

基于以上分析，文章就“一带一路”倡议下进一步深化中新教育交流合作提出以下五点政策建议。第一，继续做好顶层设计，搭建若干高层次双边教育交流合作平台。第二，疏通中新教育合作交流政策性瓶颈，实现学分学位互认互联。第三，增加政府奖学金交换名额，拓宽奖学金来源。第四，加强合作办学，交换优质教育资源。第五，充分发挥多边机制作用，尤其是加强中国与东盟的区域性教育交流合作。

胡昳昀、赵灵双在《中国和拉美教育交流与合作 60 年：进展、问题及策略》中认为，教育交流与合作作为中拉友好往来不可或缺的一部分，是中拉关系发展的基础以及延伸。自 1960 年中国与第一个拉美国家古巴建交至今，中拉在高层制度建立、人员交流、语言推广以及科研合作等领域取得了一定成绩。其中，在语言推广方面，中国对拉美汉语推广以及孔子学院建设取得了较快进展。2002 年中国向哥伦比亚派遣首位汉语教师，2006 年在墨西哥建立首家拉美孔子学院。截至 2020 年，中国已在 24 个拉美国家设立了 43 所孔子学院和 7 个孔子课堂，注册学员累计达 5 万人。①

文章指出，经过 60 年的合作发展，中拉教育交流与合作取得了阶段性成果，但仍存在学生流动规模较小、科研合作有待深化、人力资源和技术培

---

① 转引自国家汉办：《孔子学院/课堂》，http://www.hanban.org/confuciousinstitutes/node_10961.htm。

训领域有限、中国对拉美认知不足等问题，阻碍了中拉教育交流与合作的进一步发展。

基于以上分析，结合中拉各自的发展需求，文章提出四点建议：一是统筹规划在拉美区域的教育交流与合作布局，锚定支点国家；二是完善合作保障制度，建立质量监管机制；三是推动中拉在职业教育与培训领域合作，为中拉可持续合作提供智力支持；四是加强拉美研究人才的培养，加深对拉美的认知，以期促进中拉教育的务实合作。

王婷钰在《“一带一路”背景下深化中阿高等教育合作的战略思考》中指出，阿拉伯国家是中国共建“一带一路”的重要合作伙伴。中阿共建“一带一路”需要高等教育交流合作助力民心相通，提供人才支持。“一带一路”倡议实施以来，中阿高等教育合作取得了一系列进展，主要体现在高等教育合作机制初步建立，学生交流互动增强，合作办学形式趋于多元和科研合作走向制度化。其中，中阿合作办学形式主要有联合大学（学院）、联合培养和孔子学院（课堂）三种类型。与此同时，中阿高等教育合作也存在一些问题，主要是中阿学历学位互认不畅通，阿拉伯国家来华留学规模相对较小，中阿合作办学层次偏低，实质性科研合作偏少。

为深化中阿高等教育合作，文章从经济发展水平和安全局势两个维度将阿拉伯国家分为三种类型进行高等教育合作布局设计。首先，对于沙特这类经济发达、局势稳定和高等教育国际化程度较高的国家，采取以加强交流合作为主的策略，主要是加强学生的双向流动，加强合作办学。其中合作办学包括孔子学院建设，对此，中国既要抓住海湾国家汉语热潮的历史机遇，加快推进地区孔子学院建设，同时也要注意方式方法，避免海湾宗教保守主义对中华文化产生抵触心理。其次，对于局势相对稳定，但经济实力同海湾国家尚存差距的国家，如埃及采取以协助能力建设为主的合作策略，主要是协助发展职业教育和协助提升科研水平。最后，对于经济极不发达，或局势不稳定或两者兼而有之的国家，采取以发展教育援助为主的合作策略。具体而言，以留学生培养、教师培训、高等教育体制建设的软实力援助为主，辅之以硬件设施建设。

李宝贵、吴晓文在《中文纳入东南亚国家国民教育体系动因机制与推进策略》中指出，东南亚地区已有 7 个国家出台政策正式将中文纳入国民教育体系，是全球中文纳入比例较高的地区。

文章认为，中文纳入东南亚国家国民教育体系是对象国拉力因素和我国推力因素共同作用的结果。一方面，东南亚各国中文学习者、学校及国家作为语言选择的行为主体，基于中文的价值作出语言选择。例如，随着东南亚地区中文的价值提升，商务、旅游、中医等“职业汉语”的学习需求日益增加，而中文学习需求促使个人作出语言选择，继而影响对象国政府中文教育政策的制定。另一方面，我国作为中文的母语国积极推动国际中文教育，向东南亚及海外各国提供中文供给，支持海外各国将中文纳入国民教育体系。近年来，我国出台相关政策大力推动中外开展教育交流和合作，还与东南亚多国签订合作备忘录，合作开展多项中文教育项目。

中文纳入东南亚国家国民教育体系虽已初见成效，但中文纳入国民教育体系的广度和深度仍然有限，亟须推进中文教育与传播在东南亚地区的深度覆盖。基于此，文章提出从个人、学校、国家三个层面全面推进中文纳入东南亚各国国民教育体系的建议。

一是推动中文教育的有效供给，满足个人中文学习需求。需要加强中文教学资源建设，探索中文教育的新模式，发展“职业汉语”教育。二是推进教育机构协同发展，创造语言选择的学校语境。需要推进海外华文学校的转型升级，加强与主流学校的中文教育合作，发挥孔子学院（课堂）的助力作用，鼓励民间教育机构参与中文项目。三是争取对象国的支持，实现中文“走出去”向“走进去”转变。首先，加强与东南亚各国有关部门政策沟通；其次，积极推动东南亚中文教育的当地化转变。

李宝贵、魏禹擎在《中文纳入法国国民教育体系现状、动因、挑战与对策》中指出，法国是较早将中文纳入国民教育体系的欧洲国家，在汉学历史、政策支持、经济交往、人文互动的共同驱动下，中文纳入法国国民教育体系持续向好发展。中文纳入法国国民教育体系大体符合“由高到低”式趋向，即中文教育首先进入法国教育体系的高等教育阶段，然后向基础教育阶段辐射。除此之外，中文纳入法国国民教育体系具有纳入规模大、基础教育发达、教学大纲完备的特点。

文章认为中文纳入法国国民教育体系也面临一些现实挑战。一是中文纳入学段不一，发展不均衡。主要包括同一教育阶段内中文教学发展不均衡和不同教育阶段的中文教学发展不平衡。二是中文教学资源不足。主要指中文教学师资短缺，中文本土教材资源不足。三是中文教学环境复杂。法国包容的语言环境带来了语言市场竞争。同时，宏观的外语教育标准带来了新的挑战，即《欧洲语言共同参考框架》与中文教学的融合度低。

为了促进中文纳入法国国民教育体系的可持续发展，文章从宏观调控、内外联动、师资培养、平台辅助、技术支持五个方面提出建议。宏观调控方面，应重视中文教育在法国国民教育体系内基础教育与高等教育的统筹协调，促进中文教育在法国国民教育体系各学段的均衡发展。内外联动方面，加强中法双方中文教育协调配合。既要发挥中国政府及各类机构的配合与支持作用，也要根植法国深厚的教学土壤，在原有的中文教学基础上发挥国际协作意识与社会精英引领意识。师资培养方面，既要加强输入型教师的国别化培养，也要重视本土教师培养的规模化发展。平台辅助方面，发挥孔子学院/课堂的辅助作用。技术支持方面，开发利用国别化的线上资源。

来源文献：

丁瑞常、徐如霖：《“一带一路”倡议下中新教育交流合作回顾与前瞻》，《比较教育研究》2020 年第 12 期。

胡昳昀、赵灵双：《中国和拉美教育交流与合作 60 年：进展、问题及策略》，《比较教育研究》2020 年第 12 期。

王婷钰：《“一带一路”背景下深化中阿高等教育合作的战略思考》，《比较教育研究》2020 年第 7 期。

李宝贵、吴晓文：《中文纳入东南亚国家国民教育体系动因机制与推进策略》，《辽宁大学学报》（哲学社会科学版）2021 年第 1 期。

李宝贵、魏禹擎：《中文纳入法国国民教育体系现状、动因、挑战与对策》，《天津师范大学学报》（社会科学版）2021 年第 3 期。

2020 年，突如其来的新冠疫情在世界范围内蔓延，使国际格局发生变化，经济增速放缓、人员流动减少。作为国际关系的“晴雨表”，国际中文教育受到深刻影响。汉语学习需求减少，教学资源缺乏，教学模式面临深刻变革，国际中文教育步入重大转型期。与此同时，机遇与挑战并存，国际中文教育需要探索新路径，建设多层次、差异化、有特色的汉语教学模式。讲好中国故事，传播好中国声音，推进中文国际传播高质量发展，需要加强中文国际传播能力建设。李宝贵、李辉在《中文国际传播能力的内涵、要素及提升策略》中，阐释了中文国际传播能力的内涵并探析其构成要素，分析中文国际传播面临的主要问题，综合考虑针对性、科学性和可操作性等因素，提出提升中文国际传播能力的策略。

文章认为可将“中文国际传播能力”定义为中文在国际传播过程中按照语言传播规律增加语言的传播价值、获得国际语言地位所具有的综合素质。主要由国际中文教育教学能力、中文国际传播人才培养能力、中文国际传播服务能力、科技赋能中文传播能力、中文产品生产能力、中文国际传播风险防范能力六个要素构成。

文章指出中文国际传播虽取得瞩目成就，但中文在国际上的影响力与中国的综合国力、国际地位仍不相称，面临诸多问题。一是中文使用场域有限。具体指中文在国际会议和国际组织中的作用有限，在科学网数据库三大索引中的地位较低，在互联网领域的网络文本覆盖率低，第二语言人口数量仍需扩大，中文出版物国际影响力不足。二是中文纳入海外国民教育体系的广度和深度不足。广度不足主要指目前中文纳入国民教育体系的国家和地区数量仅占全球 233 个国家和地区的 30%左右；深度不足主要体现在中文纳入他国国民教育体系还存在延续性弱的问题上，如海外中文教育呈低龄化趋势，基础教育阶段中文纳入情况良好，但高等教育阶段中文纳入比例较低。三是高素质复合型中文国际传播人才缺乏。具体来说，从横向看，①缺乏精通中文知识和中文教学技能的本土教师，②既精通中文又精通专业的“中文+”复合型人才培养不够，③专于研究中文教学、中外人文交流的汉学家仍量小力微；纵向看，保证中文持续传播的高层次人才欠缺。四是中文国际传播服务质量仍需提高，以孔子学院为例，英国孔子学院服务存在“缺乏专项汉语技能课程、课时周期短”的问题。[①] 五是科技赋能中文国际传播能力有待深化。一方面，自国际中文教育兴起以来，以线下中文教学为主，网络孔子学院等数字平台或科技手段未被充分利用，未能最大限度发挥其应有的作用。另一方面，虽然已经出现不同种类数字化教学资源，但对教学资源规划设计不足，教学资源配置有待优化。六是中文国际公共产品供给能力尚显不足。作为中文母语国，我国为世界贡献中文国际公共产品的能力需要进一步加强。以教学资源为例，匹配青少年中文学习的教材较为缺乏。此外，中文艺术产品、中文信息产品、中文文化产品也有待进一步丰富。七是中文国际传播风险防范化解能力亟待强化。百年变局与全球疫情叠加，西方文化中心主义的不利影响，不同文化圈文化之间的理解鸿沟等，都可能为中文国际传播带来不安全的因素，安全发展是中文国际传播进入新发展阶段的底线要求。

基于以上分析，文章提出中文国际传播能力的提升策略，主要有以下六点。

第一，全面推进中文教学的当地化，提升中文学习者的获得感。教师培养、教材开发、教法探究是中文教学当地化的核心。其中，培育本土师资力量是首要，推动本土教材建设是关键，教学方法“入乡随俗”是重点，健全教学质量监督机制是必要之举。

第二，对接中文国际传播人才需求，培养高水平传播人才队伍。首先，着力培养“中文+”复合型传播人才。其次，重视来华硕士、博士高端中文传播人才的培养。最后，加强中文国际传播管理人才的培养。

---

① 转引自梁吉平、贾培兰：《海外孔子学院课程设置研究——以英国 14 所孔子学院为例》，《云南师范大学学报》（对外汉语教学与研究版）2021 年第 2 期。

第三，优化中文国际传播服务质效，提升服务水平。服务质量的提高有赖于服务理念、服务手段、服务管理和服务制度的共同作用。因此，为提升服务水平，应做到服务理念的国际化、服务手段的信息化、服务管理的协同化和服务制度的精益化。

第四，借力现代信息化技术手段，推进智慧型中文国际传播建设。在信息技术飞速发展的时代，5G、云计算、大数据、人工智能等新技术成为社会发展的新业态。中文国际传播能力建设应借力现代信息化技术手段，将多媒体技术、网络技术、人工智能技术等应用于中文国际传播，建立网格化、智慧化传播机制，推进智能中文国际传播能力建设。

第五，增强中文国际产品供给，推进中文融入海外民众的语言生活。这要求以受众为本位，深入掌握受众对中文产品的多样化需求，积极探寻受众喜闻乐见的中文产品输入的方式方法；能够根据掌握的需求信息进行产品生产、加工；通过多元化平台将产品输出。

第六，多措并举防范风险，保障中文国际传播安全可持续发展。具体而言，既要研究中文传播规律，敏锐辨识中文国际传播面临的风险。又要借鉴世界语言传播机构经验，防范中文国际传播潜在的风险。同时，还应发挥科研的引领和支撑作用。

来源文献：李宝贵、李辉：《中文国际传播能力的内涵、要素及提升策略》，《语言文字应用》2021 年第 2 期。

第二节　国际关系与多边合作

文化外交作为国家整体外交的重要组成部分，是继政治外交、经济外交之后的另一重要支柱，在塑造国家形象、提升国际话语权、维护国家安全方面发挥重要作用。杨悦在《新中国文化外交 70 年——传承与创新》中，将新中国成立以来的文化外交发展划分为“文化先行、外交殿后”、“全面开放、全面参与”、“内外合力、扩大交流”与“提质升级、合作共赢”四个历史阶段，力图在系统梳理文化外交战略框架与实践路径的基础上，厘清其传承与创新的脉络，为新时代中国特色大国文化外交的发展提供借鉴。

文章指出，“文化先行、外交殿后”（新中国成立至改革开放前）阶段，在战争和革命的影响下，此时的文化外交呈现一些独有的历史特点：以“反对霸权、支持第三世界、和平共处、平等互利、相互吸收”为指导思想，以政治与革命为中心，以宣传中国革命成果、支持世界革命为主要目标，具有强烈的意识形态色彩。手段与形式较为单一，大多是文艺演出、杂技等单向对外文化宣传。对外交流以革命语言形式为主，较为机械和呆板。交流对象仅限于双边，与国际多边组织的交流尚处空白。① 到该阶段末期，文化外交逐步去意识形态化。“全面开放、全面参与”（改革开放至加入世贸组织前）阶段，文化外交成为对外开放的一项重要内容，进入以“全面开放、全面参与”为指导思想的历史新时期。首先，恢复建立专门机构负责文化外交工作，加强政府统筹。其次，文化外交超越意识形态和社会制度差异的桎梏，交流对象遍布世界五大洲。再次，形成了多元主体、多层次、多渠道、多形式、多品类的文化外交新局面。最后，开启多边文化外交的新时期。“内外合力、扩大交流”（加入世贸组织至党的十八大召开）阶段，“和平发展道路”与“构建和谐世界”成为战略指导思想，文化外交表现出以下特点。第一，国内文化建设被提到战略高度与社会主义核心价值体系的提出，成为文化外交发展的重要支撑。第二，文化外交成为我国对外关系中继政治、经济之后的第三根支柱。② 第三，部门统筹更加科学，助推文化外交高质高效发展。第四，文化外交成为带动国内文化建设的重要手段，中国从多边交流中的学习者和受益者转变为资助者与分享者。“提质升级、合作共赢”（党的十八大以来）阶段，两份党的最高政治性文件（党的十八大和党的十九大报告）、《关于进一步加强和改进中华文化走出去工作的指导意见》、《关于加快发展对外文化贸易的意见》、《关于加强“一带一路”软力量

① 转引自《新中国对外文化交流史略》，中国友谊出版公司，1998，第 28~238 页。

② 转引自孙家正：《提高推动中华文化走向世界的能力》，《求是》2006 年第 1 期。

建设的指导意见》等文件统筹了对外文化交流、文化传播和文化贸易政策，体现了中国政府对新时代中国特色大国文化外交的完整战略布局和政策规划。第一，文化外交被提升至国家战略高度，作为公共外交的核心内容，其价值得到了国家的高度认可。第二，文化体制与政府机构改革提升国家文化治理能力，助推文化外交发展。第三，元首外交与文化外交联动，中国文化思想与价值观的国际辐射力显著增强。第四，思想外交成为文化外交发展的新阶段，助力中国文化国际认知度的提升。第五，文化外交以“一带一路”建设为平台，全方位提升中国文化领域开放水平，努力构建文化交融的命运共同体。第六，积极搭建多边交流平台，中国的引领作用凸显。第七，对外话语体系建设能力增强，加深了海外对中国文化的认知。第八，运用新媒体科技手段，大力打造外宣旗舰媒体，国际传播能力明显增强。第九，中国文化产品和服务在国际市场的份额和竞争力显著增加。

文章认为，新时代文化外交的发展应在坚持以习近平中国特色大国外交思想为理论基础、以中华文明为文化基础、以中国特色社会主义为制度基础、以改革开放成果为实践基础之上，统筹好国内文化建设和国际文化传播的关系，以两个创新为推手，为中华文化“走出去”的时代课题做出创造性回答。

在国家文化能力建设创新方面，要始终坚持党对意识形态工作的领导。同时应做好以下几件事情。①要紧抓新时代中国特色社会主义文化建设的灵魂主线，解决好新时代中国的社会主要矛盾。②要植根中华民族优秀传统文化，做好传统文化与现代文化的融会贯通，推动中华优秀传统文化创造性转化和创新性发展。③扎根中国特色社会主义实践。④对世界文化资源的批判和借鉴。在文化外交的多维度创新方面，①构建新时代文化外交的文化理论支撑体系和核心文化话语体系。②了解海外受众需求，做好分众化和精细化传播。[①] ③新时代文化外交不应止于文化交流，应在人文领域精耕细作，重视发挥人的作用，用心沟通。④新时代文化外交要沉下去、

① 转引自张志洲:《还是让中国外交话语保持合理的“难懂”吧》，澎湃新闻，2015 年 5 月 27 日，https://www.thepaper.cn/newsDetail_forward_1334910。

融进去，善用城市、社区与民间力量。⑤提升“走出去”的文化产品质量，在内容创造上精益求精。⑥打造更多的思想对话平台，结合新媒体技术，增加交流的广度和深度，特别是要覆盖青年群体，解决中华文化“走出去”的“最后一公里”问题。⑦区分对象、精准施策。⑧搭建跨领域、跨学科和跨国界的学术共同体，在国内外共同提升新时代文化外交理念和实践创新的造血功能。⑨中国要以文明交流超越文明隔阂、文明互鉴超越文明冲突、文明共存超越文明优越为指导原则，以文明是多彩的、文明是平等的、文明是包容的新的文明观为价值导向，积极参与全球文化治理，构建和谐共生的人类文化共同体。

来源文献：杨悦：《新中国文化外交 70 年——传承与创新》，《国际论坛》2020 年第 1 期。

公共外交作为一项系统工程，需要多元主体的共同参与、相互配合、统筹推进。田立加、高英彤在《中国公共外交中“多元互动”的推进机制构建研究》中，基于公共外交中“多元互动”内涵和意义，兼顾公共外交中“多元互动”的进展及问题，构建涵盖互动主体与内容、互动条件、互动程序以及互动结果等维度的“多元互动”推进机制，来推动公共外交中“多元互动”的生成。

文章认为，公共外交中的“多元互动”是指公共外交中的多元行为体在实践中与其他行为体通过“对话、协商、合作”等互动行为相互作用、相互影响，推动整合资源、联合行动的过程。其意义具有以下几个方面。首先，互动凝聚资源。公共外交中的“多元互动”可以将行为体的“自有资源”凝聚为“互动资源”。通过“多元互动”，各方积极提供自有资源，取他之长，补己之短，实现行为体间资源整合和效用最大化。其次，互动共享信息。公共外交中的“多元互动”具有“共享信息”[1]的功能。通过信

① 转引自 Himmelman A T., *Collaboration for a Change: Definitions, Decision-making Models, Roles, and Collaboration Process Guide* (Minneapolis: Himmelman Consulting, 2002)。

息共享，多元行为体的信息得到融合，融合后的信息也更具有可信性和价值性。最后，互动生成制度。在互动过程中，“多元行为体协商一致决定了哪些原则作为减少问题的基准是可以接受的，决定多元行为体行为是合理抑或不合理，在一定程度上能够塑造多元行为体的预期”。[①] 在此基础上，多元行为体逐步推动了互动制度的生成，设立彼此联结的中介组织，用以强化多元行为体之间的联结关系，为后续参与机制的运行提供一种稳定的制度支撑。

目前，中国公共外交中“多元互动”实践已经取得了一定进展，主要包含以下互动形式。①“对话”，多元行为体参与公共外交中的对话，主要借助“座谈会、对话会、招待会、研讨会、论坛”等平台展开。②“合作”，中国公共外交中多元行为体的合作实践主要表现为合作承办会议、合作引导舆论、合作具体实践等。与此同时，中国公共外交中“多元互动”也面临一定的问题。①中国公共外交中“多元互动”的主体及内容模糊。多元行为体参与公共外交的身份模糊性，一方面使行为体无法生成“多元互动”的意识，另一方面也造成一些行为体被互动排除在外的情况。与此同时，多元行为体互动要素如互动“目的”、互动“内容”、互动“形式”等仍不明确。缺乏公共外交中互动相关内容的明确，多元行为体也就很难在互动相关问题上形成“共有知识”，阻碍互动实践的开展。②中国公共外交中“多元互动”的条件不充分。中国公共外交中“多元互动”实践中“偏好”“需要”“领导力”三个条件尚不充分。首先，互动偏好有待进一步建构，主要表现为多元行为体“互动意识”缺乏。其次，对互动需要的关注不够。互动涉及的内容大多是较为宽泛意义上的探讨，对于多元行为体具体互动需求关注不够。最后，推动互动生成的领导力不够。中国政府及相关部门推动公共外交中“多元互动”的机构、平台和政策还没有得到相应的完善，而其他行为体主动发挥领导力的意识尚未形成。③中国公共外

① 转引自 Robert O. Keohane，“International Institutions：Can Interdependence Work?”，*Foreign Policy* 110，1998：82-96。

交中“多元互动”的程序不完善。中国公共外交中多元行为体的“对话”虽然有利于多元行为体间信息和资源的共享。但如果止步于“对话”层面，那么其对于多元行为体后续互动实践开展的作用就相对有限。同样，目前我国的合作互动实践互动，仅停留于理论研究的层面，对“多元互动”后续步骤理解具有差异性和模糊性，阻碍“多元互动”实践进展。④中国公共外交中“多元互动”的结果尚未深化。主要表现为：一方面，中国多元行为体尚未产生寻求生成“互动制度”的意识；另一方面，“多元互动”实践多停留于交流探讨、研究学习等阶段，真正转化为实践中的应用较少。

基于以上分析，中国公共外交中“多元互动”的推进机制主要包含以下几个维度。第一，明确中国公共外交中“多元互动”的主体与内容。明确“多互动”主体，首先是互动主体范围，其次是互动主体结构。明确“多元互动”相关内容，一是互动领域，二是互动形式，三是互动目标。第二，创设中国公共外交中“多元互动”的条件，这将围绕三个方面进行。①塑造多元行为体的互动“偏好”。中国政府可以利用“宣传”、“动员”和“培训”多元行为体在公共外交中互动的社会力量来塑造“互动”偏好。同时，通过扩充“社会资本”存量来塑造“偏好”。②明确多元行为体的互动“需要”。中国公共外交中多元行为体存在基于相互依赖和不确定性的“互动”需求，只有政府对多元行为体需求加以利用和调和，“多元互动”才能实现。③增强相关行为体的互动“领导力”。第三，完善中国公共外交中“多元互动”的程序，公共外交中的“多元互动”程序应该是一个有机的循环作用过程，在互动机构、互动平台和互动政策的作用下，多元行为体开始集聚，“对话、信任”等基础关系得以建立，并逐渐达成“协商与共识”，在实践中取得一定的“中间结果”，在“中间结果”的推动下建立更加合理、稳固、可持续的“对话、信任”关系，并进一步推动“协商和共识”达成的过程。[①] 第四，推进中国公共外交中“多元互动”的结果。首

① 转引自王浦劬、臧雷振：《治理理论与实践：经典议题研究新解》，中央编译出版社，2017，第 348 页。

先，推动生成互动制度。其次，推动指导互动实践。最后，培育多元行为体的互动意识。

来源文献：田立加、高英彤：《中国公共外交中“多元互动”的推进机制构建研究》，《广西社会科学》2020年第6期。

冷战结束以后，综合国力竞争的焦点发生重大转变，增强自身软实力成为各国竞相追逐的目标。周英在《论西方对中国软实力的认知与反应》中，首先对西方国家认识中国软实力的框架进行梳理，对其关注的内容进行分析和总结，就其相关政策主张和行动反应进行解读和探讨，最后就中国提升软实力的路径进行讨论。

文章指出，西方国家主要从国际关系视角对中国软实力进行全方位解读，其认知框架可以概括为以下四类：软实力资源说、软实力工具说、软实力指标体系说和锐实力说。西方对中国提升软实力目标意图的判断与认知有以下几种。首先，被动反应说。部分学者、分析人士认为中国提升软实力及相关举措是在中国快速崛起招致国际社会尤其是周边国家疑虑的背景下提出并开始实施。基于这样的时间节点和国内外环境，中国软实力意在驳斥“中国威胁论”，打造良好的国际形象，以改变其他国家对中国的误解，减少国际社会担忧，给中国的进一步发展创造良好的外部环境。其次，与西方竞争说/和平崛起说。以美国外交关系委员会高级研究员乔舒亚·库兰茨克（Jushua Kurlantzick）的著述《魅力攻势——中国软实力如何改变世界》为开端，一系列分析报告都宣称中国发展软实力是要与西方尤其是与美国抗衡，目标是实现“和平崛起”。[①] 最后，国内建设说。除了以上分析外，还有学者认为中国发展软实力兼具对内、对外双重任务。[②] 对中国软实力发展程度的总体评价及其影响的认知方面，西方存在三种派别，分别是

---

① 转引自 Jushua Kurlantzick, *Charm Offensive*: *How China's "Soft Power" is Transforming the World* (New Haven: Yale University Press, 2007), pp. 2-5。

② 转引自 Jeol Wuthow, "The Concept of Soft Power in China's Strategic Discourse", *Issue & Studies*, 44 (2), 2008: 5-9。

夸大派，消极、负面派，不确定派和不持倾向派。不难看出，西方对中国软实力影响的评价表现出既夸大又贬低的极端倾向，这种矛盾心态的出发点则都是担心西方自身影响减弱，这也印证了他们不愿正视和接受中国崛起的现实，固守以西方大国为中心的国际秩序。同时，西方的反应也与自身的政治社会变化有关。

文章认为，西方在应对中国软实力提升的主张上也有几种不同的态度。首先是遏制派，他们认为中国与西方在软实力上没有合作与共存的空间，呼吁决策者了解中国如何运用软实力并展开较量。其次是合作派，少数学者认为以零和视角看待中国软实力对美国制定对华政策无效。最后是软硬兼施派，西方学者担心对中国软实力反应过度会损害自身利益，但又担心对其视而不见会陷入被动，故主张既遏制也合作。目前来看，西方决策者尚未在战略层面对中国软实力做出针对性反应，但一些反华势力在政策、策略上已有所行动，主要表现为以下三个方面。一是给中国发展软实力营造不利的国际舆论环境。二是对中国发展软实力的举措挑刺、设限。三是重视加强本国软实力和公共外交，掀起对华竞争态势。

文章认为中国软实力的发展路径应当注意以下要点。第一，软实力要素的多样性。软实力是对各种资源的整合，单独要素无法独立支撑起一个国家的软实力。因此，发展软实力要深入研究其特点，认清资源优势，与时俱进地自我更新，借鉴他国做法，重视培育数字软实力、技术软实力。第二，软实力投射的双向性。软实力不仅要“如己所愿”，也要“如他所愿”，投射主体与对象之间的互惠关系对软实力的成败起着至关重要的作用。中国运用软实力须认清国际关系背景，重视发展中国家对中国软实力认同的培育，考虑目标对象的特点，挖掘共享理念与价值，合理匹配资源。第三，软实力主体的多元性。正确发展软实力的办法是官民并举，不仅要运用、整合政府资源和力量，也要动员、协调民间资源和力量，加强政府与社会的合作，创新发展机制，这是未来中国加强软实力的重要内容。第四，软实力关系的敏感性。软实力的特点决定其发挥作用的过程是缓慢的、无形的、长期的，不能急功近利、操之过急，避免强势推广和单向输出。第五，软实力培育的层次性。软实力是因主体对客体的吸引力而产生的影响力，这种主客体关系环环相扣，可以分为国内、地区与全球层次。软实力的层次性要求国家整体规划，将软实力嵌入各层次战略中协同发展，由内到外、内外结合地发展软实力。第六，软实力管控的系统性。软实力的提升是由众多常量和变量共同参与的过程，具有系统性。因此，发展软实力既要重视常量，也要管控变量，理顺政策优先项，切忌简单化和一刀切。

来源文献：周英：《论西方对中国软实力的认知与反应》，《国际论坛》2021 年第 5 期。

教育、科技作为提升国家综合实力的重要手段，近年来在国际竞争中日益受到重视。毛锡龙、徐辉在《美国“全政府”对华战略对中美教育科技交流影响的深度分析》中，探讨了在“全政府”对华战略下，特朗普政府主要行政部门在限制中美教育科技交流中的主要政策、行动及其特点与影响。

2017 年特朗普执政后，美国战略界、安全界“中国威胁、中国挑战、大国竞争”等思想甚嚣尘上，中国已被视为美国国家安全体系的全面挑战者、大国竞争的主要对手，美国需要综合运用各种手段以应对中国的挑战，“全政府”对华战略成为美国政府的必然选择。“全政府”战略主要是决策和执行的“全政府”，侧重政府部门之间的广泛协作，加强整合，争取实现一加一大于二的效果。

美国采取“全政府”对华战略，把限制中美教育科技交流，尤其是高科技交流，作为遏制中国发展的重要手段。在这一方面美国白宫、国务院、教育部、能源部、商务部、司法部及其下属的联邦调查局相互配合，各司其职，试图切断中美高科技领域交流与合作。首先，白宫层面，出台了多项专门针对中国的总统行政命令，阻止中美教育科技交流。例如，2020 年 7 月特朗普签发行政命令宣布要采取措施终止与中国的“富布赖特交流计划”。为限制中国的科技发展，其还滥用《国家紧急状态法》中的有关条款，限制任何美国人对所谓的中国军方背景公司的投资，借题泛化对中国科技公司的打压。除此之外，白宫科技政策办公室在特朗普执政时期提出了“美国为何需要人工智能战略”等系列政策建议，以加速推进美国自身在5G、人工智能等领域的发展。白宫科学技术委员会代表总统正式建立研究环境联合委员会，这些行动的目标都直指中国。其次，美国国务院层面，在对华鹰派政客蓬佩奥接任美国国务卿后，作为美国政府的外交部门，美国国务院成为恶化美中关系的挑头人。其采取的行动如加大对中国赴美学生、学者、科研人员、科技公司员工等的限制力度，加大对中美政府、民间教育科技交流合作的限制，攻击中国对美国大学校园的影响，围堵中国高科技产业发展，都实质性地伤害了中美教育科技交流。此外，美国教育部通过强化涉华教育科技交流资金审查，在制度层面强化风险防范等措施来限制中美教育科技交流。在特朗普政府的对华“全政府”战略下，美国能源部也旋即采取多项措施，限制对华科技交流。如动员全部门力量应对中国，在一些关键领域对中国进行限制，如限制中国的海外人才招聘计划，限制中国与美国国家实验室的访问交流、信息和技术的获取。同时，美国商务部通过“商品管制清单”“实体清单”等对中国进行出口管控，通过申请“视同出口许可”（Deemed Export Licensing）限制在美中国人参与高科技工作来限制中美高技术领域的教育科技交流。最后，美国司法部及其下属的联邦调查局对中美教育科技交流的破坏性尤为严重，如放大风险，影响中美学术交流与合作；对学生、学者展开针对性的执法行动，尤其是针对华人学生、学者频繁地调查起诉，给他们带来巨大的精神压力和工作压力。在“全政府”对华战略下，特朗普政府主要行政部门限制中美教育科技交流政策与行动体现出思想上的统一性、政策上的完整性、行动上的协同性等特点。

基于以上分析，文章认为特朗普政府限制中美教育科技交流产生的影响主要集中于以下四点。

第一，弱化中美战略互信根基。特朗普政府行政、立法及执法相互配合，对中美教育科技交流进行各种阻挠和限制，一些已经达成的协议、共识或被搁置或被终止，严重影响了中美两国人民之间的人文交流，尤其是影响了代表两国未来发展的青年人之间的交流，长此以往必将严重弱化中美战略互信的人文交流根基。

第二，削弱美国高等教育的影响力、科技创新力和公共外交软实力。特朗普政府上台后，逆全球化、民粹主义思想大行其道，其移民政策、对中国学生的签证政策均与美国的开放传统背道而驰，影响了优秀青年赴美留学的积极性，长此以往必将影响美国高等教育的国际影响力。随着特朗普政府加大对中国高科技赴美访学、科研人员的限制，中国赴美访问学者人数开始大幅减少，①从长远看必将削弱美国科技的创新能力。特朗普政府终止中美富布莱特等教育人文交流项目，阻止两国民间特别是知识分子之间的相互了解，必将削弱美国对华公共外交的软实力。

第三，对中美及全球教育科技交流合作和中国高科技发展产生一定的负面影响。首先，特朗普政府采取各种所谓“脱钩”的极端手段试图阻止中美教育科技交流，已在中美教育科研界形成一定的寒蝉效应，会给中美教育科技未来的交流与合作带来比较严重的负面影响。其次，虽然近年我国在人工智能、量子科学、航空航天等领域取得快速发展，甚至在5G领域走在了美国的前面，但是我国科技的总体实力与美国还是有着很大的差距，被“卡脖子”的领域还很多，即使发展迅速的人工智能领域，中国顶尖科研人员的储备与美国还有着不小的差距。因此，特朗普政府的限制政策在一定时期内将给中国相关科技领域人才培养、科学研究、产业发展带来一定的负面影响。最后，特朗普政府的“全政府”对华战略，还联合西方国家尤其是“五眼联盟”国家对付中国。此外，美国对华科技“脱钩”将造成全球标准的分裂，催生“技术民族主义”，各国将努力加强本国科技产业链的独立性。

第四，为拜登政府的对华教育科技交流设置樊笼。从现有能收集到的

① 转引自 Institute of International Education（IIE），“Open Doors Leading Places of Origin”，https://opendoorsdata.org/data/international-scholars/leading-places-of-origin/。

相关资料看，拜登政府将更加深入地实施“全政府”对华战略，尤其注重联合盟友力量联合制华，对华教育科技交流也将基本沿袭并深化特朗普政府为其设置好的樊笼，在高科技领域可能还会深化，不过在一些教育人文交流领域可能会有适当放松。

来源文献：毛锡龙、徐辉：《美国“全政府”对华战略对中美教育科技交流影响的深度分析》，《清华大学教育研究》2021 年第 5 期。

“百年未有之大变局”背景下，国际形势的不确定性日益突出。汉语国际传播在这一特殊的时代背景下面临前所未有的风险与机遇。郭晶、吴应辉在《大变局下汉语国际传播的国际政治风险、机遇与战略调整》中，探讨了大变局背景下汉语国际传播中的国际政治风险与机遇，并提出了汉语国际传播战略调整策略。

文章认为，国际政治风险是语言国际传播中的最大风险，但国际政治也是语言国际传播最重要的推动力。友好的国际政治环境可营造语言传播的良好政治和社会生态，为语言的国际传播提供政治保障及和谐的社会文化环境，从而推动语言的国际传播。相反，不友好甚至敌对的国际政治关系则可能抑制、阻挡，甚至禁止语言的国际传播。文章认为汉语国际传播中的国际政治风险主要有以下四点。

第一，经济贸易问题可能引发汉语国际传播的国际政治风险。经济基础决定上层建筑，全球经济格局的变化必然深刻影响国际政治格局的重塑。一方面，中国正以前所未有的速度靠近世界舞台的中央。另一方面，西方发达经济体却出现了衰落的迹象。这种守成的老牌经济体与新兴经济体之间可能因贸易等领域摩擦引发国际政治矛盾甚至危机，从而波及国际关系的方方面面，语言传播领域自然也不能幸免。

第二，国际武装冲突可能引发汉语国际传播的国际政治风险。国际武装冲突是国际政治的重要组成部分。中国奉行独立自主的和平外交政策，但身处乱世之中，难以置身事外，作为一个负责任的大国必须有所担当，或支持，或反对，或谴责，必须坚持正义，阐明中国立场。这就必然会招致发生武装冲突的一国或结盟国家不满，从而引发对中国不利的国际政治风险，进而波及中文在有关国家的传播。

第三，政治意识形态冲突可能引发汉语国际传播的国际政治风险。中国作为社会主义国家在意识形态方面与西方资本主义国家存在诸多差异，在某些方面难免出现分歧，并引发国家间的意识形态冲突，从而引发汉语国际传播的国际政治风险。

第四，他国国内政治派别斗争可能引发汉语国际传播的国际政治风险。许多国家党派林立，斗争激烈，有对华友好党派，有中立党派，亦有反华仇华党派。获取执政权的党派的政治立场总是贯穿于执政届期的全过程，友华党派执政有利于汉语在本国的传播，反华仇华党派执政则可能会成为我国的国际政治风险，从而影响与我国的外交关系。此外，同一政党不同政治领袖的执政理念和风格也常常出现很大差异，个人的价值观、社会背景、个人好恶、性格等个性化特质也往往深度影响一国的政治走向，并波及本国的汉语国际传播，形成汉语国际传播的国际政治风险。

与此同时，汉语国际传播也存在大量国际政治机遇，如国家综合实力提升带动的国际影响力提升，中国在亚非拉广大发展中国家具有较高的认可度，越来越多的国家将中文教育纳入国民教育体系。

文章认为，疫情之后，国际格局将发生重大改变，我国综合国力与发达国家差距将进一步缩小，国际中文教育将迎来重要的发展机遇。面对这一新形势有必要对汉语国际传播做出战略性调整。第一，汉语国际传播需要明确远景、中期和近期目标。"让汉语成为一门全球性语言"①可作为汉语国际传播的远景目标；努力使汉语成为世界各国普遍学习的外语，中文成为除英语之外各行各业使用最普遍的语言可作为中期目标；争取汉语课程纳入世界各国国民教育体系，世界各国高校普遍设置中文及相关专业、推动世界各国汉语教育本土化水平持续提高则作为近期目标。第二，优化汉语国际

① 转引自吴应辉：《让汉语成为一门全球性语言——全球性语言特征探讨与汉语国际传播的远景目标》，《汉语国际传播研究》2014 年第 2 期。

传播资源配置，优先支持发展中国家。进行汉语国际传播资源配置时，一要服务“人类命运共同体”构建理念，服务“一带一路”倡议、提高国家文化软实力战略，服务外交战略中的公共外交和人文外交战略；二要基于需求配置汉语国际传播资源，少搞或不搞锦上添花，多做“雪中送炭”之事。第三，支持重心从“主要面向基础教育”向“主要支持高端专业教育”转变。长期以来，中国对世界各国中文教育的支持主要是基础教育中的中小学，若换一种思路，将支持重点转向高端的专业教育，将使汉语国际传播的社会影响效应大为提升，使投入产出效益明显提高。第四，更加重视帮助有关国家加强中文教育顶层设计。国际中文教育在不同国家的发展水平差距很大。在一些发达国家，中文教育政策规定、各种标准、人才培养体系、教学资源建设等重要方面已经比较完善。在广大发展中国家，却普遍存在“三缺四无”问题。为此，建议我国发挥中文教育专家众多的优势，与本土专家一起开展国别中文教育顶层设计，重点解决“三缺四无”问题。第五，争取有关国家给予“华文教育”与其他类型中文教育同样的机会。由于管理职能划分的原因，华文教育此前并未明确纳入汉语国际教育领域，在国家相关管理体制已经做出重要调整的今天，有必要明确将“华文教育”纳入国际中文教育体系，并给予与其他类型的中文教育同样的各种机会。同时，还应充分发挥部分国家华文教育体系完整、教学水平较高、气候等自然环境相同、语言文化背景相似等人文和自然条件带来的区域辐射优势，为邻近国家的汉语教学提供师资和其他教学资源支持。第六，进一步推动世界各国在本国汉语教学中扮演更加重要的角色。在语言国际传播中，语言输出国只是外因，输入国才是内因，外因只能通过内因起作用。因此，应充分发挥各国在本国汉语教学中的主体作用，同时应清醒认识中国在支持世界各国汉语教学中的有限责任。

来源文献：郭晶、吴应辉：《大变局下汉语国际传播的国际政治风险、机遇与战略调整》，《云南师范大学学报》（哲学社会科学版）2021 年第 1 期。

第三节　语言服务与经济效应

21 世纪以来，在全球化浪潮和科技革命的冲击下，全球语言问题突出，世界语言生态危机四伏、语言安全问题迭出、语言濒危日益严峻、语言矛盾与冲突频发[①]，进行全球语言治理尤为必要。沈骑在《全球语言治理研究的范式变迁与基本任务》中认为，全球语言治理是指语言治理主体为应对或解决世界范围内人类共同面临的重大语言问题，多方协同努力，构建和谐语言生活的努力与追求。在世界百年未有之大变局下，全球语言治理具有重要意义，既是语言学研究的重要任务，也是全球治理的重要研究领域，同时还是语言生活研究的全新课题。

文章认为，从历时维度看全球语言治理研究主要经历了语言问题、语言权利和语言资源的三种范式变迁，而每一次研究范式从形成到发展，都经历了动态的历史变化。

首先是从计划语言到语言规划的问题范式。全球语言治理研究的问题范式，是从现实生活中的不同语言使用者的沟通与交流障碍着手，以语言问题为导向，致力于通过人为的语言规划，努力解决现实语言问题。语言学界对全球性语言问题的科学研究始于 19 世纪，当时研究重点是对人类计划语言方案（language plan）的探索，关注点在于对国际共通语设计方案的研制，如叶斯柏森和萨丕尔等人都曾进行过共通语的探索，相继提出了近 1000 种计划语言方案。近两百年的计划语言方案的研究，对于语言规划学科发展起到了重要推动作用。国际组织很早就开始关注计划语言与共通语的研制工作。20 世纪 30 年代，“国际联盟”就对国际计划语言规划问题进行过专题讨论。从计划语言到语言规划的问题范式变迁，体现了全球语言治理研究面对复杂多元的世界语言格局，以构建理想的全球语言交流系统作

① 沈骑：《全球语言治理的三大问题（代主持人语）》，《云南师范大学学报》（哲学社会科学版）2021 年第 3 期。

为学术追求，寻求语言共通之道的努力。

其次是从语言政策到语言选择的权利范式。全球语言治理的权利范式，是从语言社会学视角，将语言视为一种社会政治制度，认为世界范围内的语言问题是社会转型与发展中的结构性要素。语言政策就是这一社会政治制度的具体表现形式，权利范式聚焦由政策所引发的一些语言社会问题。这一研究范式的形成，一方面是由于20世纪后半叶，西方一些多语多民族国家社会问题突出，其中就有因为语言政策引发的社会公平与公正问题。另一方面，随着冷战结束，语言问题往往与政治稳定和社会发展交织在一起，区域与地区性语言冲突日益突出，全球语言治理问题凸显，不同族群的语言选择问题成为全球语言治理不得不面对的挑战：一是冷战后新兴国家和政体的语言选择问题；二是全球人口流动带来的国家组织与地区组织等机构的语言选择问题。概言之，语言选择范式的出现，表明在全球语言治理格局中，以机构和社团为代表、自下而上的微观语言规划研究渐受重视。

再次是从语言保护到语言生态的资源范式。自20世纪末以来，在生态学影响下，珍惜与保护人类语言多语性成为国际语言学界关注的热点话题。对濒危语言资源的调查、抢救与保护工作也得到各国政府的重视。近四十年来，以鲁伊兹为代表的语言学家提出的语言资源规划取向在国际上获得广泛关注。[①] 语言资源范式重视社会多语和文化多样性的价值，把人类语言视为全社会，乃至全人类共同的珍贵资源。[②] 资源范式对治理主体、治理领域与治理类型都呈现多样化需求。在治理主体上，资源范式坚持国家作为语言治理的重要主体，同时关注超国家层面的语言治理问题；在治理领域上，资源范式不仅认同语言的工具价值，同时还主张强化语言资源对经济、政治、文化、社会等多个领域的价值与作用；在治理类型上，资源范式在传

① 转引自 Ruiz, R.,"Orientations in Language Planning", *NABE Journal* 1984, 8 (2); Ruiz, R., *Reorienting language - as - resource. International perspectives on bilingual education: Policy, practice, and controversy* (Charlotte, NC: Information Age, 2010)。

② 转引自 Hult, F. M. & Hornberger, N. H.,"Revisiting Orientations in Language Planning: Problem, Right and Resource as an Analytical Heuristic", *The Bilingual Review* 2016, 33 (3): 30。

统语言规划类型基础上，进一步拓展语言资源在治理类型上的空间。

最后，文章从治理主体、治理领域与治理类型三个方面讨论，明确全球语言治理研究的基本任务。第一，强化多维治理主体研究。全球语言治理研究要求突破以单一国家为主体的治理范畴，形成以国际组织、地区组织、民族国家、跨国公司、社区团体五位一体的多维主体。目前，国内对上述多维主体的研究刚刚起步，现有研究尚处于描述性阶段，需要在以下三个方面进一步拓展：一要聚焦多维主体的语言治理机制与决策过程研究；二要加强对多维治理主体隐性语言治理行为的研究；三要重视对多维主体的互动性与能动性研究。第二，拓展多种治理领域研究。随着全球化的深入，语言在全球治理各领域的作用不容忽视，尤以互联网空间语言治理和国际学术领域语言治理问题具有代表性，呈现语言竞争的多源超域特征。在人工智能推动下，互联网空间的语言治理问题日益突出，一方面，语言治理是互联网全球治理的一项基础工程。尽管中国网民数量巨大，但中文在互联网空间的影响力和话语权有待大幅提升。另一方面，语言又是网络空间中国话语传播的有效途径。在国际学术领域，客观上存在语言地位不平等的现实问题，这导致不同语言所承载与传播的知识并未被平等对待与认可，国际学术语言的资源分配不均问题，已经成为重要议题。第三，增强多样治理类型研究。语言治理不仅是对语言文字本身的改造或是语言地位与功能的治理，也涉及语言的社会使用和话语层面的治理活动，从而协调和处理不同语言使用者和语言社区的关系。首先，跨语际和跨文化语境下的多语资讯传播对语言声誉治理和翻译治理就提出了新的要求。其次，全球语言治理需要加强国家话语治理。最后，语言智能技术助力全球语言治理将是大势所趋。

来源文献：沈骑：《全球语言治理研究的范式变迁与基本任务》，《语言文字应用》2021 年第 3 期。

国家语言能力作为一国综合国力的重要体现，[①]近年来在全球竞争中愈

① 张天伟：《国家语言能力指数体系完善与研究实践》，《语言战略研究》2021 年第 5 期。

发受到重视。张天伟在《国家语言能力指数体系完善与研究实践》中，采取多指标综合评价分析方法，搜集各方面数据，力图构建一个可对世界各国国家语言能力进行分析评价的量化指数体系，依此分析比较我国与世界其他国家在国家语言能力建设上的优势和不足，从而为提升我国的国家语言能力提供资政建议。

文章构建了国家语言能力的评价指标体系，共包含 5 个一级指标、12 个二级指标、26 个三级指标。其中 5 个一级指标分别为国家语言管理能力、国家语言掌控能力、国家语言创造能力、国家语言开发能力和国家语言拓展能力。

国家语言管理能力指国家对涉及战略利益的语言事务进行管理的能力，包括 4 个二级指标：组织力、规划力、执行力和应急力。在指数体系构建中，组织力有 2 个三级指标：一是有无语言文字管理机构，二是语言文字相关智库机构排名。规划力包括 4 个三级指标，即有无国家层面语言文字事业规划、有无国家层面教育规划、有无语言文字法律法规、有无少数民族语言文字规划。执行力以是否设有国家通用语言文字水平测试这个三级指标来衡量。应急力三级指标为应急语言服务的可获得性。

国家语言掌控能力指国家对语言人才资源的掌控能力，包括通晓力和支配力 2 个二级指标。通晓力包括有无语言普查数据、国家开设语种专业的数量 2 个三级指标。支配力包括语言服务社团开设的数量、各语种语言人才储备情况和全球主要语言可提供性 3 个三级指标。

国家语言创造能力指国家对语言人才资源的培养和教育能力，包括实践力和科学力 2 个二级指标。实践力体现在开设语种教学的高校数量和水平这个三级指标上。科学力体现在语言学研究能力排名这个三级指标上。

国家语言开发能力指国家对语言技术的开发能力，包括机器翻译力和信息挖掘力 2 个二级指标。机器翻译力以国际机器翻译大赛（WMT）的个案研究为三级指标进行量化，信息挖掘力用信息检索能力和语音、语种识别能力的典型个案 2 个三级指标来衡量。

国家语言拓展能力指国家对通用语言国际影响的拓展能力，包括影响力和传播力 2 个二级指标。影响力具体包括该国官方语言是否为联合国大会官方语言、是否为二十国集团（G20）成员的官方语言、是否为主要国际组织的官方语言、有无国家通用语言国际传播机构、国家通用语言国际传播机构在全球布局的国家数量和机构数量 6 个三级指标。传播力包括国家通用语言在 SCIE、SSCI 和 A&HCI 中使用的比例、占比和排名和有无国家通用语言的语言文字国际标准 2 个三级指标。

文章指出，构建指标体系，数据是基础和关键。为保证数据的权威性和可验证性，数据来源基本为国家、国际组织或公共组织的官网数据和公开数据。在进行指标权重计算时，采取客观的定量评价方法。研究以量化评价为基础，通过可获得和可核查的数据资料，采用客观分析法中的主成分分析法计算权重，经过具体核算和检验，最终得出了数据标准化处理后的 193 个国家的国家语言能力指数。从排名情况来看，各个国家的语言能力并不相同。美国、中国和英国居于第一集团行列，他们的语言能力指数得分都大于 0.5。德国、俄罗斯、法国等国家的得分在 0.2 ~0.5，这些国家共 40 个，属于第二集团。其余 150 个国家，大多数是第三世界国家，得分都在 0.2 以下，这是国家语言能力的第三集团。从 3 个集团的划分可以看出国家语言能力在全世界范围内也呈现金字塔式的分布。

最后文章基于对指数体系各项数据的分析，提出以下几点思考。

一是国家语言能力与国家经济实力紧密相连。在第一集团的 3 个国家中，美国和中国是世界前两大经济体，而英国得益于英语在全世界范围内的普及。第二集团的 40 个国家大部分是发达国家，GDP 总量和人均 GDP 排名在世界上均处于前列。而第三集团的 150 个国家，大多经济不够发达，没有足够的实力支撑国家的语言规划和不同类别语言能力的提升，国家语言能力也相对较差。从地域分布来看，欧洲国家的语言能力普遍较强，非洲国家的语言能力整体偏弱。除了与欧洲整体经济发达这一因素有关之外，还与其国家历史有关。非洲大部分国家是在二战之后通过民族解放运动和国家独立运动才独立的，之前它们大多处于欧美国家的殖民之下，本身的语言和文化遭受了严重的破坏，而独立之后并不能完全实现语言自主，因而国家语言能力难以提升。从语种分布来看，以印欧语系语言为主的国家，其语言能力偏强。这是因为从15世纪开始，随着欧洲殖民势力不断扩张，欧洲语言陆续传播到世界其他许多地区。因此，以印欧语系语言为官方语言的国家，其语言能力在世界范围内整体上处于领先状态。可见，要提高一个国家的国家语言能力，首先要保证自身历史文化的传承和发扬，重视本国语言的使用、保护、推广。

二是中国的国家语言能力尚存许多短板，从整体指数来看，中国国家语言能力与中国的综合国力基本匹配。但是分析各分项能力的数据，可发现中国与美国、英国这两个以英语为主导语言的国家相比，还有不少方面存在差距，需要在语言研究、语言教育、语言产业和学术话语方面加强建设。

三是在资源有限的情况下，要优先发展掌控能力、创造能力和拓展能力，因为从权重指标体系来看，这几个方面对国家语言能力的整体提升有较大帮助，可以快速增强我国的国家实力，更好地维护国家利益。

来源文献：张天伟：《国家语言能力指数体系完善与研究实践》，《语言战略研究》2021年第5期。

“一带一路”倡议提出以来，获得国际社会普遍认可。作为教育国际交流的主要形式，孔子学院和来华留学教育逐渐成为中国与“一带一路”沿线国家文化融合与交流的重要桥头堡，带动中国教育资源输出，对“一带一路”工程建设、经济发展和国际商务方面具有显著促进作用。陈武元、徐振锋、蔡庆丰在《教育国际交流对中国“一带一路”海外并购的影响——基于孔子学院和来华留学教育的实证研究》中，以2013~2018年在“一带一路”沿线国家中国企业并购面板数据为样本，实证研究孔子学院和来华留学教育与中国企业海外并购的内在联系，进一步区分孔子学院与孔子课堂、来华留学学历生和非学历生的差异性影响，从人才培养效应、文化交流效应和友好合作效应三方面，分别检验了孔子学院和来华留学教育的作用机制，为我国教育国际交流助力中国企业“走出去”提供新思路。

文章基于已有的实证研究和理论分析，就孔子学院和来华留学教育对中国企业海外并购的作用机理做简要分析。首先，人才资源是“一带一路”建设顺利实施和持续推进的重要支撑和基础，[①]孔子学院和来华留学教育有利于“一带一路”沿线发展中国家工程建设、国际商务等专业人才的培养，缓解中国企业海外并购和跨国经营面临的人才瓶颈问题。其次，国家间文化差异所产生的文化壁垒是在对外直接投资的过程中无法避免的问题，[②]孔子学院和来华留学教育可加强对东道国社会、经济、文化各方面了解，降低企业信息收集成本；[③]提高中华语言文化的影响力和知名度，降低语言差异带来的认知障碍。最后，海外并购和对外直接投资皆建立在长期合作的基础上，孔子学院和来华留学教育的发展加强了两国人民文化交流，促进了双边经贸合作论坛等活动的举行，使东道国官方对中国的态度积极，为中国企业海外并购和海外经营营造了良好的政策环境。

文章选取 2013~2018 年“一带一路”沿线 61 个国家共 366 个面板数据作为研究样本。在变量选择方面，以中国企业海外并购作为被解释变量，以企业是否在东道国宣告并购的虚拟变量（M&A）作为代理变量；核心解释变量为孔子学院（Kongzi）和来华留学教育（Student），分别以孔子学院数量和来华留学生人数作为代理变量，同时进一步区分孔子学院与孔子课堂、来华留学学历生和非学历生。文章对东道国国家风险、经济发展水平、营商环境、资源禀赋等因素加以控制，设置基准回归模型，并通过机制检验回归模型检验孔子学院和来华留学教育是否通过人才瓶颈、文化壁垒和双边关系三个机制作用于企业海外并购。文章对样本数据进行分析，并分别从人才培养效应、文化交流效应和友好合作效应三个方面检验了孔子学院

---

① 转引自郑刚、马乐：《“一带一路”战略与来华留学生教育：基于 2004~2014 的数据分析》，《教育与经济》2016 年第 4 期。

② 转引自 Barkema, H. G., J. H. J. Bell, and J. M. Pennings, “Foreign Entry, Cultural Barriers, and Learing”, *Strategic Management Journal* 1996, 17（2）:151-166。

③ 转引自 Keith Head. John Ries, “Immigration and Trade Creation: Econometric Evidence from Canada”, *The Canadian Journal of Economics* 1998, 31（1）: 47-62; Portes, et al., “The Determinants of Cross-Border Equity Flows”, *Journal of International Economics* 2005, 65（2）: 269-296。

和来华留学教育对企业海外并购的作用途径。对总样本进行分析发现，孔子学院的发展对企业海外并购具有显著促进作用，来华留学生规模显著影响中国企业海外并购倾向。对分样本的分析发现，孔子学院因教师队伍和招生规模更大、专业设置和设施配套更齐全，具备完整的人才培养体系，其文化传播效果显著优于孔子课堂，对中国企业海外并购具有更大的推动作用。来华留学学历生和非学历生的规模增长均显著提高了中国企业海外并购的倾向，影响程度几乎相同。无论是人才培养作用还是文化传播的纽带作用，来华留学教育均会促进中国企业在“一带一路”沿线国家开展海外并购。

研究发现总结如下。首先，在控制了东道国风险、经济发展潜力、营商环境、资源禀赋等因素后，孔子学院的发展提高了中国企业在沿线国家海外并购的倾向，进一步区分孔子学院的发展类型，可发现孔子学院和孔子课堂均显著促进企业海外并购，由于办学规模和职能等级方面的差异，孔子学院的促进作用显著优于孔子课堂。其次，来华留学教育对中国企业在“一带一路”沿线国家海外并购具有显著促进作用，进一步区分来华留学生类型，发现学历生和非学历生对企业海外并购的正向影响基本一致。最后，分别从人才培养效应、文化交流效应和友好合作效应三个方面，探索教育国际交流的作用机制，可发现孔子学院和来华留学教育的发展，为沿线国家学生提供了更好的教育资源，提升了东道国的人力资本水平，促进了中国与沿线国家的人文交流，缩小了文化差距，推动了官方合作的发展，促进中国企业在“一带一路”沿线国家海外并购的增加。

本文的研究结果提出以下四方面的启示。第一，政府在孔子学院和孔子课堂的发展上需兼具规模效益和多样性，应充分考虑“一带一路”沿线国家发展程度参差不齐、国情复杂等具体情况，因地制宜规划孔子学院的发展方向和办学模式。第二，政府应主动地增加留学项目的多样性，适当调整政府奖学金政策，满足不同国籍、不同类型学生的学习需求，提高中国留学教育的国际竞争力。第三，政府应出台相应政策，配合孔子学院和来华留学教育发挥更大作用。一方面，调整奖学金政策，积极引导欠发达国家留学生专业课程的学习，持续对沿线国家输送专业人才；另一方面，保持课程设置的灵活性，充分满足不同类型人员的学习需求，突出孔子学院和来华留学教育对国家间人文交流的促进作用。此外，政府需跟进官方合作，及时巩固双边友好关系，为中国企业营造良好的政策环境。

来源文献：陈武元、徐振锋、蔡庆丰：《教育国际交流对中国“一带一路”海外并购的影响——基于孔子学院和来华留学教育的实证研究》，《教育发展研究》2020年第21期。

“一带一路”建设需要语言铺路搭桥，语言互通是实施“五通”的基础。[①] 语言的传播与推广能够产生经济效应，获取语言红利。苏剑在《“一带一路”倡议与语言的有效互动：语言红利的生成逻辑》中，从理论逻辑入手研究语言影响“一带一路”倡议实施的路径，考察“一带一路”倡议实施过程中的语言元素及红利生成，分析其与语言扶贫的内在联系，旨在实现“一带一路”倡议和语言扶贫的有效结合，从而释放更多的语言红利。

语言影响“一带一路”倡议实施的理论逻辑主要体现在功能属性、制度属性和产品属性三个方面。第一，语言影响通过交易成本这一中介变量传导到国际贸易中，促进两国文化认同，缩小两国语言距离，在国际贸易中获得语言红利。第二，语言通过制度间接影响贸易。语言制度（语言政策、语言规划）本身也是重要的制度，构建好的语言制度可带来良好的社会经济效益。第三，语言产品或者语言服务本身就是服务贸易的重要组成部分，提升语言服务和核心文化产品的吸引力有助于增强国际贸易的竞争力。另外，语言因素可以从两个路径影响国际贸易流量。一方面，主观的语言行为如语言推广制度、孔子学院的建立、语言服务或者产品的促销策略等，可能影响国际贸易流量，可以适应市场周期而调整。另一方面，客观的语言特征，包括语言文化距离、语言多样性指数、语种的绝对数量等，也会影响国际贸易流量，并且短期稳定，具有路径依赖特征。

语言与“一带一路”倡议的有效实施存在紧密的逻辑联系。“一带一

① 陆俭明：《“一带一路”建设需要语言铺路搭桥》，《文化软实力研究》2016年第2期。

路”倡议实施中的语言元素包括语言多样化指数、英语水平、孔子学院的传播度。首先，语言多样化指数是一个相对指标，兼顾了语种的绝对数量和语种分布问题，研究语言多样性效应综合考量其正向效应和交易成本。其次，“一带一路”沿线国家的通用语言（英语）水平整体偏低，处于中等或者中下水平。最后，“一带一路”沿线国家的孔子学院得到快速发展，提高了我国语言文化传播效率，提高汉语通用度，降低交易成本。以上元素是语言红利生成的重要基础。

“一带一路”倡议实施中的语言红利还体现在语言扶贫方面。首先，区位的覆盖性。“一带一路”沿线覆盖了中国与其他国家部分贫困地区，便于实现减贫合作，互鉴减贫经验，发展减贫事业，实现精准扶贫。其次，“一带一路”倡议的实施同时刺激了语言需求端和供给端。刺激语言需求，增加人力资本，吸引语言投资，增加收入；提供语言服务，促进语言市场发展，活跃区域性语言经济。“一带一路”倡议与语言扶贫协同发展，实现扶贫与扶志、扶智的结合。最后，六大经济走廊及基础设施建设，提高了语言传播的深度与广度，促进文化认同与交流，促进文化产品和服务的销售，为当地带来丰厚的语言红利。语言扶贫融入“一带一路”倡议之中，有其内在的理论逻辑。从微观上讲，“一带一路”倡议会刺激语言需求，引致微观个体的语言投资行为，盘活和增加微观个体的人力资本容量，增大语言的网络溢出效应，提高就业匹配效率和个人收入水平，实现个体脱贫。从中观上讲，“一带一路”倡议促使旅游业、影视业、文化产业等联动发展，形成相对完整的产业链，降低企业的搜寻成本和运输成本（网商、电商），产生规模收益，提高相关产业和企业利润。从宏观上来讲，“一带一路”倡议可促进中国核心文化产品的进出口，激活边境地区文化“走出去”，促进贸易流量的增加和经济总量的扩大，从而为语言扶贫提供重要的经济基础。

文章指出“一带一路”倡议实施中语言红利的实现路径有以下几个方面。首先，提高语言传播的效率，注重考察孔子学院的全球分布与选址的影响因素，评估孔子学院的成本和收益，提升其在文化和语言传播方面的功效。其次，健全旅游产业、文化产业等的产业链条，促进这些产业联动协同一体化发展。产生联动机制，形成集聚效应，促成规模经济。再次，多渠道、多方式优化语言产品与语言服务的营销策略。借助互联网促进语言产品与语言服务的营销，开展旅游产业的宣传推广，着力形成文化品牌效应。针对已形成的语言文化品牌申请文化专利，建立健全产权保护制度，促进品牌良性发展，激发文化创意产业发展活力。最后，加快培养既懂本民族语言也懂通用语的复合型语言人才，宣传推销民族特色语言产品。此外，需要培养精通英语的复合型人才，以精准解读贸易术语和贸易规则、高效解决贸易纷争。

来源文献：苏剑：《“一带一路”倡议与语言的有效互动：语言红利的生成逻辑》，《江海学刊》2020 年第 5 期。

“一带一路”倡议的提出进一步深化高等教育国际化，孔子学院在沿线国家的发展如火如荼，来华留学生总体数量增长显著，中国已成为亚洲最大留学目的国。刘凯、宋紫倩在《“留学中国”的经济红利：来华留学生如何促进了中国的 OFDI》中，利用 2004~2016 年中国在“一带一路”沿线 45 个东道国对外直接投资（OFDI）的面板数据，考察了高等教育来华留学生对中国 OFDI 的影响及机制，探讨来华留学生在多大程度上能够促进中国对“一带一路”国家的对外直接投资（Outward Foreign Direct Investment，OFDI），发掘可能的作用机制，从而有助于通过释放来华留学生教育经济红利，使之成为中国 OFDI 新的增长点和可持续发展的新动能。

文章提出来华留学生促进中国 OFDI 的三个可能机制假说。首先在信息网络效应方面，留学生的来华留学可看作促进中国和东道国之间信息交流、传播共享的重要渠道，在东道国的社会网络也能使部分私有信息的搜集和传递变得更为便利，提高信息搜寻效率，降低信息获取成本。[①] 其次在文化认同效应方面，留学生来华留学行动是中国与东道国在更高水平、更高层次上的人

① 转引自巩雪、熊峰：《来华留学生教育的对外投资驱动效应研究》，《南京理工大学学报》（社会科学版）2018 年第 3 期。

文交流，是促进两国民心相通的重要纽带，有助于增进两国之间的文化认同。① 留学生在华学习一方面传播本土文化，另一方面也能将耳濡目染的中国文化、价值观带回本国，促进该国对中国文化的认同和包容，降低文化壁垒，增强对中国 OFDI 的吸引力。最后在人才本土化效应方面，来华留学生在其学成归国后能有效增加东道国的高端人才储备，提升东道国的人力资本水平，优化中国 OFDI 的环境。同时将成为中国“走出去”企业强有力的智力支持，成为熟谙当地语言文化、能够进行高效跨文化沟通的本土化人才队伍。

文章选取 45 个“一带一路”沿线国家作为研究样本，在基本投资引力模型的基础上，设定基准计量模型，研究时段为 2004～2016 年。研究结果显示，学历来华留学生作用效果大于非学历来华留学生，非中国政府奖学金来华留学生的作用效果大于政府奖学金来华留学生。究其原因，一方面由于学历来华留学生在华时间长，对中国文化价值观理解更深，更有利于促进两国人文交流和信息传播，发挥信息揭示效应和文化认同效应；另一方面是学历来华留学生接受了相对系统全面的中国教育，综合素质更符合中国企业的需要，能够发挥人才本土化效应。此外，地理距离远近和经济发展水平差异也会使来华留学生对中国 OFDI 产生异质性影响：当地理距离较近时，东道国来华留学生能够显著促进中国 OFDI，当地理距离较远时未能起到促进效果，原因在于地理距离过远会显著增加投资成本和风险，文化壁垒也更加显著。低收入国家和中等收入国家来华留学生促进中国 OFDI 的作用效果显著，且中等收入国家作用效果大于低收入国家，而对于高收入国家，效果不显著，根源可聚焦于来华留学生类型差异及中国 OFDI 区位选择偏好。文章证实了来华留学生能够通过文化认同效应以及人才本土化效应促进中国 OFDI。

为推动来华留学教育工作取得更大突破，更好地发挥来华留学生促进中国 OFDI 的效益，文章提出以下政策建议。首先，政府应高度重视人才跨

① 转引自郑刚、马乐：《“一带一路”战略与来华留学生教育：基于 2004～2014 的数据分析》，《教育与经济》2016 年第 4 期。

国流动在开展对外直接投资中的重要作用，继续推进来华留学生教育工作，保持来华留学生数量平稳增长，重点吸引地理距离较近的中等经济发展水平国家的留学生，发挥其在推动中国对外直接投资向纵深方向发展的潜力。其次，在保证来华留学生基数稳定的同时，注重质量的提升。最后，完善来华留学生的培养机制，建立起符合来华留学生特点的管理和培养体系。

来源文献：刘凯、宋紫倩：《“留学中国”的经济红利：来华留学生如何促进了中国的OFDI》，《教育与经济》2021年第2期。

“一带一路”建设已成为当今世界广泛参与的国际合作平台和广受欢迎的公共产品，在推进我国经济纵深开放的同时，充分利用国际资源和比较优势，为打通国际循环、畅通国内大循环，提升经济发展自主性、可持续性和韧性提供了坚实保障。“一带一路”倡议经过夯基垒台、立柱架梁，已步入新阶段，高质量发展成为其主要目标。卢伟、申兵、李大伟、王杨堃、公丕萍在《推进“一带一路”建设高质量发展的总体构想研究》中，基于当前“一带一路”建设所处阶段，从总体层面、项目层面、规则层面、货币层面、文化层面分析“一带一路”当前建设质量表现，结合总体形势，提出推进“一带一路”建设高质量发展的总体框架和主要任务。

文章分析了“一带一路”建设中出现的问题和存在的困难。总体层面，对外投资和工程向东南亚、南亚地区聚集但还未形成较强的经济影响力；合作领域中低端居多，创新、绿色、高标准的合作领域有待拓展。项目层面，部分企业对我国政策导向性支持的国家和区域“热情高涨”，“跟风政策”式投资导致产能过剩和投资亏损风险增加；部分项目企业前期尽职调查不充分导致后期运营受影响。规则层面，经贸规则构建方面、双边投资规则层面和技术标准层面尚需不断探索。货币层面，中美贸易摩擦对外汇储备资金可持续投入“一带一路”建设形成挑战，中资银行布局速度慢于中资企业，并未满足企业差别化融资需求，项目建设还未较好地带动人民币区域化进程。文化层面，“硬设施”建设还未转化为对我国软实力的认可，人文交流重点与建设项目地区分布不匹配，与“一带一路”沿线国家的人文交流总体上处于起步阶段。

“一带一路”建设高质量发展的基本内涵体现在“五高”：一是投入效益高，即战略性资源和市场化资源的高效投入；二是合作水平高，需要探索更多新型合作模式；三是价值链位置高，包括与参与国家的对外贸易、对外投资、境外经贸合作区建设向中高端升级；四是市场瞄准程度高，“一带一路”建设相关基础设施、园区等产品应提高供给有效性，符合当地实际需求；五是整体联动性高，包括各领域、各主体、各地区的联动发展，形成更大合力。下一阶段以应对中美未来战略性对抗不断升级、拓展我国国际政治经济回旋空间、为国内经济高质量发展提供重要外部经济支撑作为主要目标，遵循“共商、共建、共享”的合作原则，以我国周边国家和地区作为重点区域，打造开放、包容、均衡、普惠的区域经济合作架构，有效支撑我国构建周边命运共同体。

文章针对以上五个层面的问题，提出推进“一带一路”建设高质量发展的主要任务。总体层面，推动“一带一路”重点合作领域迈向中高端：①优化中欧班列运输组织，有针对性地对部分班线实施“境外沿途上下”开行模式，推动中欧班列高质量发展；②高质量建设境外经贸合作区，加强对投资国别、区位选择、园区规模数量以及产能合作项目进行协调，避免自我竞争；③提升海外工程承包建设质量，创新业务模式，力争在产业链高端和项目运作前期把握主动权。

项目层面，构建“一带一路”建设项目质量提升机制：①有关部门和金融机构联合研究制定“一带一路”重大项目战略优先级和风险评级体系，设定开发性金融支持力度和盈利区间，制定合理的防控风险预案；②构建更加有效的事前防控与事后化解相结合的主权信用风险预防和化解机制，加快推动建立包括风险分担机制、利益协调机制和基于一致原则的规则标准等多边主权信用风险治理体系；③提升项目招投标和实施的透明度，面向东道国定期发布企业社会责任报告；④建立“一带一路”项目分级分类环评机制，构建“一带一路”建设投资项目的环境影响评价和管理数据库；⑤构建项目风险高质量防范机制，制定海外投资保险条例，引导企业建立完善舆情监测和预警机制。

规则层面，探索创新完善经贸投资规则，推动标准“走出去”：①在“一带一路”倡议中坚持 WTO 多边规则体系的主导地位；②借鉴发达经济体经验，稳步提升“一带一路”经贸规则标准，全面推动各国减轻边境壁垒，适度提升知识产权保护、环境保护等“边境后”规则水平，尽快就中小企业、价值链合作等符合“一带一路”精神的相关规则体系制定高水平规则模板；③在战略规划设计、基础设施建设和数字贸易领域积极推动形成新规则；④补齐我国标准“走出去”的基础条件和短板制约，建立对我国成熟标准的翻译机制。

货币层面，构建金融高质量支持“一带一路”建设机制：①研究设立中国国际发展合作银行，管理我国“一带一路”建设相关国家政策性（战略性）资金的主资金池；②进一步加大人民币境外投融资比重；③创新多渠道差别化融资模式，探索以 PPP 方式为“一带一路”建设项目提供融资支持，采取资本金注入、直接投资、投资补助、贷款贴息等多种付费模式支持 PPP 项目。

文化层面，改进人文交流重点和策略，强化“软实力”支撑：①重点加强“一带一路”沿线孔子学院建设，推动孔子学院从“数量规模导向”转向“效果导向”，调整孔子学院的学科设置，开设“汉语+”课程；深化我国与有关国际组织和机构的交流合作，打造人文交流国际知名品牌；②淡化人文交流官方色彩，充分发挥非政府组织的作用，参与对外援助交流活动，促进我国民间社会与沿线国家民间社会之间的“有机对接”；③大力发展国际传媒信息产业，深化我国宣传机构和媒体与沿线国家合作，加强人文交流能力建设。

来源文献：卢伟、申兵、李大伟、王杨堃、公丕萍：《推进“一带一路”建设高质量发展的总体构想研究》，《中国软科学》2021 年第 3 期。

第四节　文化传播与体育外交

思维方式是影响中西跨文化传播效果的重要维度，长久以来，中西文化常常被置于差异化的视角中予以考察。张春燕在《消弭中华文化海外传播中思维方式冲突之途径》中，从思维方式差异的视角，探讨了如何通过调整文化中的思维方式来消解中华文化海外传播冲突的问题，指出随着中华文化海外传播及汉语国际教育的不断推进，由中西思维方式差异导致的误解和冲突日益突出，消弭误解或冲突关键在于理解差异。文章基于对50多个国家各阶层人士进行文化传播交流的调查研究和实践经验，尝试用三组原则及一对词汇来概括中西思维方式的差异，在阐释中国思维方式时以西方思维方式为参照，以此消减文化传播过程中因思维方式差异导致的负面影响。

西方文化视角易理解的三组对应原则分别为变化原则与一致原则（“同一律”）、互补原则与不矛盾律、整体原则与排中律。首先是变化原则与一致原则（“同一律”）。变化原则指向中国思维中的“变易”世界观，具有灵活性和变化性。这一思维方式使中国的“智”不同于西方的“智”，更加强调现实生活中为人处世的智慧，强调随机应变、审时度势、与时俱进，重视与实践相关的学问。在人际交往中体现在低度不确定性规避程度。这一概念由荷兰著名心理学家霍夫斯泰德提出，指当人们遇到模糊不清或未知的情况时所感到的恐惧、不安、紧张、压力程度，即人们在不确定的、未曾经历过的或与通常情况迥异的环境中感觉是否舒服，是否需要通过制定明确的规则来规避不确定的情况。① 中国人比较容易接受生活中的不确定性，灵活性强，变化较多，认为规则越少越好，并且接受“计划赶不上变化”，可以“具体情况具体对待”。西方则认同一致原则，认为任何事物只能等同于其自身，有自身的本质属性，即 A = A（everything is what it is）。如果一个事物并非由单一自身本质构成，就可分解为不同部分，每一组成部分有单一自身本质。② 在思维方面重分析、重解析，强调个体主义，展示个性

---

① 转引自 Geert Hofstede, Gert Jan Hofstede & Michael Minkov., *Cultures and Organizations: Software of the Mind* (*revised and expanded third edition*) (New York et al: The McGraw-Hill Companies, 2010)。

② 转引自 John G. Blair & Jerusha Hull McCormack., *Comparing Civilizations: China and the West* (*Fourth Edition*) (Shanghai: Fudan University Press, 2018)。

特征，强调每一事物不同于其他事物的本质差别，追求与其他事物的相异之处。

其次是互补原则与不矛盾律。在中国式思维中，新与旧、好与坏、强与弱等对立面并存于万事万物之中，每一事物都包含其对立面的特性（阴中有阳、阳中有阴），并且相互平衡或转化。任何事物在与其他事物的关系、比较之中才得以突出自身的特质。因此中国文化特别强调对立物的互补与和谐，这也体现在中国人看待事物或处理人与人、人与社会关系的准则。西方的不矛盾律受到同一律影响，任何事物都不包含其对立面的特性，A≠not-A（非 A）。认为事物非此即彼、非黑即白、非对即错，因此西方文化重分类、重差异、强调个体与他人不同之处。

最后是整体原则与排中律。由于中国式思维方式强调不同事物之间的彼此联系、相互转化以及对立面的共存互补，因此考虑事情从整体出发，认为没有什么是孤立存在或绝对独立，个体存在于与他人的关系之中，应和谐地融入集体，所以较为重视人际关系，评价或衡量事物的时候全面衡量、一分为二，从正反两面来评价，出现意见分歧时习惯于用妥协、求同、含蓄的方法解决，不破坏整体的和谐一致。体现在哲学上，即“天人合一”的观点，人与自然界的万事万物相通、相连、融为一体。体现在现实中，即“世界大同”的理想，“融入集体”“求同”的观念，以及追求“合一”的境界。西方的排中律认为非此即彼，没有中间地带和中庸路线，完全二元对立，这种思想塑造了后来整个西方文化的哲学和宗教传统。① 西方在会议、讨论中有意见分歧时习惯于用竞争、辩论的方式解决，不介意观点上的冲突、对抗，不追求和谐一致。同时将人置于自然万物之上，人有理性、会思考，而动植物只有感官。中国倾向于将对立双方看作互补的，而西方倾向于将对立双方看作冲突的。②

---

① 转引自 Charlene Spretnak.，*The Resurgence of the Real：Body，Nature and Place in a Hypermodern World*（New York：Routledge，1999）。

② 转引自 Angus C. Graham.，*Yin-Yang and the Nature of Correlative Thinking*（Singapore：The Institute of East Asian Philosophies，1986）。

文章提出，文化传播实践中用上述三组对应原则可以较为准确、清晰、简洁地阐释中西思维方式的差异，化解一部分人的误解，但是此三组原则仍不足以彻底消除因中西思维方式差异导致的负面影响。借助更加简练的中英文阐释，与中西思维方式逻辑对应的一对词汇为类比型（analogical thinking）/关联性（correlative thinking）与分析型（analytical thinking）/逻辑性（logical thinking）。类比型或关联性可概括中国式思维方式的逻辑，分析型或逻辑性可概括西方式思维模式的逻辑。首先，中国类比型/关联性最重要的特征是"重同非异"，强调万物之间的相似和联系，而西方分析型/逻辑性的思维方式"重异非同"，强调每一事物不同于其他事物的本质差别，强调任何事物只能等同于自身。在知识方面，中国重视现实中、变化中的知识，西方更重视永恒的真理，重视理论，保持着形而上的传统；在宗教层面，相较于佛道思想中神、人、万物的相互转化，在基督教中，神、人、动植物的位置是绝对的，不会变、不可逆。其次，关联性、类比型思维方式不同于西方的逻辑分析，常常与意象和隐喻相联系，具有多义性、模糊性的特点；西方"分析型"思维方式表现为逻辑性、精确性、规则性，重视推理、论证。逻辑性思维方式在中国传统文化中并非主流，但并未完全缺失，如墨家、法家思想就主要是建立在逻辑性思维方式之上。

来源文献：张春燕：《消弭中华文化海外传播中思维方式冲突之途径》，《北京社会科学》2020 年第 8 期。

叙事话语与叙事方式对一国的国际传播效果有重要影响。近年来，西方主导的国际舆论严重扭曲了中国形象，通过国家叙事策略扭转西方民众的偏见，是讲好中国故事、实现对外传播的着力点。全燕在《从独白到复调：超越国家叙事的对外传播话语想象》中，以巴赫金的复调理论为分析视角，反思我国对外传播话语，对当前我国对外传播话语进行问题检视，改进并超越独白式的国家叙事方式，实现对外传播的话语革新，倡导"复调"的共识，进行对外传播的话语构建，旨在破解对外传播的实践困局。

复调理论是 20 世纪苏联文艺理论家、批评家巴赫金对西方美学理论的重要贡献。复调的产生需要给予作品中的每一个体以充分的话语权，意义在对话的过程中产生，对话是复调的核心。文章执“复调”这一对话理论的经典概念，对对外传播话语进行问题检视，发现存在说服性修辞的逻辑简化、跨文化的“外位性”缺失、“单声语篇”的自我重复等问题。

说服性修辞的逻辑简化。长期以来，对外传播的叙事模式倾向于将传播作为改变他者认知的工具，通过说服性修辞努力改造他者的认知，较近的代表性案例是“一带一路”话语的对外传播，其面临的国际舆论困境一直与项目的推进如影随形。究其原因，一方面，以彰显官方叙事主体地位的对外传播修辞术，是以高度抽象、高度统一的国家意识形态为叙事内核的，而中国特殊的政治话语一直缺乏世界性对话基础，话语的离心力明显大于向心力；另一方面，将“大同世界”“仁济天下”等中国传统文化理念，作为刚性政治、外交等话语的修辞附加，背后省略了修辞的逻辑推理，接收者离开了儒家文化语境难以理解，难以形成有效的全球说服力。

跨文化的“外位性”缺失。对外传播必须面对跨文化传播的问题，承认跨文化传播的外位性，承认世界诸种文化主体之间是平等对话关系，承认诸种文化主体作为一种异质共存结构的合法性。在跨文化语境下，每一种文化除了自我关照，还需经过他者视角的理解和判断，经历与他者交锋和碰撞的洗礼，方能消除自身的片面性和独白性，完成自我主体建构。对外传播需要掌握的是“中国眼中之中国、中国眼中之他国、他国眼中之中国”这三方面在跨文化传播中的权重配置，传播中单方面沉浸自我体验难免造成偏差，依赖移情体验也不能真正进入他国世界，只有在复调的他国视角中寻找中国问题，反视自我，才有可能走出本国文化结构的藩篱，开辟新的跨文化话语空间。

“单声语篇”的自我重复。对外传播不能孤立地构造信息，意义只能通过与他人的互动产生。近年来，为改变长期受西方话语规则控制的局面，中国积极讲述“现代中国”故事，利用东道主的身份积极表达中国立场、提出中国方案。其中话语概念和发展理念经过了反复的对外传播后，仍难以引起国际社会的认可和接受，即使认同中国话语的国家也难以和中国一同进行话语实践。[①] 千方百计地试图保护我们的话语不受他者解读的影响，容易陷入“单声语篇”的自我重复，中国话语只有与他国话语发生关联才有意义，将说话者和参与者视为共同的传播者，共同参与意义的建构，才能真正提升国际话语能力，增强大国自信。

文章指出，正视已有问题，实现对外传播的话语革新，需要改进并超越独白式的国家叙事方式。首先是重视国家叙事的修辞伦理，避免陷入单向度的强制说服，转而重视受众的“对话人格”。对国家叙事主体而言，要赋予各种主体以共同建设话语意义的空间与权力，坦然面对随时被质疑的挑战，并对执异议者保持足够的耐心和宽容，具备一种应对潜在异议的能力，尝试寻找讲述者和参与者都能接受的“逻辑论证”。其次是借外位性立场，理解对外传播中国家视角的有限性，他国视角是本国国家视角形成的必要条件，通过独立的“超视”观察彼此，理性看待他国视角下的中国对外传播存在的种种问题。同时承认多重视角或多重世界，重视非国家叙事的多重视角，如鼓励非政府组织的对外交流，鼓励民间的复调参与，探索多声部、多维度、多形态的中国故事的叙事方式。最后，在与他人的对话中不断发现新故事的“增长点”，将“中国梦”与世界接轨，与全球参与者共同书写中国故事。对话应倾向于拥抱复调的交流，理性看待不同视角的跨文化对话，合理接受他人的评价与期望，总结“可传播性”的故事框架，克服对外传播中照镜子式的思维定式，在与他国动态的、持续的对话中寻找突破点，寻找新的中国故事“增长点”。

文章提出应以倡导“复调的共识”作为对外传播话语重建的目标，弘扬对话精神，鼓励参与式传播，建设包容差异的对话性共识。共识并没有强制性的“思想一律”，只有将中国话语实践放置在广阔的全球话语框架内接受历练，积极开展基于各方积极回应的对话，才有可能在不断地交锋与改变中，使一方通过接受另一方而逐渐形成对话性共识。当前，中国需要更具

---

① 转引自张新平、庄宏韬：《中国国际话语权：历程、挑战及提升策略》，《南开学报》（哲学社会科学版）2017 年第 6 期。

对话性的参与式传播，主动邀请、期待并鼓励全球多方参与我们的对外话语建设，向世界呈现包容兼蓄、海纳百川、气象万千的新时代中国话语自信。

来源文献：全燕：《从独白到复调：超越国家叙事的对外传播话语想象》，《社会科学》2020 年第 7 期。

当今世界正面临百年未有之大变局，经济全球化不断深化，深刻影响了人类社会的生活方式与价值观念，助推文化国际传播的实现。钱俊希、安宁在《全球文化转变的理论背景与方法论框架——兼论中国文化的跨国实践》中，借鉴迪肯“全球转变”的概念，用“全球文化转变”（global cultural shift）这一术语来勾勒 21 世纪以来文化全球化的时空特征，判断和理解在全球文化转变的背景下，中国文化与其他文明之间复杂多样且不断变化的关系，搭建起全球文化转变语境下研究中国跨国文化实践的理论和方法论框架。

文章对全球文化转变的理论脉络进行梳理，目的是突出现有理论的两个核心取态，即文化之间的汇合甚至同质化，以及文化之间的分离甚至对抗。前者强调全球文化的同质化或和谐相处的过程，即以消费主义、个人主义和流行文化为内核的美式“快餐式”文化，随着美国主导的经济全球化进程快速发展。世界文化所展现的全球同质化呈现不均衡的态势：以美国为代表的西方文化正在成为界定世界文化的标准，本质上是一种以西方为中心的文化全球化，甚至是一种文化帝国主义。① 后者强调全球范围内文化壁垒的升级和基于文化认同的冲突。在世界体系的核心地带，世界主义同拥抱文化差异的思潮和视野正在逐渐褪色，认为“本土的”经济利益和文化认同优先于“全球的”经济与社会融合的民族主义和民粹主义逐渐兴起。在半边缘地带，新兴国家的政府和社会不仅要回应西方社会的警惕和排斥，更需要不断地证明和捍卫自身发展模式的合法性。世界体系的边缘地带将继续充

① 转引自 Tomlinson J., *Cultural Imperialism: A Critical Introduction* (Baltimore: Johns Hopkins University Press, 1991), pp. 1-187。

斥对发展主义的失望以及基于民族、宗教和传统的抵抗政治。

在全球文化之间不断竞争和冲突的基本背景下，文章基于拉图尔和卡隆的行动者网络理论[①]提出一个文化跨地方实践的“转译”模型，试图将微观尺度的文化实践与宏观尺度的地缘政治关系和过程，以及中观尺度的区域背景结合起来进行整体性考察，从而建立一个关于文化跨地方实践的方法论模型。在新文化地理学视阈下，文化不是先验、僵化和一成不变的“物体”，而是在地方化的语境下不断建构、在不同的行动者网络之间“转译”的过程。文化嵌入在本地的行动者网络中，这一网络包括自然环境、经济环境、人文社会环境、技术环境、政治环境等不同因素，以及不同因素之间穿插和交织的复杂关系。文化的跨地方传播，则是从旧的网络中脱嵌出来，然后通过“转译”，又嵌入目的地新的行动者网络的过程。理解文化传播，必须理解旧的网络与新的网络之间的异同以及相对关系。文章对这一过程中的不同环节进行阐释。①文化发源地的行动者网络（N1）。文化意义取决于特定的文化要素与区域的众多行动者之间互相联系、互相作用的关系，由于不同行动者之间存在复杂、动态和充满不确定的互动关系，每个行动者必然处在动态变化的过程之中。文化要素嵌入这一复杂、动态网络的方式决定了文化意义以及文化变迁的趋势。②文化的“转译”。当特定的文化要素从原有的行动者网络脱嵌出来以后，必须经过复杂的“转译”过程才能重新嵌入新的行动者网络之中，包括提出问题、确定利益、吸纳结盟、行动动员四个步骤。[②] ③文化接收地的行动者网络（N2）。在完成复杂的转译过程后，文化要素通过与新的行动者网络中的行动者发生联系，原有的文化意义被重新解读以及重构，从而获得新的文化意义。④“转译”的介质。可能是相对可控、制度化程度较高的社会空间（如孔子学院），但也可能是数字媒体、社交媒体、日常生活空间等制度化程度低、不确定性

① 转引自林耿、沈建萍：《大城市健身消费与地方建构》，《地理学报》2011年第10期。

② 转引自 Callon M.，“Some Elements of a Sociology of Translation：Domestication of the Scallops and the Fishermen of St BrieucBay”，In：*Law J. Power*，*Action and Belief*：*A New Sociology of Knowledge*?（London：Routledge，1986），pp. 196-223。

高的场域。

基于全球文化转变的理论语境和基于“转译”概念的方法论模型，文章结合孔子学院和李子柒网络文化实践等案例，对提出的理论语境和方法论工具的有效性和适用性进行证明，并对中国跨国文化实践的挑战和机遇进行了简要的述评和分析。可发现，行动者网络相对比较固化的文化（如传统文化）传播在全球文化转变的背景下会面临更多的摩擦、冲突和挑战，较难在文化传入地形成支持性强的行动者网络。相比之下，行动者网络相对比较松散的文化（如基于日常生活经验的流行文化）传播则更加容易嵌入文化传入地的社会、经济、政治和文化情境之中。这一分析对于中国文化跨国传播的政策推动和具体实践也将起到一定的启示作用。

综上所述，“全球文化转变”体现出三个核心的特征。①全球文化转变是文化的“去在地化”和“再在地化”之间不断互动、动态平衡的过程。在当前的历史条件下，跨国的文化传播与融合不会停止，但本土主义和民族主义正在逐渐侵蚀世界主义和多元文化主义的地位，文化政治变得更加“内向化”。②在这一背景下，强调文化同质性与在地性的本质主义也逐渐对文化杂糅的观点提出挑战，全球文明地图的边界更加清晰和固化。③在地缘政治层面的竞争逐渐与模式、路线、文化和价值之争交织在一起，经济、政治和文化之间的边界变得模糊。在此种背景下，文化的意义是在地方和跨地方的社会、经济和政治过程中协商和重构的。

来源文献：钱俊希、安宁：《全球文化转变的理论背景与方法论框架——兼论中国文化的跨国实践》，《地理研究》2021 年第 11 期。

汉语国际传播与“中国文化走出去”相辅相成，其区域性、专题性、国别化研究已经成为研究的重要方向。东南亚身处汉语文化圈，其汉语传播是汉语国际传播整体格局的重要组成部分，受华人移民影响显著，具有突出的区域性特征。韩晓明在《“移民—扩散型”语言传播及其特征——以东南亚汉语传播为例》中，从类型分析维度对东南亚汉语传播进行细化考察，发现东南亚汉语传播属于较为典型的“移民—扩散型”传播，持续推动东南亚汉语传播的良性发展，需全面认识此种传播的特点和规律，科学研判其发展变化趋势，从而助力各方有效施策。

东南亚汉语传播有其特殊性。①华人移民是东南亚汉语传播最核心的推动力量，华文教育仍是东南亚汉语传播的主要形式。②东南亚汉语传播在20世纪已取得明显成就，华文教育已经有100多年的历史，在菲律宾、泰国、马来西亚等国家拥有较大体量的华文学校，这是东南亚汉语传播的重要底座。③孔子学院在东南亚地区的引领和拉动作用不明显。与其他地区相比，东南亚地区的孔子学院从数量和密度来看都呈现不温不火的状态，仅满足了东南亚地区汉语一小部分需求。

另外，语言国际传播包含两大类型："移民—扩散型"和"语源—输出型"。"移民—扩散型"传播指移民作为语言的载体，通过跨国迁移把语言资源输出到国外，再在移入国实现语言传承和传播。"语源—输出型"传播指语言从语源国直接传播到目的国，其实现以语源国的国家硬实力为主要支撑，在不同的历史时期，又出现过"武力输出"和"和平输出"两种方式。从历史发生顺序来看，"语源—输出型"传播的出现晚于"移民—扩散型"传播。殖民主义时期是"移民—扩散型"和"语源—输出型"并存的时代。从后殖民时代开始，"语源—输出型"传播占据主流，语言作为一个相对中性的文化产品和交际工具，成为各国软实力建设和扩展的重要手段。一些大国在推动本国语言传播上采取更加积极的态度，主动进行语言传播规划，通过本国官方、半官方机构大规模推动本国语言走向世界。

具体而言，"移民—扩散型"传播可分为三个阶段。第一，落地期。移民语言随着移民迁入目的国，在当地逐渐形成移民通用语言，并与移民的族群身份形成稳固的联结。"落地期"的完成以出现移民共同语教育为标志。20世纪初期之前，东南亚华人移民依靠地缘、亲缘、业缘结成不同群体，通过使用自己的祖籍方言与其他群体分开。由于华人移民的地域、宗乡意识浓厚，而国家认同感淡漠，形成共同语的条件长期没有成熟。20世纪初，东南亚地区以"国语"教学的近代华文学校开始大量出现，推动了华人国语水平的普遍提高，使华人共同语逐渐形成。这一时期有两个特点：一是时间长，二是中国因素影响明显。第二，保持期。随着移民“落地生根”定居当地，移民语言获得稳定的生存空间，在社区中被长期使用和传承，从而实现语言保持。语言保持在某种程度上是与当地同化力量长期博弈的结果。语言保持的实现需满足三个条件：①移民数量形成规模，形成一定人口基数；②以聚居为主，散居为辅，形成稳定的语言社区；③建立民族语言教育体系。自东南亚近代华文学校诞生开始，贯穿整个20世纪的近百年间，都是汉语保持期，也是华人不断克服阻力、抵御压力，为实现语言保持而奋斗和抗争的时期。第三，扩散期。当移民群体在当地的政治体制、经济格局、族群关系中积累了一定的社会资本，具有了一定的影响力，移民语言就会向异质文化群体扩散溢出，产生语言扩散，实现跨文化传播。进入21世纪以来，东南亚华人社会逐渐形成共识，华文教学应该走出华人社会，融入住在国的教育事业。综上所述，汉语（华语）在东南亚从华人群体向群体外社会扩散的趋势越来越明显。

文章认为，移民对语言传播的影响有以下方面：①移民流向决定移民语言教育的地理分布；②移民可以改变语言关系，重塑区域性语言生态；③移民可以扩大语言接触，推进语言交融演化，催生语言变体；④移民可以改变居住地的语言需求，影响语言教学格局。文章对东南亚“移民—扩散型”传播做出以下展望。第一，东南亚汉语传播已进入“移民—扩散型”传播的第三阶段，即跨文化、跨族传播阶段，目前尚处于该阶段初期，仍有较长发展期。第二，华人继续充当“传播源”角色，发挥突出的纽带作用。推进中国方面主导的“语源—输出型”传播协同发展，形成汉语传播合力，华人、华人所在国、中国将形成新的三方互动格局。第三，华文学校和华文教学面临新挑战。华校广纳非华裔学生入学，教学对象日趋复杂多元，在教材选用、教学管理、教学方法方面都产生了新的问题。由于国家教育政策、体制、机制的限制，这些问题目前尚未有良好的解决方案。因此，加强“华裔+非华裔”的混合型课堂教学研究必然会成为一个重要命题。

来源文献：韩晓明：《“移民—扩散型”语言传播及其特征——以东南亚汉语传播为例》，《民族教育研究》2021年第3期。

体育是国际交往中的通用语言，作为一种文化软实力，日益成为一国综合国力的重要表征。我国体育外交是国家总体外交战略的重要组成部分，服务于特色大国外交，体育元素已成为国家外交工作的常态和亮点。中国传统文化是体育外交的重要影响因素，通过中国的传统文化来构建中国体育外交话语体系，也是坚定中国文化自信和自觉的有力体现。

王超然在《新时代我国体育外交范式转换研究》中，就目前公共外交视域下中国体育外交范式转换展开研究，探索实现我国体育外交范式转换的路径，以期形成体育传统外交与体育公共外交共同发展的体育外交新局面。文章对体育外交进行概念界定，体育外交是指由政府等多元行为主体参与，以各种方式与国外政府公众进行体育交流，从而维护国家利益，提升国家形象，推进体育文化交往的一种外交方式。① 文章认为，新时代下我国体育外交范式转换是指由体育传统外交转换为体育传统外交同体育公共外交共同发展的体育外交新局面，具体包括体育外交理念、体育外交目标、体育外交主体、体育外交客体、体育外交载体的转换。①体育外交理念由和平发展理念到和平发展、合作共赢，推动实现人类命运共同体；由独白到对话再到合作，在体育外交实践中，以体育对话与合作为主，以独白为辅，共同推动体育外交发展，加强公共外交层面的体育对话，推动体育外交参与主体多元化。②体育外交目标转换为“增进国家利益”“改善舆论环境”“促进人类命运共同体的实现”。③体育外交主体向多元化发展，由过去政府作为单一主体转变为政府为主导，民间组织、社会团体和社会精英是中坚，广大公众是基础的新局面。④体育外交客体强针对性，根据不同国家间的公众对象、同一国家不同公众对象开展外交。⑤体育外交载体除政府间会议之外，还包括国际大型体育赛事、高等院校、孔子学院、企业、体育文化等载体。新时代体育外交要统筹国际国内两个大局，紧密围绕服务体育强国建设和国家整体外交两个层面，加快形成体育传统外交与体育公共外交相结合

① 转引自张德胜：《体育外交在我国强国建设中的作用及实践路径》，《上海体育学院学报》2018 年第 1 期。

的新范式，为助力体育强国建设，为实现中华民族伟大复兴的中国梦，为构建人类命运共同体做出新的更大贡献。

刘桂海、汪婷、杨智国、李雪莲在《改革开放 40 年中国特色体育外交：历程、经验与理论反思——基于“历史观、大局观、角色观”三重视角的考察》中，对改革开放 40 年来我国体育外交情况进行系统梳理与理论反思，分析了体育外交内涵、判断与分类等基本原理问题。文章研究指出我国体育外交经历了“奥运外交”时期（1979~1989 年）、“主场赛事”立体化外交时期（1990~2008 年）、公共外交时期（2009~2012 年）、“全面引领”时期（2012 年至今）四个历史时期，形成了具有中国特色和时代特征的体育外交实践。文章指出，从中国特色体育外交的历史脉络积累经验如下：①从“赛事”外交到公共外交，从“平面型”双边到“立体型”多边，从树立国际形象到彰显政治文明，体育外交维护国家利益，服务国家外交战略；②中国体育外交经历了从“实用主义”、“关系本位”到“思想凸显”、“价值引领”的提升，坚持走中国特色体育外交道路；③解放思想，勇于创新，锐意兴革，始终保持旺盛的生命力；④凸显体育和平思想与价值。当前需要从四个方面推进我国体育外交工作。首先，从国家发展战略高度推进我国体育外交战略谋划，关键在于树立正确大局观，契合我国总体外交战略，以赛事为平台搭建共享发展模式，推进体育式的国际合作，构建人类命运共同体。其次，从全面深化改革战略使命探索体育外交运行机制改革，一是增进协同观念，二是加强中央与地方体育外交的贯通。再次，从社会治理思路建立民间体育外交管理机制，一是促进体育协会的协同性管理，二是加强制度方面的宏观管理，三是汲取科技创新思路，建立“智能+体育外交”技术开发模式。最后，构建中国特色体育外交理论体系，立足实践经验和中国国情，打造一个融合本体论、认识论、方法论、价值论的“一体化”和系统化的理论概括体系。

来源文献：

王超然：《新时代我国体育外交范式转换研究》，《北京体育大学学报》2020 年第 11 期。

刘桂海、汪婷、杨智国、李雪莲：《改革开放40年中国特色体育外交：历程、经验与理论反思——基于“历史观、大局观、角色观”三重视角的考察》，《体育科学》2020年第3期。

小结与思考　分散与凝聚：国际中文教育影响的再探知*

当前，世界格局已然发生深刻变化，持续动荡的国际局势以及不断出现的局部冲突，使全球经济与全球供应链变得更加脆弱，人类多年来寻求和倡导理解与和平的努力被“稀释”。此外，疫情使全球流动性减弱，地理空间的阻隔在这种背景下被空前放大，成为影响甚至阻碍信息国际传播的显性因素。这些正在发生的事实使包括国际中文教育在内的、长久仰赖于通过国际理解与对话推进的各类教育行动处境尴尬、活力减弱。这种微妙的现实情况一方面强化了思考和探索国际中文教育向外发展路径的必要性与迫切性，另一方面也彰显出国际中文教育探索内在功能定位的意义与价值。

回望2020~2021年有关国际中文教育的影响研究，有延续、有突破、有总结、有推进，涉及教育、经济、文化、体育等方方面面，映射出国际中文教育实践及其学科发展正在更广泛、更深刻地与社会产生联结，与国家、组织机构、群体与个体发生更多元的互动，在这一过程中产生的影响、收获的经验、沉淀的智慧逐渐累积起来，拼接起新时期国际中文教育的理论与实践图景，并凝聚成为“富有根基”的国际中文教育影响认知。

那么，如何检视国际中文教育所产生的影响？可以肯定的是，国际中文教育影响的产生与扩散是一个长期持续的过程。国际中文教育既是一项事业，又是一门学科，既是中文教育走向世界的实践与经验集合，又是中文知识发展与传播的直接产物，因此，无论是从行业实践还是从专业建设角度

* 本部分系“世界汉语教学学会全球中文教育主题学术活动计划”（SH22Y18）阶段性研究成果。

看，这种影响都是多维度的，需要我们抱持行业与专业的双重敏感去探究、去思考、去展望。

一　教育国际化

2022 年 5 月 18 日，第三届世界高等教育大会在西班牙巴塞罗那举行，“重塑高等教育的理念和实践，以确保地球和人类的可持续发展”成为本次大会的核心议题，数字技术革命、落实终身学习理念、维系高等教育系统的包容性与参与性、优化高等教育治理体系和国际合作等，成为与会者对高等教育可持续发展的重要关注点。① 如果从国际中文教育与高等教育之间的紧密合作历程切入观察，会发现国际中文教育的理念与实践，都与构建包容、平等、参与、高效的教育合作体系，通过语言与文化传播实践终身学习理念，通过教育交流与合作促进全球教育公平与教育可持续发展等全球教育公共目标紧密关联。尤其是在新冠疫情影响下，建设以新技术为支撑的中文联盟，丰富国际中文教育的资源建设与传播方式，革新中文学习方式，提升远程及在线中文学习效果，促进中文教育资源全球共享与语言教育公平等都成为国际中文教育推进的重要行动。当然，以 5G 网络、大数据、云计算、人工智能等为代表的新技术所赋能的不仅仅是中文教育本身，还有以此为依托所开展的“中文+”经济、医疗、文化、社会等各领域创新教育与合作实践，这些行动直接推动了国际中文教育的嵌入式发展，使国际中文教育与不同国家和地区教育体系实现了更深入的融合，也开拓出诸多不同于以往的创新教育国际合作方式。

国际中文教育在过往实践中多与国内外大学保持着紧密合作，高等教育系统承担了国际中文教育发展的一部分组织机能。在全球高等教育面临深刻转型、寻求共同发展的今天，国际中文教育的差异化、分层化发展趋势也日益鲜明，除大学以外，中小学与各类社会组织也都作为积极的行动主体参与国际中文教育的实践，其教育属性与意涵进一步得到了丰富与凸显。

① 余丽丽、潘涌：《绘制世界高等教育可持续发展蓝图》，《中国教育报》2022 年 6 月 2 日。

2021 年发布的《国际中文在线教育行动计划》提出“项目支撑、集成服务、多元融合”的理念，“以项目促发展”是新时期国际中文教育增强资源供给能力、提升人才培养质量、推动国别化课程体系建设的重要举措，助力中文公共产品的“标准化、智能化、体系化、特色化”建设。作为项目的国际中文教育实践在形式与内容上均日渐丰富，在“汉语桥”、HSK 考试等传统品牌项目经历转型升级的同时，“中文+职业技能”教育等新型项目也在酝酿与培育当中，一个鲜明的表现是国际中文教育活动散布于不同国家和地区的大中小学及社会组织机构中，在中文教学之外孵化出涉及旅游、医学、经贸、社会服务等不同领域、不同职业的“中文+”教育项目或课程学习需求，极大拓展了国际中文教育的影响边界。丰富、多样、灵活的实践的开展，也对科学、稳定、规范的标准建设工作提出了新要求。在国际中文教育的实践与理论路径不断革新、外部社会需求不断变化的背景因素交织下，《国际中文教育中文水平等级标准》出台，提供了针对国际中文教育学科与事业建设的基本理念与基本准则，兼具中国特色与世界意义，将全球国际中文教育实践推向规范化、标准化、国际化。① 可以发现，国际中文教育正在经历深刻的结构性调整，正在努力从目标、内容、行动者、制度建设、方略举措等层面落实其立足中国、面向世界的教育属性，一幅宏阔纵深、求实求新的国际中文教育图景正在擘画当中。

如果说过去一段时期，中文语境中的“留学”更多指向中国学生“走出去”，那么近年来的“留学”一词则越来越多地出现在日益升温的来华留学热潮语境中。2020~2021 年均有研究者探讨了来华留学与国际中文教育之间的关联，分析了来华留学具有的溢出效应，认为国际中文教育增强了东道国对中国的了解，为中国开展双边、多边合作营造良好的外部环境，对国际中文教育“走出去”“走进去”提供了支持，同时也为来华留学教育的“提质增效”提供了助力。研究者们认为，来华留学促进了中国与留学生来源

① 刘英林、李佩泽、李亚男：《〈国际中文教育中文水平等级标准〉的中国特色和解读应用》，《国际汉语教学研究》2022 年第 2 期。

国的相互了解、交流与合作，而国际中文教育恰恰可以为海外留学生来华留学提供前期语言学习准备，成为海外留学生最初了解中国、认识中国、接触中国的一扇窗口，并为留学生顺利适应在中国的留学生活、提升留学生教育质量提供了保障。另外，由于海外孔子学院与孔子课堂在消除国家间文化壁垒与语言差异带来的认知障碍方面具有重要作用，因而其也为吸引来华留学生源、助力来华留学教育高质量发展做出了重要贡献。

国际中文教育的发展，既是一个“向外看”的过程，也是一个反观自身、实现内涵式发展的过程。建设高质量教育体系是“十四五”乃至更长一个时期中国教育发展的顶层设计，需要具备更加先进的制度体系、更加完善的结构体系、更富质量的育人体系和更加现代的治理体系。① 国际中文教育作为一场重要的教育实践，伴随中国教育进入高质量发展阶段而迎来一个新发展时期，寻求高质量发展成为题中之义，在秉承寻求国际理解、维护世界语言与文化多样性、推动全球教育公平等既有发展目标的同时，更深入地探索创新发展路径，更广泛地开展与各国各地区主流教育体系的对话与合作，在内外双循环中不断发展自身，从而构建更完善、更先进的国际中文教育生态体系。

二　国际关系与多边合作

教育部公布的数据显示，目前有 180 多个国家开展了中文教育项目，75 个国家通过颁布法令政令等方式将中文列入国民教育体系，4000 多所大学设立了中文院系、专业、课程，7.5 万多所主流中小学校、华文学校、培训机构开设中文课程。② 毫无疑问，国际中文教育在几十年发展过程中，与不同国家和地区的学校、社会组织机构、政府部门等进行了广泛有效的合作，在语言与文化国际传播实践中贡献了中国方案、中国智慧。

---

① 高书国：《高质量教育体系的时代内涵与实践策略——基于系统理论的战略分析》，《中国教育学刊》2022 年第 1 期。

② 教育部：《关于政协第十三届全国委员会第四次会议第 2624 号（教育类 091 号）提案答复的函》，http://www.moe.gov.cn/jyb_xxgk/xxgk_jyta/yuhe/202111/t20211104_577702.html。

多年来，国际中文教育依托学校尤其是高校，开展各类教学实践，其叙事语境大多集中在学校场域，教师、学生、教育管理者是这场教育叙事中的主体。2020年，中国国际中文教育基金会与教育部中外语言交流合作中心先后成立，国际中文教育迈入“支持中外高校发挥办学主体作用，鼓励企业和社会组织积极参与”的发展阶段，孔子学院品牌也向“专业化、民间化、本土化”方向推进，在国际中文教育的实践中出现了更多元的行动主体、更丰富的互动关系与更灵活的合作机制。换句话说，国际中文教育在多年来的中外语言与文化联通活动中逐渐构筑起多层次、多维度、多样化的社会网络。于国际中文教育而言，这种日渐累积的社会资本为其探索与开展面向海外的多边合作提供了必要的资源与平台支持。

国际中文教育具有鲜明的涉外属性，使这项事业的发展始终与国际政治经济形势密切相关。受疫情影响，世界多极化、经济全球化、文化多元化发展受到冲击，单边主义、保护主义、霸权主义等思潮抬头，地缘冲突加剧，全球和平与发展面临严峻挑战，包括国际中文教育在内的各类国际教育活动，遭遇了日益突出的外部不确定性。另外，尽管逆全球化现象间断出现，但经济全球化仍是大势所趋，在新一轮科技革命的带动下，发展中国家经济后发力强劲，南南对话持续加强，中国作为发展中国家的一员，正走近世界舞台中央。面对百年未有之大变局，中国秉承构建人类命运共同体的初心，在全球治理体系和国际格局调整过程中承担起大国责任。体现在语言与文化传播方面，从制度建设、人才培养、人员交流、深化研究等方面深入推进国际中文教育的事业发展与学科建设，落地并深化以语言作为心灵沟通桥梁、以交流促进民心相通的作用。

作为立足人类共同命运视野的全球治理理念，“一带一路”倡议为跨区域合作提供了从理念到方略的多重机遇，并在实践中凝聚国际共识，探索出构建人类命运共同体的多元路径。2016年，中国教育部印发《推进共建“一带一路”教育行动》，并于2019年签署《推进共建“一带一路”教育行动国际合作备忘录》，一系列中国特色的教育行动面向世界展开，通过建设区域教育合作机制、学历互认、合作办学、学术交流、建立“一带一路”教育资金融通保障机制等举措，使教育“促进民心相通，提供人才支撑”的功能定位具备了实现的可能。① 国际中文教育的发展与“一带一路”倡议遥相呼应，中文在中国与“一带一路”沿线的东北亚、中亚、东南亚、南亚、西亚、北非与欧洲部分国家和地区的经贸、政治、文化、教育合作交流活动中发挥着重要的联通作用。截至2021年10月，已累计派出孔子学院院长、教师和志愿者4万人，赠送中文教材500万册，培养培训本土中文教师6.5万多人次，培养培训各类学员220万人，组织各类中文考试人数达1600万人次，为“一带一路”建设培养了大批掌握中文、了解中国，同时兼具专业和职业特长的人才。② 行业的新趋向反映在两个年度的相关研究中，体现在区域国别研究成果数量显著增加，“一带一路”区域相关研究依然延续了过去几年的热度，研究者们的关注点主要集中于探讨中国与拉美、阿拉伯、东南亚等国家和地区开展教育合作的过程、机制、效应与策略等问题，国际中文教育作为教育国际合作的重要构成被纳入讨论范畴，丰富中外合作办学形式、减少或解决教育合作中的语言沟通问题、推动文化相融与民心相通等成为研究者视野中国际中文教育的重要功能定位。

三　语言服务与语言能力

2021年5月31日，习近平总书记主持十九届中央政治局第三十次集体学习时强调“讲好中国故事，传播好中国声音”，展示“真实、立体、全面”的中国，是加强我国国际传播能力建设的重要任务。从国际传播的视角看，国际中文教育传递的是中国语言与文化，是一种掷地有声的国际传播实践。

在聚焦国际传播能力建设的当下，语言的作用与价值也被进一步放大。语言，既是教育活动实现传播效果的主要媒介，也是其内容主体。作为一

① 刘宝存、张惠：《“一带一路”视域下跨区域教育合作机制研究》，《复旦教育论坛》2020年第5期。

② 教育部：《关于政协第十三届全国委员会第四次会议第2624号（教育类091号）提案答复的函》，http://www.moe.gov.cn/jyb_xxgk/xxgk_jyta/yuhe/202111/t20211104_577702.html。

种媒介，当信息游走于不同国家和地区之间，语言转换就成为实现信息国际传播的“必选项”；作为一种内容，语言是一种刚柔并济的存在，在传导事实与精神意蕴的同时，成为客观外在所凭借与依托的外壳，成为一种寄托身份认同、价值塑造的符号。

根据教育部提供的数据，据不完全统计，目前全球正在学习中文的人数超过2500万，累计学习使用人数接近2亿人。2021年起中文正式成为联合国世界旅游组织官方语言。① 中文正越来越多地被应用于全球语境之中，这仰赖于中文作为全球公共产品的强大供给能力，国际中文教育功不可没。回望国际中文教育走向世界的过程，也是一个从“自我”视角转向“他者”视角的过程。在不同的地理环境中，中文作为一种“他者”的存在，需要与当地的主流知识生产体系对接以实现传播，这就需要国际中文教育的行动主体在与不同环境、群体展开交流合作的过程中探索出适合自身的道路。换句话说，差异化、专业化、职业化、分层化已成为新时期国际中文教育发展的显著特点，是国际中文教育进一步嵌入社会各领域，真正发挥语言服务价值的体现，同时驱动了与中文相关的语言规划、语言教育、语言服务、语言生活乃至语言观念等方面的发展，也为中文公共产品的供给能力建设带来了新的动力、机遇与启发。例如，前文提到依托项目开展中文教学是国际中文教育的创新发展路径之一，项目形式不仅丰富了国际中文教育的办学模式，也扩展了国际中文教育与社会不同领域、区域的“嵌入”方式，使中文教育能够更精准地对接企业、科研、社会等多领域的实际需求，为国际中文教育在不同国家和地区的特色化高质量发展，以及与当地主流教育体系接轨提供了关键的资源支持。

语言服务的持续供给需要高质量人才培养体系作支撑。当国际社会的中文学习需求开始更多瞄准中文支持下的专业与职业能力时，实现对人才的中文语言能力与特定专业、职业能力的融合培养成为新阶段国际中文教育的

① 教育部：《关于政协第十三届全国委员会第四次会议第2624号（教育类091号）提案答复的函》，http://www.moe.gov.cn/jyb_xxgk/xxgk_jyta/yuhe/202111/t20211104_577702.html。

重要目标。这是国际中文教育向纵深、向分层发展的体现，这种发展取向对国际中文教育人才培养质量提升、中文推动中外合作的能力建设提出了更高要求。这不仅是中国语言能力建设与国际中文人才培养的需要，更与推动中国和“一带一路”沿线国家开展各领域合作交流，构建人类命运共同体的需求密切关联。国际中文教育的发展使中文具有了更多广泛参与国际经济、文化、社会互动的机遇，强化了中文成为“全球性”语言的可能性，使国际中文教育实施的主体与服务的对象类型更加多元，所依托的语言政策更加多样，中文参与全球语言治理面临的机遇与挑战更加复杂，而语言能力的实际影响或许更多会落脚在个体身上，表现为个体习得的语言能力水平、个体关于语言学习的选择、个体运用语言实现发展的程度等。如果国际中文教育能够探索出有效应对这一系列要求与变化的方法并付诸实施，并在这一过程中梳理与提出语言能力的不同层次、维度与建设提升方略，对有针对性地提升个体、组织机构、国家等不同层面的中文语言能力将有所助益。

此外，2020~2021 年的研究依然保持着对国际中文教育经济效应的关注热度，研究者们认为，国际中文教育行动所带来的中文相关人才培养、文化交流、双边合作或多边合作、平台建设、资源投入等效应能够为中国与各国各地区经贸合作营造良好环境、提供有力支持，带来语言红利与经济效益，从而为“一带一路”倡议的有效实施、“一带一路”沿线的语言扶贫、国际贸易的协同发展、中国企业海外并购等方面提供有力支持。

四　文化传播与体育外交

百年未有之大变局与新冠疫情交织，不同文化之间的沟通交流、彼此联结并未停止。另外，全球局势持续动荡，局部冲突仍存在，以美国为代表的西方发达国家与非西方国家之间、自我与他者之间的文化差异也难以完全消弭。正如前文所言，长久以来，中西文化常常被置于差异化的视角中予以考察，在这一过程中，文化之间的“不同”与“差异”得到了放大，为我们“知己知彼”、化解中西文化交流的障碍找到了突破点。而对“不同”与“差异”的深描也强化了对异文化的“他者”认知倾向。如果说认识差异是通向相互理解与共同交流的必经之路，那么在认识获得的基础上，如何寻找到或者建构出真正有效的文化传播路径，则是一个更加复杂的命题。

国际中文教育在过往十余年的发展过程中，获得了大量以语言教育促进文化传播与文化理解的中国经验，形成了一批具有普遍意义与借鉴价值的经典案例，也为学者们研讨与研判国际中文教育在文化传播领域的功能与影响提供了现实支撑。梳理 2020~2021 年的研究成果发现，全球性与地方性、区域性与国别性、在地化与去在地化等视角交织，论述普遍被置于充满张力的外部环境背景中，在承认差异的基础上，从反观自我、“复调”叙事、移民与语言传承等角度探讨文化之间从传播到对话再到达成共识的可能性。当然，研究对国际中文教育的跨文化传播实践中所面临的问题也没有回避，研究者们提出了多种应对策略与建设建议，从体育领域切入便是体现之一。

2022 年 2 月，北京冬奥会、冬残奥会圆满落下帷幕。“两个奥运”取得的巨大成功“展现了奥林匹克精神与人类命运共同体理念的完美交融”。① 体育作为一种超越“差异”的文化软实力，能够融汇世界不同文化与文明，塑造实现交流所必需的共同意义空间，已经成为国家形象的重要构成，成为一国综合国力的重要体现。在 2020~2021 年的研究中，对国际中文教育在体育领域的嵌入发展进行了研讨，特别关注这种嵌入在促进不同国家和地区之间的关联互动、文化交流、外交对话等方面的功能、方式与意义等问题。研究认为，国际中文教育承担着传播人类体育文化、讲好中国体育故事、传承民族传统体育文化、强化中国文化自信的重要作用，从这一视角看，国际中文教育的发展路径需要进一步延展，中国凝聚国际共识的话语类型也将随之丰富。

正如学者所强调的，跨文化传播研究需要“基于有足够思想深度的、有益于识别本土和‘共同体’权益的学术观念，为改善人类交往提供观念与策略复合的知识储备，进一步地开展能够促进行为体之间理解与共同福祉的具

① 张丽娜：《传承冬奥精神 赓续奋进力量》，《中国青年报》2022 年 8 月 9 日。

体行动，通过介入实践的有效方式发挥学术和文化主体性。”①从这一角度看，国际中文教育也正是在观念、策略与行动上不断寻求文化之间的相互理解，凝聚人类共识，不断完善与夯实其作为学科的理论根基与学术观念，并将这些认知付诸实践，从文化传播的路径出发，建构中国文化主体意识、改善南北关系推动南北对话、落实“一带一路”倡议、共同推动人类命运共同体建设。

五　小结

教育是国际中文教育事业发展与专业建设的生命线，国际中文教育的理念生发与实践推进促成了国际中文教育影响的持续生成，并延伸至经济、文化、社会等不同领域。影响可能并非一种直接表现，而是需要通过对行动者进行长期观察和跟进而获得认知。即便如此，本章依然希望通过这样一种关注与整理，形成有关国际中文教育在某一个时间横截面影响的理论认知，并在坚持不懈的年度跟进中逐渐拼接起有关国际中文教育影响的相对完整的理论图景。

从当前环境来看，国际中文教育的事业发展与学科建设仍面临诸多挑战，而这种不确定性也在一定程度上为国际中文教育的突围提供了某种动力，并激励其探索项目化、专业化、标准化、智能化等多样化发展路径。国际中文教育为中国语言与文化国际传播提供了丰富且有效的教育实践经验，而伴随数字技术参与教育实践的持续深入，国际中文教育也将被赋予更多更宝贵的时代机遇与更广阔的发展空间，也为我们在未来持续探知国际中文教育的影响及意蕴带来了更多期待。

① 孙英春:《全球场域的“双重结构”与跨文化传播本土研究的“知识策略”》,《现代传播（中国传媒大学学报）》2022 年第 3 期。

第五章

国际中文教育政策与机构研究

政策研究是对国际中文教育事业产生影响的海内外语言政策和规划相关研究成果的梳理和汇总。在研究主题上，语言政策与规划研究在核心议题上围绕新时期国际中文教育发展格局、纳入海外国民教育体系、后疫情时代的创新发展等问题进行讨论与思考。同时，关注并聚焦国别/区域政策和华文教育语言政策的研究。总体而言，2020～2021 年政策研究相关成果呈现以下特征。一是统筹谋划，一体发展。政策研究从人类命运共同体的角度对国际中文教育事业的发展进行规划设计，时间上与时代形势同频共振，空间上与海外教育体系接轨，体现了大国格局和担当，以及参与语言全球治理的责任和使命。二是精耕细作，各具特色。根据不同国别/区域的特点有针对性地规划设计，同时，面向不同学习者需求开展深入研究。三是内涵发展，创新发展。政策研究关注新形势、新技术影响下的创新发展问题，呼吁智慧教育深度嵌入国际中文教育，同时关注教学质量、课程及专业建设、教学模式等内涵发展问题，在夯实教育基础的同时，在标准化体系建设上下功夫。

机构研究是围绕参与国际中文教育事业的各类组织机构建设和发展开展研究的相关成果汇总。机构研究重点围绕海外开展国际中文教学的国民教育机构、华文教育机构以及孔子学院三种类型的中文教育机构来展开。总体而言，2020～2021 年机构研究相关成果呈现以下特征：一是关注机构主体多元化，除孔子学院外，国民教育体系中的大学和小学、华文教育机构等都成为研究对象，不同中文教育机构各具特色，体现出以孔子学院为龙头，多教育主体共同参与的新趋势；二是关注机构目标的融合化，积极推动国际中文教育机构与所在国家国民教育体系的接轨；三是关注机构自身建设的规范化，提升和改善机构在课程体系、人才培养、教材建设、师资培养等方面的教育质量，促进国际中文教育的标准化建设；四是关注机构环境的安全性，涉及孔子学院建设过程中的文化安全问题以及疫情影响下的风险应对问题等。

本章共分为五节，分别为“语言规划”“语言政策”“国民教育机构”“华文教育机构”“孔子学院”。前两节是对2020～2021年政策研究文献的梳理与摘录，后三节是对机构研究文献的梳理与摘录。最后就“国际中文教育不确定性的存在与应对”提出若干思考。

第一节　语言规划

一　新时期发展格局

汉语国际化规划事关汉语走向世界的大局与效益，关乎中国的国际话语权及话语影响力。汉语母语国有义务有责任，从战略高度和国际视野对汉语国际化做出规划。李泉在《论汉语国际化规划》一文中探讨了汉语国际化规划的含义，认为汉语国际化规划即对涉及国际汉语教学全局的问题做出的发展计划、应对策略及所持主张。随后文章站在中国的话语立场上，认为汉语国际化规划总的理据和意义至少应该包括以下几个方面。一是汉语国际化是国际语言文化交流的和平友好事业。二是汉语国际化是一项长期的、复杂的、系统性工程。三是中国作为汉语母语国理应对汉语国际化做出规划。四是汉语国际化规划事关汉语走向世界的大局与效益。关于应该对哪些方面和什么问题进行汉语国际化规划，文章指出需要结合二语教学的基本问题，结合汉语二语教学的特点和海外汉语教学的现状来梳理和确定，认为汉语国际化规划的角度和内容至少应该包括：观念规划、声誉规划、阶段规划、学科规划、标准规划、模式规划、教法规划、国内规划、国外规划、应用规划等。限于篇幅原因，文章只着重讨论了前五种规划的内涵和理据。

第一，观念规划，即对影响汉语国际化的观念进行研究和规划。比如，国际汉语教学的属性规划就是一种观念规划，对二语教学与文化传播关系的规划也是一种观念规划。

第二，声誉规划，即对汉语教学和学习的声誉进行研究和规划。比如，“汉语难学”似乎是一种世界性的世界观，但这是一个伪命题，因为一种语言是否难学没有绝对的标准和科学的证明方法，无法控制的因素太多。与语言声誉规划相关的是语言形象规划，前者“是对语言的社会评价，特别是对某种语言难学或易学进行正本清源性的舆论引导，可视为舆论规划”，后者“是对语言结构特征，特别是对语言可学可教的程度进行说理式的形象描述，可视为对语言结构的物理特征规划”。

第三，阶段规划，即对汉语国际化的进程和阶段进行研究和规划。汉语国际化系百年大计的工程，要结合汉语教学的现状对当下和未来汉语国际化的程度进行研究和预判，并据此提出相应的发展策略，提供相应的资源准备，等等。

第四，学科规划，即对汉语教学学科建设的方向、架构、内容和存在的问题进行研究和规划。学科规划是汉语国际化规划的重点领域，具有深远的影响意义。具体而言，为适应不断发展的世界汉语教学的需要，加快汉语国际化的进程，必须建立一个基于全球视野的国际汉语教育大学科，为教学实践提供理论、标准、策略、模式等方面的支持，为汉语、汉字和中国文化教学提供知识、方法、规律等方面的学术保障。

第五，标准规划，即对汉语国际化的相关标准进行研究和规划。标准规划是国际汉语教学实施的重要保障和依据，是汉语教学专业化、规范化和科学化的体现，不仅影响汉语国际化的进程，更关乎汉语国际化的质量和水平，实际上也关乎中国在汉语国际化过程中的地位和作用以及学术话语权的问题，因而是具有战略意义的一项规划。其中作者强调，关于汉语国际化标准建设规划的范围和内容，还需要调查和研究，但至少应该包括：“语言标准”、“语言大纲”、“课程规范”和“资源标准”。

来源文献：李泉：《论汉语国际化规划》，《辽宁大学学报》（哲学社会科学版）2021 年第 1 期。

21 世纪前 20 年是新中国语言文字事业的第三个黄金期。李宇明在《新世纪 20 年的中国语言规划》一文中认为这一时期的工作主题是构建和谐语言生活，提升国家语言能力。文章认为，综合语情和国情来看，近 20 年语言文字事业所面临的大形势有以下内容。一是中华民族共同体意识的牢筑；二是信息化的快速发展；三是优秀传统文化的传承；四是依法治国；五是人类命运共同体的构建。

文章总结了 21 世纪前 20 年语言文字事业的主要工作，认为这些工作体现了语言规划学的若干理念，形成以国家通用语言为主导的和谐多语生活。其中，在语言助力构建人类命运共同体的论述中，文章提到改革开放使中国的国内国外两个大局变得同等重要；“一带一路”倡议和“人类命运共同体”的构建，更要求中国不仅要做国内语言规划，也要关注国际语言问题。

其一，要不断增强中文（华语）的国际活力，使之成为国际社会重要的文化产品，成为世界的重要语言。首先，近年国家语委指导编写了《全球华语词典》《全球华语大词典》，提出了旨在把全世界华人聚拢起来的“大华语”理念，努力推动海外华语教育和华人语言的维持；国家语委的“普通话水平测试”也延伸到华人社区。其次，积极推进对外汉语教学和国际中文教育，创办孔子学院和孔子课堂，鼓励中文进入各国的国民教育体系，努力提升中文在各国的外语地位。最后，也注意到了中文在国际组织的运用，支持联合国把农历“谷雨”这一天作为“中文日”。

其二，国家出行，语言先行。推进“一带一路”建设，密切国际合作，参与维护人类和平的行动，国家都需要国际话语权，需要强大的语言能力。我国的基础外语教育由“英、日、俄”三门组成，近些年又增加了“法、德、西”三门；大学也逐渐具有了开设百门外语的能力；一些研究机构开始调查世界的语言及语言生活状况，组织《万国语言志》的编纂。但总体来看，我国的语言能力与国家需求还有较大的距离，其中包括语种能力和自然语言处理能力。

其三，构建人类命运共同体，还需要研究国际语言生活，减缓语言冲突，加强国际语言合作，为处理国际语言问题做出贡献。《世界语言生活状况》及一些研究机构，逐渐关注国际语言生活问题。近些年，我国与联合国教科文组织在语言方面合作密切，与教科文组织一起在中国组织国际会议，通过了关于语言能力的《苏州共识》和关于语言保护的《岳麓宣言》。中国语言规划的理论与实践逐渐为国际社会所认可，逐渐成为国际共识。与法国政府共办“语言年”活动，特别是两国语言事务主管部门和学者，持续地联合举办“中法语言政策与规划国际研讨会”。与俄罗斯、德国、欧盟组织等也有较好的语言政策领域的交往，“语言外事”有了很大进展，取得了很大成效。

来源文献：李宇明：《新世纪20年的中国语言规划》，《北华大学学报》（社会科学版）2021年第1期。

二 纳入海外国民教育体系

2017年，中共中央办公厅、国务院办公厅印发的《关于加强和改进中外人文交流工作的若干意见》提出，要着力加大汉语国际推广力度，支持更多国家将汉语教学纳入国民教育体系。截至2020年底，全球有70个国家将中文纳入国民教育体系。中文纳入海外各国国民教育体系是国际中文教育发展新阶段的新现象，是中文国际地位提升的重要标志，也是中文价值逐渐被世界认可的重要参照。语言规划也需要围绕这一目标来制定。李宇明、唐培兰在《论汉语的外语角色》一文中认为，当前的主要任务是要有明确的国别意识和国别发展方案，整合各种力量推进汉语在海外基础教育领域的发展。同时也要为汉语将来承担“重要外语”这一新角色做准备，这也是汉语国际教育的发展方向。从根本上说，汉语国际教育就是促进汉语成为世界的“重要外语”，成为人类可以方便使用的公共产品。汉语进入世界各国的基础教育，是实现这一目标的必需的重要的一步。文章首先阐发了“外语角色理论”，指出某种外语对外语国所发挥的作用，称为“外语角色”。文章指出根据外语所发挥作用的不同，可以把外语角色大致分为六大类：外事外语、领域外语、泛领域外语、基础教育外语、重要外语和语言。

文章认为不同的外语角色，对于外语国的重要性不同。外语角色也不是固定不变的，它们之间在一定条件下可以相互转换、迭代共存。文章总结了以下特点。第一，根据外语角色对于外语国的重要性依次形成外语角色梯级。梯级越高，外语学习者的人数越多，群体越广，外语国的外语教育体系越健全。第二，外语角色的关系是迭代关系，而非取代关系，不同的外语角色可以并存。外语角色的梯级分布和迭代关系，也使外语角色具有“蕴含性”，即右边梯级上的外语角色蕴含着其左边外语角色的存在。第三，决定外语角色、外语角色梯级及外语角色进阶、退阶的因素是本土国的综合实力、外语国与本土国的关系。本土国的综合实力，只为外语角色及其梯级提供了可能性，而这种可能性能否变为外语国的现实，还要看外语国与本土国的双边关系。第四，受到外语国的外语教育传统、世界语言风尚的影响。中国把日语、俄语作为基础教育外语，这也与中国的外语教育传统有关。法国的汉语教学事业发展，不是用中国的综合国力及中法关系就能很好解释的，一定要考虑到法国的外语教育传统。世界语言风尚也往往影响一个国家的外语发展。英语是世界强势语言，学习英语是二战以来逐渐形成的一种“世界语言风尚”。当然，世界语言风尚背后也有综合实力的问题。

文章也翔实地论述了汉语的外语角色，认为汉语作为外语，其角色已经经历了外事外语、领域外语、泛领域外语这些阶段，正在进入基础教育外语阶段。作者补充道，从汉语作为外语教育的总体历程看，其表现出了一些共性特征。一方面，2004 年第一所孔子学院的成立，是重要的时间节点。在此之前，汉语扮演的基本上是外事外语、领域外语的角色；其后，学习者逐渐超出了中国文化的特色领域，汉语开始进入泛领域外语阶段。另一方面，2014 年将汉语纳入基础教育的国家超过了 30 个。此后，在世界范围内汉语开始扮演基础教育外语这一新的外语角色。

作者论述了推进汉语的外语角色发展的主要因素。21 世纪之前，推进外国人学习汉语的主要因素是外事、政治、历史文化特色和地缘关系等，来华留学、海外办学都与中国经济的关系不太密切，虽也有中国援助国家的学生来华，但主要还是政治关系。进入 21 世纪，影响汉语传播的因素转到了经贸领域。在汉语向泛领域外语、基础教育外语进阶的过程中，除经济因素外，大力支持海外开办汉语专业、开办孔子学院（课堂）等“走出去”的举措发挥了重要作用。海外华人华侨的汉语教育，特别是新华人子弟的汉语教育，也发挥了重要作用。

文章进一步表示，虽然目前已有 70 国把汉语纳入基础教育体系，但是其汉语教育总体上还处在初级水平。基于这个情况，文章强调以下几个方面。首先，要清醒认识到汉语的外语角色进入了一个新阶段，而且这是一个重要阶段，关系到汉语能否成为世界最为重要的语言之一，关系到中国能否为人类命运共同体做出语言贡献。其次，要看到对外汉语教学和汉语国际教育，过去都是成人外语教育，教育资源都是为成人准备的，包括师资、教材、教辅等，而今必须有战略上、体系上的大调整。再次，要有明确的国别意识和国别发展方案，对于汉语尚未进入其基础教育的国家，要分析原因，创造条件，让汉语尽早进入；对于汉语已经进入其基础教育的国家，要根据发展现状，制订明确、得体且有效的支持计划，不断提升其教育水平。最后，要整合国内（包括台湾、香港）的教育资源，联合海内外的各种教育力量，让汉语在国际基础教育领域站稳脚跟，步步向前。

文章认为，汉语国际教育就是促进汉语成为世界的“重要外语”，成为人类可以方便使用的公共产品。关于如何促进汉语承担新的外语角色——“重要外语”，文章提出三个举措。第一，调研学习。要向世界的一些重要语言学习，如英语、法语、俄语等，看它们是如何在许多国家的教育中充当重要外语的，如何在社会生活包括国际生活中充当重要外语的。第二，做好准备。需要做好语言、国际语言应用以及提升汉语的“知识容量”这几个方面的准备。第三，树立信心。中国有数千年不曾间断的文明史，有浩如烟海的古代文献，有当今的经济体量，有14亿人口和遍布世界各地的华人，特别是2019年，高等教育毛入学率达到51.6%，进入了高等教育普及化阶段。这些都是“综合实力”的构成要素，是汉语能够成为世界重要外语的基础。

来源文献：李宇明、唐培兰：《论汉语的外语角色》，《语言教学与研究》2020年第5期。

《论中文被纳入各国国民教育体系》一文对“中文进入国民教育体系”中的相关概念进行了进一步的探讨，关于如何界定中文是否进入了一个国家的基础教育体系，文章指出应该具备这样的条件：国家通过颁布法令、政令，或出台行政法规等法律形式，或通过研发课程大纲、教育大纲、考试大纲等形式，中文以选修或必修的形式被纳入海外国家中小学外语教育体系，是正式的学分课程，在地区上有一定覆盖性。

除此之外，文章指出中文进入一个国家基础教育体系，分为自上而下或者自下而上两种模式。自上而下模式是国家颁布法令政令，统一研发教育大纲、考试大纲。自下而上模式首先表现在签订中文教学合作协议，开始中文教育试点计划，试点计划扩大，各邦（州、府、区等）颁布教育政令或者研发教学标准，教学区域扩大，国家颁布法令，制定国家教育大纲和考试大纲。

最后，文章提出可以使用中文教育成熟度与中文教育重要性两个指标，去了解中文在世界各个国家教育体系中的地位。中文教育重要性指标是根据中文在各国外语教育体系中的受重视程度，即被学生选择的热门程度而设定的，有层级差异：第一外语≤第二外语≤升学外语≤一般基础教育外语。按照各国的实际情况，还可以细化为：第一外语≤第二外语≤第三外语≤第四外语≤第五外语≤一般基础外语。中文教育成熟度主要评价一个国家的中文教学体系发展的成熟度。此外，文章认为还要考虑进入基础教育体系的外语在一个国家普及的程度。比如，是否每一个州（省、府）都开设该外语课？ 每一个州（省、府）开设该语言课程的学校数量？ 同样进入基础教育体系的还有哪些语言？ 学生选课情况如何等。 从而提出了关于一门外语教育成熟度的表达式：非常成熟≤较为成熟≤向成熟发展≤不成熟≤起步。

第一，非常成熟：有该语种的教育传统，发展时间较长；教育资源丰富；涵盖小学、初中、高中（有的国家也称为：初等教育、高等教育）的完整体系；是正式的学分课程；普及程度高；进入（初中、高中）会考体系，成为教学媒介语。

第二，较为成熟：发展时间较长；涵盖小学、初中、高中（有的国家也称为：初等教育、高等教育）的完整体系；是正式的学分课程（必修或者选修）；普及程度较高；进入会考。

第三，向成熟发展：涵盖小学、初中、高中（有的国家也称为：初等教育、高等教育）的完整体系；是正式的学分课程（必修或者选修）。

第四，不成熟：纳入教育体系的时间较短，不完全涵盖小学或初中或者高中的选修课；选择人数较少；开课学校较少，集中于首都地区等大城市。

第五，起步：纳入时间较短；只是小学、初中或高中的选修课；普及程度低；开课学校仅为试点。

来源文献：唐培兰：《论中文被纳入各国国民教育体系》，《教育进展》2021 年第 4 期。

不同国家和地区将中文纳入国民教育体系的规模、动因与形式、程度与方式都具有鲜明的当地特色，具有国别化的特点。 李宝贵、庄瑶瑶在《汉语纳入海外各国国民教育体系之方略探索》中指出了汉语纳入国民教育体系的主要方式。

第一，从时间维度看，主要分为“先高后低”、“先低后高”和“高低并进”三种。“先高后低”方式是指汉语教育首先纳入对象国的高等教育，然后向基础教育和学前教育阶段辐射，是现阶段被普遍采用的有效纳入路径。“先低后高”方式是指汉语教学首先在中小学开展，然后向高校推进。 此种方式集中于华人华侨聚集的东南亚国家和传统移民国家，如马来西亚、美国、澳大利亚等。“高低并进”方式是指汉语教学在国民教育体系的各个阶段同时展开。此种方式一方面受限于各国语言政策，另一方面对汉语教学资源的前期储备有很高的要求，因而并不普及，只有新加坡这类有一定华人数量的“双语政策”国家和沙特阿拉伯这类政府高度重视和大力支持的国家选用。

第二，从空间维度看，分为“完全纳入”和“部分纳入”两种方式。“完全纳入”方式是指对象国在纳入初期通过统筹规划，选取适合本国语言教育政策和现状的进入形式，最终在各学段实现全面纳入。“部分纳入”方式是指汉语纳入对象国某一教育阶段的课程，尚未形成完整的汉语教学体系，有明显的“优势层面”和“空白层面”，是目前将汉语纳入国民教育体系的国家中较为普遍的现象。研究发现，“部分纳入”的国家的汉语课程类型以选修为主。只有巴基斯坦、西班牙、意大利、墨西哥将汉语作为必修课程。

文章还探讨了汉语纳入国民教育体系的制约瓶颈以及加快推进汉语纳入国民教育体系的有效方略，制约瓶颈有以下几点。一是纳入国家的全球分布不够均衡。二是欧美国家纳入的下行压力较大。三是华人移民聚居国纳入后劲乏力。四是汉语教学起步期的国家基础薄弱。五是“一带一路”核心区域纳入率较低。

基于以上分析，文章提出了几点有效方略。一是拓宽纳入的广度，逐步实现国民教育体系全覆盖。二是拓展纳入的深度，加快实现汉语教学的当地化。三是把握纳入的温度，持续提升对象国受众的获得感。四是扩展纳入的宽度，着力扩大母语传承的带动效应。五是加大学术支撑的力度，发挥学理研究先导性作用。

来源文献：李宝贵、庄瑶瑶：《汉语纳入海外各国国民教育体系之方略探索》，《现代传播（中国传媒大学学报）》2020 年第 1 期。

三 后疫情时代的创新发展

在李宇明等的《“新冠疫情下的汉语国际教育：挑战与对策”大家谈（上）》中，不同学者基于疫情背景下国际中文教育开展的现实情况和自己的认识，对未来国际中文教育的发展规划提出意见和建议。李宇明在《新冠疫情对汉语国际教育的影响》中指出，汉语国际教育是一种“国际敏感型”教育，是国际事态的“晴雨表”，新冠疫情肯定会对汉语国际教育带来显性或隐性的、直接或间接的、短期或长期的、负面或正面的影响；甚至有可能使这一事业的发展处于较长的平台期，出现办学实体减少、入学人数下降、办学“热区”转移、学习方式变革、教学资源闲置、求学愿望不能满足等问题。

在此情境下，第一，要保持战略定力，对汉语国际教育事业要充满信心。第二，要了解世界对汉语的真实需求，包括近期的潜在需求，通过战略调整把汉语教育提供给那些真正需要的人和地区。第三，要兼容并包。第四，在教学上，要重视汉语作为外语教学的特点，要充分利用现代语言技术。第五，要增加汉语的科技、思想、文化含量，提升汉语的国际声誉，发挥汉语在国际语言生活中的作用。

李秉震在《疫情带给汉语国际教育事业的新思考和新机遇》中指出，新冠疫情持续蔓延对于汉语国际教育事业的影响是全方位的。对于教师，它改变了课堂教学的教学模式、教学内容、教学方法、教学管理方式；对于学生，它影响了学生的学习方式、学习动机和语言习得效果。这些影响既是冲击，也提醒我们要适时做出思考和变革。一是重视知识内容，打造优质课程。二是凝练发展特色，找准发展重点。三是加强校际合作，减少重复建设。四是深入科学研究，重构话语体系。五是关注职业安全，做到未雨绸缪。

宋晖、白乐桑在《汉语国际教育中的混合式教学生态》中提出，在教学理论、教学情境、教学实践、教学主题和教学方法等方面实现五个“结合”的设想，供学界参考。第一，语言生态学与混合式教学实践适当结合。第二，大规模在线课程与小规模定制课程适当结合。第三，教师的个人实践性知识与学生的个性化语言实践适当结合。第四，微社交与主题式社交适当结合。第五，固有教学观念与社交软件适当结合。

吴勇毅在《互动：语言学习的关键——新冠疫情下汉语教学面临的挑

战》中指出，疫情改变了汉语教学的生态，但观念的改变、技术的准备、现实的环境也为后疫情时代的汉语教学作了铺垫，即线上和线下如何融合以形成一种新的语言学习生态。虚拟现实技术（VR）以其特有的仿真和环境模拟可以增强线上汉语学习的互动体验；另一种形式的“翻转课堂”，即把现有的大量的录播式教学/讲座变成学生自主学习的内容（线上的知识学习），回到现实的实体课堂，主要进行汉语的操练和活动（线下的技能训练），辅以移动终端的即时碎片化学习和答疑互动，将会改变现有的教学互动模式。但无论生态环境如何变化，互动（不仅仅是语言的，还包括认知的、情感的）依然是其中成功的关键。

李泉在《大变化、小思考：线上教学的一点启示》中认为，这次疫情让许多从未进行过线上教学的教师熟悉了线上教学，这不仅大体上解决了疫情下的教学问题，也是汉语教师职业技能朝着教育技术现代化方向的一次集体转型，更应该成为教师教学观念和教学方式，以及学生学习观念和学习方式的集体转变的一个起点。作者总结了个人观点。第一，线下与线上是两种各有特点的教学和学习方式，各有所长所短，各有不可替代性。第二，在以线下课堂教学为主的当今时代，应该明确提出并努力践行“线下教学必须与线上教学相结合”的国际汉语教学原则。第三，线上教学技能应该成为教师职业发展的重要取向，成为教师评估的重要指标。

来源文献：李宇明、李秉震等：《“新冠疫情下的汉语国际教育：挑战与对策”大家谈（上）》，《语言教学与研究》2020 年第 4 期。

陆俭明在《新冠疫情下的汉语国际教育急需采取的两大对策》中指出，新冠疫情还将会持续相当长的时间，应具有“新冠疫情常态化”的思想准备。汉语国际教育仍面临巨大的挑战，面对此情况，文章指出最重要的是以下两大对策。

第一，让我们国家具有巨大的吸引力，激发各国越来越多的年轻人向往中国，希望学习、学好汉语。当前亟须编写两方面的文化教材，即《中国历代对外交往、交流史》和《当代中国概况》。

第二，加速开发研制、建设灵便多样、有效的网上/线上汉语国际教育资源。进入21世纪，在多媒体教育的基础上，汉语国际教育的信息化、数字化程度不断提高。如今出现了越来越多的线上教学平台，也出现了越来越多的授课模式和教学模式，需要进一步加速开发研制能应对多个语种、板块布局更为合理、链接跳转更为灵便的更具创新性的汉语国际教育网上/线上资源。

崔希亮在《后疫情时代的汉语国际教育》中指出，正在全球范围内蔓延的新冠疫情，给各行各业都带来了巨大的冲击。汉语国际教育也不例外，具有“事业”与“学科”双重属性的汉语国际教育都面临重大挑战，主要表现在：一是疫情给全球经济带来了巨大的负面影响；二是疫情带来国际格局的变化；三是“一带一路”沿线国家在防疫过程中面临资源短缺、资金匮乏的困难，中国“走出去”的企业在“一带一路”沿线国家也面临经营和疫情的压力；四是必须运用远程教学的方式来进行语言教学，然而网络教学的资源准备不足，共享资源尤其稀缺。作者认为，在当前疫情还没有结束的情况下，应该考虑到后疫情时代汉语国际教育事业的发展如何进行改革和调整，未雨绸缪，提前做好顶层设计。

第一，要做好汉语国际教育的资源整合。目前汉语国际教育的资源分散在不同的部门，中国文化中心、孔子学院、海外华文教育三支力量所做的工作都与汉语国际教育有关，资源分散、力量分散，不容易形成合力。

第二，要调整汉语国际教育的主要目标，从前我们把欧洲、美国、加拿大、日本、韩国等发达国家作为汉语国际教育和孔子学院布点的主要地区。对这些国家和地区来说，即便是我们不推动、不投入，他们有需求，也有能力来自己发展汉语教学。我们应该把更多的资源和资金投入发展中国家，他们也有需求，但是自己没有力量。这种投入应该着眼于未来。

第三，全球范围内的汉语国际教育，主要应该依靠高等教育机构来实施，这样可以减少它的意识形态色彩。很多对孔子学院的怀疑、指责和攻击，就会因此减少。在教育领域开展国际合作与交流是很正常的，由教育机构出面协调汉语国际教育事业可以在政府和汉语国际教育事业之间建立防火墙。

第四，大力开发网络教育资源。目前，我们所进行的网络教育，包含很多形式，如利用网络教学平台的教学、网络教学软件辅助教学、广播电视远程教学，无论是什么形式的虚拟环境教学都需要有合适的教学资源。

第五，要做好目标国国情的综合研究，做好国别和区域的政治、经济、文化等方面的研究，寻找我们和目标国之间的共同价值和共同理念，以减少汉语国际教育在实施过程当中的文化冲突和观念分歧。

张旺熹在《后疫情时代的国际中文教师培养》中指出，后疫情时代的国际中文教师培养需要因应新的变化进行适当调整。

第一，增加教师培养的“国际性”内容，培育教师的世界眼光。目前，汉语国际教育已经形成“来华留学生汉语教学”和“海外汉语推广”这种“一体两翼”的态势，都需要教师对世界格局有充分的了解，对汉语教学的国际性有充分了解。教师培养的过程中需要补充和增加“国际性”的内容，如世界或区域的历史文化、政治经济、国别和区域的汉语教学形势等。

第二，混合式教师培养培训应成为常态。疫情过后，线上教学会成为人才培养模式的一种，至少会成为线下教学的一种补充形式。也就是说，线上线下相结合的混合式教学、混合式的培养模式，将成为未来人才培养的常态，特别是对海外汉语教师的培养和培训来说，线上模式具有极大的优势。从这个角度来讲，汉语国际教育硕士的培养，要在相当程度上体现这一混合式培养需求和导向。

第三，信息素养应成为汉语教师的必备素质。这次疫情极大地推动了线上教学的发展，后疫情时代线上线下相结合的教学模式，很可能成为汉语国际教育领域的常态模式，这是历史发展的必然趋势。这就要求教师必须具备信息意识和信息能力，了解“互联网+”时代的发展，掌握现代信息网络和智能技术，将其用于教学之中。

赵杨在《新冠疫情对孔子学院发展的影响》中提到，疫情期间孔院教学转到线上，教学效果并未受到很大影响，为未来发展指出了一条新路。近年来，有些国家关闭了一些孔院，实体孔院遭遇发展障碍，但是汉语需求依然旺盛，给线上教学创造了发展空间。疫情期间，线上教学的广泛开展，消除了人们之前的抵触心理。有鉴于此，孔院要抓住契机，一方面建设实体孔院，另一方面提升线上教学的比重和覆盖面，为实体孔院提供优质资源，为全球各地的汉语学习者创造学习条件。近年来，虽然研发了一些线上汉语教学资源，但总体而言，线上教学资源比较匮乏，远远不能满足“教”和“学”的需求。线上资源建设将是下一阶段的一项重要工作。疫情使线上教学成为常态，线上教学也将成为孔院教学的常态。

李先银在《线上教学的未来发展走向与平台建设》中表示，未来线上教学将发展成为与线下教学并行的一种教育方式。它不再是依附于线下教学的辅助性教学方式，而可能发展成为一种独立的教学样态，即未来的教育样态有三种：独立的线下教学、线下线上结合的混合式教学、独立的线上教学。此预测主要基于以下几点原因：一是疫情的长期化迫使线上教学长期化、独立化；二是互联网的进一步发展和5G的到来为线上教学的独立化提供了网络条件；三是VR、AR等技术的发展将弥补甚至加强线上教学的互动性；四是线上教学具有的低成本优势将会吸引一部分预算敏感的汉语学习者转向线上教学；五是线上教学对时空限制的打破将会吸引一部分时空受限的潜在学习者。

文章进一步指出，目前制约开展线上教学招生和实施线上教学的一个较大的问题是教学平台。线上教学无论采取录播、直播、录播+直播哪种形式，都需要依托一定的网络平台。但从目前教师和学生的使用反馈来看，现有平台都存在这样或那样的不便。比如，有的是慕课平台，不是为直播设计的；有的是通用平台，不是专为教育或者国际中文教育设计的，缺乏专门的适应性和针对性；有的可能面临国际政治风险。

基于此情势，文章强调当前亟待开发和建设国际中文教育线上教学平台，并初步设想这个平台应当具备以下功能特征。第一，多主体连通的平台。可以连接教学机构、教师、教辅人员、未来教师、汉语学习者等多方主体，分角色承担和实现不同功能。第二，多元内容聚合的平台。平台提供多元化汉语教学和学习要求的内容，能够满足学习者通用汉语学习、专门用途汉语学习、文化体验等多种需求，满足学习者语言单项技能的学习需求，也能够满足教师对教学辅助资源的需求。第三，多模式适应的平台。平台可以打通线上教学和线下活动，方便快捷地实现多场景切换，比如，独立的线上教学、线上线下混合式教学、线下为主线上为辅的教学等。第四，多终端智适应的平台。能够智适应手机、电脑、平板电脑、智能电视等多种设备。第五，多种网络条件的智适应平台。

来源文献：陆俭明、崔希亮等：《“新冠疫情下的汉语国际教育：挑战与对策”大家谈（下）》，《语言教学与研究》2020 年第 5 期。

第二节　语言政策

一　国别/区域语言政策

汉语对外传播需要掌握对象国的语言政策。如果对他国的汉语政策一无所知，那就不可能制定出切合实际的汉语推广政策[①]，汉语也就不能更好地向外推广。为此，学者们围绕不同国家/区域的语言政策，尤其是“一带一路”沿线国家和地区与国际中文教育相关的语言政策进行了重点研究。

关于美洲国家/地区的语言政策研究，陈贝颖等在《美国外语教育政策对中文教育的影响及中文教学资源现状》中，整理出自第二次世界大战后期，美国政府颁布的一系列重要外语立法政策，尤其是强调了美国外语教育政策对中文教育的影响，文章提出了五点。

第一，《国防教育法案》最先推动美国中文教育的发展。美国于 1958 年通过了《国防教育法案》，旨在加强外语教学和非西方地区研究，并在此基础上设立了“国防外语计划奖学金”。首次把中文与日语、阿拉伯语、北印度—乌尔都语、葡萄牙语和俄语等 6 种非普遍教授语言列为第一层次的

① 张西平：《汉语国际推广中的两个重要问题》，《长江学术》2008 年第 1 期。

关键语言。[①]

第二，中美建交带动中文教育进一步发展。这一时期，美国政府出台各种法案，明确了外语教学的意义和地位。1984年为提高外语教学，《经济安全教育法》授权政府拨款。1993年《国家安全教育法》决定为大学拨款以改进文化和语言训练。1994年《2000年目标：美国教育法案》明确将外语定为核心课程之一。从中小学汉语教育情况来看，1983年道奇基金会（Dodge Foundation）发起“中文启蒙教学方案”，中文开始更多地走入中小学课堂。1987年，全美中小学中文教师协会成立。1993年，美国大学理事会成立SAT Ⅱ中文考试，高中生申请大学时可以将这个中文测试成绩作为一项资历，促进了中学汉语教学的发展。

第三，《全美中小学中文学习目标》促使中文教育获得美国外语教学界的肯定。《全美中小学学习课程目标》的制定是以美国国家外语学习目标为根据，依照中国语言文化的特性，激发美国中小学生对中国语言文化的兴趣，教学的目的是使学生能实际灵活应用所学到的中文语言能力，而且也强调幼儿启蒙外语学习的重要性，鼓励幼龄学童越早开始学第二语言越好，致力于将中文学习推广到幼儿园，并在小学、初中、高中和大学继续设立中文课程，课程融合新科技的中文教学和以学生为中心的学习方式。

第四，中文成为美国外语学习的关键语言之一。2003年，美国众议员霍尔特向国会提交了《国家安全语言法案》，将阿拉伯语、中文、朝鲜语列为“三大战略语言”，并大力倡导学习这三大语言。同年5月，美国民主党参议员利伯曼与共和党参议员亚历山大向议会提交《2005年美中文化交流法案》，提议在5年内从联邦资金中拨款13亿美元用于汉语教育。同年，美国力推欧盟的“语言年”成功模式，参众两院分别通过决议，宣布2005年为“外语学习年”。[②] 至此，外语教育计划贯穿了美国整个正规学校的教育体系（含幼儿园教育），直至学生就业。2006年，美国时任总统布

---

① 转引自理查德·T. 汤姆逊（Richard. T. Thompson）：《美国汉语教学综述》，《语言教学与研究》1980年第4期。

② 转引张自蔚磊：《美国21世纪初外语教育政策述评》，《外语界》2014年第2期。

什在大会上宣布正式启动以国家安全为直接目标的外语政策《国家安全语言计划》，该计划致力于加强美国教育体系中从幼儿园到大学教育阶段的外语教学和人才培养，以大幅增加关键语言（包括阿拉伯语、中文、俄语、印地语和波斯语等）的学习人数，增加精通关键语言的高级外语人才和外语教师的数量，丰富外语教学资源。

第五，《2019 财年国防授权法案》的颁布使美国孔子学院陷入困境。2018 年，美国时任总统特朗普签署了由美国国会通过的《2019 财年国防授权法案》，总额 7160 亿美元。法案强调，“国防新生力量学习中文等外语有助于提高美国作战能力”。为此，美国国防部还专门增设所谓“语言旗舰计划”（Chinese Flagship Program），为提供外语教育的学校发放基金。同时，该法案宣布美国国防部不再资助设有孔子学院的美国大学中文学习奖学金。

李艳华在《英语加勒比地区外语教育政策与汉语国际教育发展机遇》中，以英语加勒比地区为研究范围，对该地区的外语教育政策进行研究和梳理，总结其外语教育政策的演变规律和发展趋势，并在此基础上提出该地区汉语国际教育的发展机遇和对策建议。

文章提出，人口的变化、经济的发展、交流的加强，都会对外语教育的政策和现状起到决定性作用。世界上所有国家的外语教育也都因此经历过不同时期的演变，呈现不同的特点，英语加勒比地区也不例外。英语加勒比地区的外语教育在殖民时期和后殖民时期呈现明显的不同，而后殖民时期的外语教育则表现出更多不同的阶段和特点，是当今外语教育政策制定的前提和基础。在分析后殖民时期的外语政策时，文章将其分为了三个阶段。

第一个阶段，反思自省阶段（20 世纪 60 年代至 70 年代初）。这个阶段近半数加勒比国家纷纷取得独立，各国开始思考或重新规划自身的教育体系，以适应本国的实际需求。在教育规划方面，特立尼达和多巴哥共和国教育部的行动迅速而有效。1968 年，特立尼达和多巴哥共和国教育部发布了第一个十五年《教育发展规划》（1968 ~1983），但这一时期特立尼达和多巴哥共和国教育规划的重点是新建中小学校以满足学生入学和升学需求，保证足够的教育经费投入和师资力量等，对教育的具体问题涉及较少。

第二个阶段，改变完善阶段（20 世纪 70 年代中期至 90 年代末）。在这一阶段英语加勒比地区在外语教育的具体问题上做出了很多有益的改变，对学生的外语学习起到了积极作用。在教育对象方面，英语加勒比地区逐步将外语教育纳入国民义务教育体系，将“精英教育”转变为“全民教育”，使所有加勒比中小学生都有机会学习外语。在教育目标和教学内容方面，1983 年，特立尼达和多巴哥共和国在《教育发展规划》中阐明，初中外语教育的目标是提高口语水平和知识，同时提升对全世界特别是对加勒比地区说西班牙语和法语的人的文化认知。此外，在 1972 年成立了加勒比考试委员会，并把《加勒比现代语言大纲》作为外语教学的基本理念和目标。

第三个阶段，多元发展阶段（20 世纪 90 年代末至今）。在这一阶段，为了满足民众的语言学习需求，加勒比地区开设了更多的语言课程。同时，教师培训也被纳入加勒比国家的教育改革中，注重开展新型、有效的教师综合培训项目，通过职前培训、在职培训、远程培训和继续教育等形式对校长和教师队伍进行培训。

“一带一路”倡议的提出得到了加勒比国家的积极响应，在历史和现实的双重背景下，汉语国际教育也在加勒比地区悄然兴起，并面临良好的发展机遇。文章指出，在中学教育层面，加勒比考试委员会 2016 年 6 月通过了《加勒比中级水平能力证书》（Caribbean Certificate of Secondary Level Competence，CCSLC）汉语科目的论证报告，并开始了汉语考试大纲的编写工作，计划在加勒比地区 16 个英语国家或地区的初中阶段全面开设汉语课程，将汉语纳入英语加勒比地区的国民教育体系。2018 年 9 月，巴巴多斯总理莫特利表示，巴巴多斯政府计划到 2030 年将每个 18 岁以下的巴巴多斯青少年都培养成双语者，且能说一定水平的汉语，并计划在巴巴多斯的中小学内普遍开设汉语课程。

基于以上的分析，文章认为汉语国际教育在英语加勒比地区的开展需要在其外语教育的框架下进行，并需要适应其外语教育政策和发展趋势，而后体现出自身的特点。文章根据加勒比地区汉语国际教育发展现状和政策特点，提出了三点建议：第一，语言与文化并行；第二，提升汉语价值；第三，编写本土汉语教材。

来源文献：

陈贝颖、吴双、蓝青青、朱益琳、朱宇：《美国外语教育政策对中文教育的影响及中文教学资源现状》，《云南师范大学学报》（对外汉语教学与研究版）2021 年第 4 期。

李艳华：《英语加勒比地区外语教育政策与汉语国际教育发展机遇》，《语言战略研究》2020 年第 5 期。

关于非洲国家/地区的语言政策研究，南非的语言政策具有一定的代表性。《南非语言教育政策对中文教育影响研究——基于后种族隔离时代语言教育政策分析》一文对南非中文教育与语言教育政策现状进行了描述，认为目前南非开展中文教育，主要受到南非种族隔离制度终结后所颁布的语言教育政策的影响。文章主要从课程政策、人事政策、教学方法与材料政策、社区政策、资源化政策和评估政策六个角度对南非的语言教育政策进行分析。

在课程政策方面，自 2016 年起，中文成为当地 4 ~ 12 年级的可选课程。但是南非教育部门近年发布了“非洲语言增强计划”，2018 年 4 月 18 日，南非启动了“阅读基础提升计划”以强化本土语言教学。整体来看，后种族隔离时代的南非对本土语言教学的重视程度有很大提升。综合以上因素可知，南非基础教育阶段的中文教育可拓展和创新的空间不大。

在人事政策方面，南非中文师资短缺问题非常显著。南非从 2016 年起将中文作为选修外语语种之一，其基础教育部部长安吉·莫特申表示，从 2015 年起的五年内，要每年派 100 名教师赴中国进行师资培训，计划将有 500 所学校提供中文教学。但是，实际上五年后南非只有不到 150 所公立学校可以提供中文教学，且大部分教师是中国人，高等教育阶段也存在这个问题，孔子学院的师资基本由中国派遣。

在教学方法与材料政策方面，南非基础教育对各年级教学目标和内容均有规定，指出语言教学的方法应是基于文本的、可交流的、集成的和面向过程的。教师应为学生提供与目标语言大量接触的环境，要将文本作为整体来进行教学，要求学生大量阅读课文或诗歌，使学生通过阅读和写作提升读写能力。上述政策对于当地中文教学具有十分重要的指导意义。

在社区政策方面，南非的《高等教育语言政策》明确提出推进南非的多语制。除本土语言外，促进外语教学也是重要目标之一，尤其是与该国文化、贸易和外交关系紧密的外语。该政策还指出虽然本土语言教学和研究非常重要，但不希望本土语言挤占其他外语类课程时间，不能过分强调本土语言教学。这说明从国家层面上来看，南非对外语的接受程度和开放程度较高。但是，语言在南非是一个非常敏感的话题，民众很容易将外语学习与殖民统治联系在一起。

在资源化政策方面，南非的《高等教育语言政策》指出，应调用各种支持手段鼓励本土语言相关项目，包括调整部分本土语言教学预算，完善学生奖学金制度。在评估政策方面，在基础教育阶段，虽然中文是第二附加语言课程，但是基础教育部对于测试也设置了详细的规定。在高等教育阶段，孔子学院的中文课程设置相对较为灵活，在未来可设定一定的评估标准，如可为某行业培养一定规模的中文语言人才等。

来源文献：汪欣欣、谢诤寅：《南非语言教育政策对中文教育影响研究——基于后种族隔离时代语言教育政策分析》，《比较教育研究》2021 年第 4 期。

关于欧洲国家/地区的语言政策研究，《罗马尼亚外语教学政策对当地中小学中文教育的启示与推动研究》一文对罗马尼亚基础教育阶段外语教学政策特点进行了研究，通过梳理罗马尼亚教育部外语教学政策相关文件发现，罗马尼亚外语教学（基础教育）有以下三个特点。

第一，罗马尼亚外语教学起步很早。根据罗马尼亚教育部要求，幼儿园开设“XX 语交际”课程，属兴趣课；小学阶段（0~4 年级）开设“现代语言 1”（即第一外语 L1）课程，为必修课程；初中阶段，学生开始学习第二外语 L2，学有余力的学生可以选修第三外语 L3，7 年级还开设古典语言课。

第二，语种多是罗马尼亚外语教学的重要特点。欧盟从法律上强调并保护语言多样性：语言的多样性是欧盟的财富。2007 年 1 月 1 日，罗马尼亚正式加入欧盟，自然积极支持欧盟倡导的多语制政策。如上所述，罗马尼亚学生在初中便有机会学习第三语言，高中阶段有双语课程形式。

第三，罗马尼亚外语教学标准严格。罗马尼亚外语教学以《欧洲语言共同参考框架：学习、教学、评估》（Common European Framework of Reference for Languages：Learning，Teaching，Assessment）（简称《欧框》）为参照标准，注重语言交际功能。凡列入罗马尼亚国民教育体系的外语，教育部都颁布了对应的教学大纲，包括概念、情境、主题、功能以及词汇和语法。在基础教育阶段，学生须达到《欧框》中相应的级别标准。

罗马尼亚是中东欧地区最早开始中文教育的国家之一，有 60 多年的历史。文章对罗马尼亚的中文教育情况也进行了研究。文章指出，2017 年，罗马尼亚教育部先后颁布了第 3393 号和第 5677 号部长令，批准了根据外语教学标准的相关规定制定的与《欧框》相对应的《初高中中文教学大纲》（简称大纲），这标志着中文正式全面纳入罗马尼亚国民教育体系，高中生可以选择中文作为外语科目参加高考、会考。

文章认为，罗马尼亚中文教育事业在快速发展并取得一定成绩的同时，也存在一些问题。导致这类情况的其中一个原因为纳入国民教育体系的中文正式课程极少。截至 2020 年底，全国将汉语作为必修课的中小学仅 6 所。多语种的教学政策使各外语间的竞争很激烈，中文的影响力还远远不够。布加勒斯特大学孔子学院于 2017 年申请用 HSK 成绩替代中文外语科目会考成绩，遗憾的是，罗马尼亚教育部并没有批准，原因是《欧框》大纲对外语的听说读写能力都有要求，HSK 考试没有口语部分，而且 HSK 考试等级与《欧框》的衔接对应关系没有得到认可。

来源文献：曹瑞红：《罗马尼亚外语教学政策对当地中小学中文教育的启示与推动研究》，《云南师范大学学报》（对外汉语教学与研究版）2021年第5期。

关于亚洲国家/地区的语言政策研究，南亚地区的语言政策有其自身特点。《南亚各国语言政策的演变特点以及对中文教育的影响》一文认为南亚地区的语言呈现“多样性、复杂性”特征，并阐述了南亚各国语言政策的个性发展演变规律，总结出了该地区语言政策的三大共性特征。

第一，政策的制定深受语言生态多样性的影响。南亚社会复杂多变的语言生态系统决定了语言政策的制定需考虑语言所处的环境因素，如自然环境、社会环境、心理环境。

第二，英语占据重要地位，汉语竞争优势不明显。中国在全球的影响力日益提升，但由于南亚复杂多元的社会状况，汉语依然处于传播的初级阶段，除巴基斯坦信德省将汉语列入必修课、斯里兰卡将汉语列入国立学校教学课之外，其余南亚国家尚未明确汉语在社会中的地位或汉语教学在外语教学中的地位。但印度的《国家语言政策2020》指出汉语不再被列为中学选修外语推荐语种，这意味着汉语在印度中学外语教学中失去了与韩语、日语、泰语、法语等语种同等作为外语选修课程的竞争机会。

第三，呈现多语制趋势。现阶段，南亚各国的语言政策可以划分为以印度为代表的三语制、以斯里兰卡为代表的双语制和以巴基斯坦、马尔代夫为代表的单语制3种类型。社会的发展，以及各族民众对本族语言的重视，使巴基斯坦、孟加拉国、斯里兰卡、尼泊尔等原本具有显性单语制、双语制的国家呈现隐性多语制的状态。主要表现为两点：一是重视英语的发展；二是在稳固官方语言和国语的基础上注重对民族语言的保护。如尼泊尔已在宪法层面规定了民族语言作为“国家语言”的重要决策。

南亚各国的语言政策对中文教育的开展利弊不一，具体表现为以下四个方面。

第一，中文教育经历了“发展—停滞—再发展”的阶段。南亚国家的中文教育发展轨迹相似，汉语传播最初起源于佛法传颂，后逐渐发展为中国和南亚地区经济贸易上的频繁往来，随着南亚社会内部的政治矛盾加剧，原本处于弱势地位的汉语传播一度停滞不前。但近年来，南亚国家致力于政治经济平衡发展，持续动荡的局势有所缓和，南亚中文教育步入“再发展”新阶段。

第二，区域性显著。南亚各国尚未实行强有力的中文教育政策，使南亚汉语传播范围仍偏窄，传播中心大多集中在各国的大城市。如印度的中文教育集中在该国的北部和西部；巴基斯坦的中文教育以伊斯兰堡地区为中心；斯里兰卡的中文教育集中在萨巴拉卡姆瓦省、西北省等 5 个相对发达的省区；孟加拉国的中文教育 95%在达卡地区开展；尼泊尔的中文教育以加德满都地区为主。由此可知，南亚的中文教育还不具备全民普及性，汉语传播的力度仍需加强。

第三，汉语教学及课程设置的自主性较强。南亚各国的语言政策中尚未对汉语作为外语的相关教学有明确要求，这就使汉语教学及课程设置具有较强的灵活性和自主性。学校能否开设汉语课程主要取决于中文师资、教材、生源等多方面要素。

第四，教学效果参差不齐。虽然学校可以根据实际情况来决定是否开展和如何开展汉语教学，但这种随意性也反映出汉语教学很难获得与其他学科同等的学分保障或重视程度。在汉语教学过程中，教学缺乏规范性、教材缺乏适配性、评估标准的不严谨以及学生态度上的不重视都是阻碍汉语教学的重要因素，致使教学效果参差不齐。此外，中高年级的汉语学习者因其他学科的学业任务增加而放弃汉语学习的现象较为普遍，汉语学习者流失较为严重也表明了汉语在南亚教学中的地位还有待提升。

来源文献：刘丹丹：《南亚各国语言政策的演变特点以及对中文教育的影响》，《云南师范大学学报》（对外汉语教学与研究版）2021 年第 6 期。

二　华文教育语言政策

世界华文教育在政策层面获得了一定的支持，也取得了一定的建设成果。《世界华文教育年度发展报告（2019）》一文指出华文教育的发展在政策层面有以下的特点。

第一，获得了国家领导人的高度重视。习近平主席高度重视华文教育“育人”与“传播中华优秀传统文化”功能。

第二，进行了政策改革。因应机构改革，华文教育工作归属中央统战部指导。2018 年 3 月，中共中央印发了《深化党和国家机构改革方案》，依据其内容，华文教育工作由中央统战部负责指导与推动。

第三，召开华文教育重要工作会议。2018 年 2 月 6 日，中国华文教育基金会第三届理事会第九次会议在北京举行，“2018 年全国华文教育工作会议”在温州召开。

第四，“三化”建设不断取得成效。在国侨办直接领导下，华文教育“标准化、正规化、专业化”建设取得进展，多项具体成果通过专家鉴定，为华文教育转型升级奠定了专业基础。2018 年 12 月，国务院侨办重点项目“周末制中文学校教学大纲（小学阶段）”在华侨大学厦门校区举行终审会，项目具体成果顺利通过专家组终审鉴定。2018 年 10 月，“海外华裔青少年华文水平测试”项目鉴定会在暨南大学华文学院举行。2018 年 11 月，作为华文教师证书考试培训的重要配套用书，《海外华文教师培训教程》（三册）顺利通过专家审稿鉴定。

第五，中文教育课进入海外主流社会。2018 年，部分亚洲国家对华文教育的政策支持力度加大。2018 年，俄语区相关国家出现重视和发展中文教育的良好态势。在非洲，埃塞俄比亚已将中文纳入大学课程，其最大的综合性大学亚的斯亚贝巴大学开始开设中文教学专业。

来源文献：胡建刚、洪桂治、张斌、孙菁、赵雅青：《世界华文教育年度发展报告（2019）》，《世界华文教学》2020 年第 1 期。

东盟是中国的友好近邻，在地缘上有其特殊的重要意义，是“一带一路”国际合作重点区域。对东盟的华文语言政策的研究有助于东盟的华语传承和汉语推广，从而助推“语言互通”的实现，深化“一带一路”建设。《东盟华文教育政策的历史演进与深层动因探赜》一文对东盟各国的文化教育政策进行了历时性梳理，认为东盟各国的华文教育历史普遍较长，华文教育政策的变化大多经历了由松到紧到再放松的过程，呈现以下几个阶段。

第一个阶段，华人自主兴办华文教育。在20世纪以前，各国华文教育政策普遍较为宽松，华人可自主办学。

第二个阶段，政府开始限制华文教育的发展。从20世纪初期开始，东盟国家开始限制华文教育的发展。起初，政府只是出台一些条例约束华文教育，包括要求华校向政府登记，对华校的资质、教师和教科书进行审查等。如1920年，新加坡、马来西亚的殖民地政府颁布了《学校注册法令》。1932年，印度尼西亚的殖民地政府颁布了《取缔私立学校条例》等文件，提高了民众参与华文教育事业的门槛。

第三个阶段，政府进一步限制甚至禁止华文教育。20世纪中期前后，东盟国家普遍出台了进一步限制华文教育的政策，有些国家甚至完全禁止了华文教育。如1956年，新加坡出台了《新加坡立法议会各党派华文教育委员会报告书》，对华校的教学媒介语做出限制。1965年4月，缅甸政府颁布《私立学校国有化条例》，下令将全国所有私立中小学收归国有，华校全部停办，资产被没收。柬埔寨在1970~1990年政局动荡，这期间的朗诺政权、红色高棉政权禁止华文教育。老挝在1975~1986年推行极“左”的经济、政治政策，大量的私有企业被没收，华校作为华人社团的私有资产也被政府没收。菲律宾于1973年开始对华人进行菲化教育，于1974年颁布的“双语教育政策实施指南”（《教育、文化和体育部部长令1974S，N025》）规定华校里必须以菲律宾语和英语教育为主，华文课在学校里变成了选修课，每天最多只能上两节。

第四个阶段，政府放松对华文教育的限制。主要体现在以下几个方面。一是不再严格执行禁止华文教育的政令，默许一些机构在保障官方语言教学的前提下开展华文教育。二是许可本国教学机构申办孔子学院或孔子课堂，接受来自中国的汉语志愿者教师。三是各国都有大学开设汉语课程。东盟各国对华文教育放松了限制，并不意味着对华文教育完全不做限制，如各国对华文教材还有一定的规定。

文章探究了造成东盟各国出台限制华文教育发展政策的因素，认为主要有四个方面的原因。一是各个国家为推行政府或官方语言。二是重塑华人国家认同。三是与中国双边关系恶化。四是国内民族主义高涨。文章认为，随着与中国双边关系的正常化、汉语经济价值的增长以及为平衡中西方文化对国民的影响等新情况的产生，各国又会转而支持华文教育的发展。

来源文献：刘振平、闫亚平、罗庆铭：《东盟华文教育政策的历史演进与深层动因探赜》，《北部湾大学学报》2020 年第 7 期。

马来西亚华文教育体系完整，是展开"一带一路"语言教育合作的重要切入点。跟踪、把握马来西亚华语教育政策最新改革有助于"一带一路"倡议下的中马两国教育与文化交流的转型升级。《马来西亚华文教育改革政策新动向及特征解析——基于〈马来西亚华文独中教育蓝图〉》一文对作为马来西亚华文独立中学未来十年规划的《马来西亚华文独中教育蓝图》（以下简称《蓝图》）进行了研究，对《蓝图》的改革背景进行了描述，同时从改革理念、课程、评价、教师和校长专业发展，以及信息技术五大领域对改革内容进行了分析研究。

第一，改革理念，"回归学生和学习本身"。此次改革设计的愿景是"乐教爱学，成就孩子"，总体目标是将独中的教育发展为一项持续性事业，既要实现学生的个性化发展，又要培养学生的家庭、族群、社会和国家意识。至于阶段性目标，《蓝图》中强调初中阶段的重点是夯实基础，在传承优秀中华文化的同时，保证学生得到全面而有个性化特点的发展，在知识、能力和态度等方面奠定基础，而高中阶段要突出和加强个性化发展。

第二，课程改革，注重学习基础性和全面性。在《蓝图》中，课程方面的设计包括改革课程结构、推动校本课程发展、优化课程标准和贯彻课程领导。课程结构的改革强调“跨领域、多元化”的特征。《蓝图》调查了独中现有的课程结构，并提出了设计的改革方案。《蓝图》明确了独中作为社区教育中心的角色和定位，强调校本课程是独中在当前改革发展的整体背景之下结合自身特色的双赢选择。

第三，评价体系，以改进学习为导向。《蓝图》强调评价须从“排列名次”转向“改进学习”，应在总体理念上清楚地认识到评价体系应服务于课程与教学，应以评价来改善教学。

第四，队伍建设，系统性的专业化队伍建设。此次改革设计相当重视教师对独中发展的重要性，提出师资培育是极其重要的教育工程，更是提升教育品质的核心要素。《蓝图》将师资培育分成了职前和在职培训两部分。除此之外，《蓝图》还强调校长的专业发展。

第五，信息技术，信息技术驱动教学深度变革。此次改革设计提出了四大目标、15 条策略。信息技术的应用目标主要在于科技领导与资讯基础建设，人员配置与专业素养，课程与学习资源，教育科技、教育云与大数据四个领域，在这四大目标之下又设定了相应的具体实施策略。

政策分析结果显示，该改革设计与旧方案相比更强调内涵建设和多样性提升，改革设计的问题导向和危机意识突出，但同时也将面临执行成效和可持续发展等方面的难题，资源不足与政府支持不足更显突出。

来源文献：杨体荣、高皇伟、吴坚、柯森：《马来西亚华文教育改革政策新动向及特征解析——基于〈马来西亚华文独中教育蓝图〉》，《语言政策与语言教育》2020 年第 1 期。

第三节　国民教育机构

本报告中的国民教育机构是指在中文教育政策的引导下开设中文课程，对本国民众进行中文教育的海外机构。根据教学对象年龄的不同，大致可分为以幼儿中文教育、中小学中文教育为主的基础国民教育机构和以大学中文教育为主的高等教育机构。随着中国国际影响力日益提升和国际中文教育事业的发展，中文的价值日益凸显，海外各大中小学纷纷开设中文课程，并通过课程建设、人才培养、水平考试等方式将中文教育落实到机构的日常中文教学中，国民教育机构日益成为促进国际中文教育事业发展不可替代的重要力量。对国民教育机构的研究能够了解机构的发展现状、发展模式等，汲取有用经验，为国际中文教育事业的长远规划提供依据。

一　学习者低龄化趋势下的小学教育机构

国际中文教学近年来呈现低龄化、大众化、普及化态势。[①] 低龄学习者的中文教育已成为国际中文教育事业关注的新热点。通过对小学教育机构开展相关研究能够进一步了解小学的中文教学现状，探寻适合低龄学习者的有效的中文教学策略和发展模式等。在美国，越来越多的小学教育机构开设了多样化的中文课程，其中，选修课（外语）、沉浸式教学（英汉双语授课模式）、兴趣课为主要类型。李朝辉、钱锐在《美国小学“兴趣课形式”汉语教学探讨——以 McCornack 小学为例》中，以尤金市 McCornack 小学为研究对象，调查分析了该小学的汉语教学现状及学生对汉语教学的需求。

该校汉语课属于兴趣课，以汉语小组的形式开展教学。没有指定的汉语教学大纲和教材，由汉语教师自行选定教学内容、形式、作业和测试形式等，汉语教材和相关文化读物主要是由当地孔子学院（俄勒冈大学孔子学院）捐赠。没有一支稳定的教师队伍，汉语教师由俄勒冈大学国际教育实习项目（OIIP）招收的美国国内高校汉语国际教育或教育学相关专业的在读本科生或硕士生担任。汉语学习者族裔多样，有西班牙裔、非裔、日裔等。

研究发现，McCornack 小学汉语教学存在以下需求。①在课程设置方面，增加汉语课的频次或时长；汉语课成为正式课程。②在课堂教学及评估方面，希望汉语课能够像数学和科学课一样，纳入学校课程体系；更加倾

① 邵滨、富聪：《世界少儿汉语教学研究：回顾与展望》，《汉语学习》2020 年第 5 期。

向于通过嘉宾讲座的形式跟着老师学习汉语而非自学；喜欢可动手操作、趣味性强的作业形式和测试形式。③在教学媒介与教学资源利用情况方面，希望可以充分利用计算机、智能黑板、课本等教学媒介和“网络”“学校图书馆”等教学资源。

文章指出，McCornack 小学汉语教学存在以下问题。①兴趣课汉语教学时间、频次和形式受限。学校因没有自主开设课程的权利，而无法单方面决定是否正式开设汉语课。此外，该校没有指定的教室，教学时间、频次、形式受限，影响教学效果。②缺少教学大纲和教材，教学的科学性和系统性难以保证，教学效果大打折扣。③师资力量薄弱，教学资源匮乏。学校缺乏专门的汉语教师，实习教师的流动性大；学校对汉语文化环境的营造重视不足；教学资源和学习资源有限。④文化活动举办过少。

为提升美国小学汉语教学质量，促进小学教育的健康发展，作者提出在学校层面，应从以下几个方面着手。①制定教学大纲、规范教学内容。参考学生对课程设置、课堂教学和测试评估的需求，制定合宜的大纲，与当地孔子学院的教师和负责人进行交流，选取适合美国本土少儿的汉语教材。②与当地孔子学院密切联系，寻求师资、教学资源的支持。优化教学环境，加强对教学质量的监督与评估，重视教学资源建设。③丰富汉语教学形式，积极开展汉语文化活动。在教师层面，需要从以下几个方面着手。①增强教学内容的实用性和趣味性。②重视汉语语言要素的教学。③重视学生口语能力的提高，课上要尽可能让学生练习词汇和句型，提高开口率。④丰富教学活动和教学方法。⑤提高文化意识，重视中美文化异同对比。将隐性文化渗透在语言教学中，客观呈现两种文化，引导学生发现异同并作出分析，增强学生对汉语和中国文化的兴趣与了解。

作者还提出以下思考与建议。①丰富小学汉语教学内容和形式的多样性，以适应学习者的不同需求。②以兴趣实用为导向，兼顾 SATII 与 AP 中文。注重交际能力的培养，提升汉语在美国小学外语教学中的竞争力。③制定少儿汉语教学大纲，提高教学系统性、科学性、针对性、适用性，提高教学质量和水平。④发挥孔子课堂优势，密切联系孔子学院，寻求多方支持。此外，还可借助政府、社区、基金会等力量促进汉语教学的发展。

来源文献：李朝辉、钱锐：《美国小学“兴趣课形式”汉语教学探讨——以 McCornack 小学为例》，《汉语国际教育学报》2020 年第 1 期。

二　内涵发展驱动下的高等教育机构

海外高等教育机构中文教学的内涵发展备受关注，现有研究主要集中在机构的教学模式、人才培养模式和课程建设等领域。迟道加在《乌兹别克斯坦高校汉语作为外语教学模式研究——以乌兹别克斯坦国立东方学院为例》中，对乌兹别克斯坦高校汉语作为外语教学的模式进行分析与研究。乌兹别克斯坦汉语教学始于 1954 年中亚国立大学（后改称“塔什干国立大学”）东方系正式开设的汉语课程。乌兹别克斯坦现共有四所开设汉语课程的高等院校。其中，乌兹别克斯坦国立东方学院是该国高校汉语教学历史最久、规模最大、影响最广的高校，也是该国唯一将汉语作为专业来学习的高等院校。作者从“理论基础、教学目标、操作程序、实现条件及评价”五个方面对乌兹别克斯坦高校的汉语教学模式进行分析与研究。

第一，理论基础方面。教学具有本土特色，但理论依据较传统。一方面，高校实行校本管理，自主教学。乌兹别克斯坦高校隶属于高等教育部，在不违反高教部相关政策的前提下具有开设汉语课程和自主考核的权力。另一方面，理论依据较传统，课程设置较模糊。乌兹别克斯坦高校汉语教学主要以传统的“语法翻译法”理论为依据，母语翻译导致学生汉语信息输入较少，缺乏“听、说”能力的培养。此外，汉语课程缺少针对不同专业、年级、内容的精细划分，且对于汉语专业学生的培养以汉语教学为主，在“现代汉语”“语言学概论”“中国文化”等课程设置上还不完善。

第二，教学目标方面。教学目标单一化，以“语言能力”目标为主。汉语作为外语教学应该培养学习者的语言能力、语用能力、文化能力。从汉语课程设置和教师对课堂教学目标的设计上看，多以“语言能力”为目标，对跨文化交际中的语用、文化能力的培养较忽视。

第三，从操作程序看，课堂纪律较严明，教学操作有程式。汉语专业的汉语课每周 10 节，非汉语专业的汉语课每周 2 节。汉语课堂的教学流程明确有序，一般包括开始、呈现新知识、讲解课文、语法讲解、评价与反馈、结束。

第四，从实现条件看，师生资源有保障，教材设施尚不足。师生方面，乌兹别克斯坦高校重视本土汉语教师的培养，每年会派本土教师到中国培训学习，举办“本土汉语教师培训研讨会”，储备了一定的本土汉语教学师资。学生学习汉语态度积极，兴趣高，且人数与日俱增。教材设施方面，乌兹别克斯坦高校缺乏统一的汉语教材，其中《新实用汉语》和《汉语教程》使用较多。教学设施较为简陋，曾出现教室不够使用的情况，近年来教学设施有所改善。

第五，教学评价方面。教学评价较系统，主要以应试测评为手段。汉语课程纳入学分课，有严格的期中、期末成绩作为考核，其中，期中成绩又包括自修成绩、课堂成绩、考试成绩三部分，形成一套系统完整的评价体系，对学生评价相对综合，但也存在以重考试成绩的应试教育为主，没有形成严格的监督机制的问题。

总的来说，乌兹别克斯坦高校的汉语作为外语的教学模式可以概括为：以传统语法翻译法为理论依据，以单一“语言能力”为教学目标，具有教学操作程式，实现条件较有保障，以应试测评为主要反馈手段的一种教学范式。

来源文献：迟道加：《乌兹别克斯坦高校汉语作为外语教学模式研究——以乌兹别克斯坦国立东方学院为例》，《湖北师范大学学报》（哲学社会科学版）2021 年第 1 期。

“一带一路”沿线国家对“中文+”复合型人才的需求日益增加，研究“中文+”人才的培养模式为更好地满足多样化的人才需求提供决策依据。李晓东、刘玉屏、尹春梅在《中亚本土“中文+”复合型人才需求分析与培养方略研究》中，通过对中亚本土“中文+”复合型人才需求状况进行分析，了解到中亚地区开展“中文+”项目的机构现状。文章指出，中亚“中文+”人才培养主要有以下五种途径。

第一，通过本土综合性大学培养“中文+”人才。学生本身有自己的专业，通过学习汉语成为“中文+”复合型人才。在孔子学院（课堂）的推动下，目前中亚地区共有54所高校开设了汉语课程，有的采取专业课的形式，有的为选修课。不同国家开设汉语课的高校数量存在很大差异。吉尔吉斯斯坦有22所，哈萨克斯坦有12所，塔吉克斯坦有11所，乌兹别克斯坦只有5所，土库曼斯坦只有4所。①

第二，通过中亚职业学校培养“中文+”复合型人才。职业院校开设专业汉语课，学生一边学汉语，一边学专业，如哈萨克斯坦的国际哈中语言学院（民办学校）与国内职业院校合作，学生可以在中国职业院校进行半年到一年的实习。

第三，孔子学院开设汉语培训班，对中资企业本土员工进行汉语培训。吉尔吉斯国立民族大学孔子学院开设汉语培训班，每期招生200人左右，员工自身拥有一定技术，通过汉语培训掌握一定的汉语能力，成为“中文+”人才。

第四，通过社会培训机构培养及华人华侨协会培养“中文+”人才。社会培训机构的汉语培训班教学对象是各行各业的人员，是培养“中文+”复合型人才的重要渠道之一。华人华侨协会针对华人华侨子女举办汉语培训班，教学对象主要是中小学生，也是培养“中文+”人才的潜在渠道。

第五，通过来华留学的方式培养“中文+”人才。近年来，中国秉持教育输出与输入相结合的原则，不断完善留学生教育合作机制、设立中国政府奖学金等激励政策，鼓励学生来华留学。促进了教育的资源共享和优势互补，为各国培养了大量“中文+”人才。

基于以上分析，作者提出中亚“中文+”人才培养还存在以下不足。①院校合作层次有待扩展。目前合作院校大多仅限于中国的综合类、应用型大学，与中亚国家的综合性大学之间，在深度、广度上有待扩展，并且与

---

① 转引自高萍：《面向中亚的区域化汉语教育人才跨文化能力培养研究》，《西安文理学院学报》（社会科学版）2018年第4期。

职业院校的合作有待加强。②“三教”问题有待解决。缺乏统一的课程标准和特色专业汉语教材；教师多为语言类专业，对学生所学专业知识缺乏；汉语大多作为选修课或者兴趣班开设，开设汉语课课时短，很难达到“中文+”人才培养标准。③培养的汉语人才同中资企业用工标准匹配度不高。企业真正需要的是能够参与“一带一路”建设的本土技术骨干，不仅要掌握一定的专业技能，还应该具备一定的汉语交际能力，目前教育机构的人才培养还未有效满足这一需求。④合作院校之间交流有待加强，孔子学院之间、教师之间的经验交流不足，孔子学院在国内、国外合作院校与合作平台搭建方面作用发挥不够，不利于中亚地区的“中文+”人才培养。

最后，作者提出中亚“中文+”人才培养策略。①加强中亚职业高校与中国职业高校的合作交流。积极开展中亚职业院校合作项目，同“走出去”的中国企业共同设立职业技能培训中心，以品牌专业作为突破口，对接当地职业教育和职业培训需求。同时，中方院校可发挥自身优势，与中亚职业院校共同培养“中文+”人才，加强双方学术交流与科研合作，提高国际化水平。②从需求出发，开设专门用途汉语课程。应从“中文+”人才需求重点领域入手，借助孔子学院（课堂）的平台，开设专门用途汉语课程。③打造专业师资队伍，提升汉语教学质量。从国内选派优秀教师教授专业汉语，提升汉语教学的针对性；组织专业团队编写汉语教材及课程大纲，提高学生专业汉语水平；利用现代教育资源、改进教学教法，提升专业汉语的教学质量，培养合格的“中文+”人才。④探索校企联合培养“中文+”人才。中资企业要加强与孔子学院的合作，发挥孔子学院为企业培养和推送“中文+”人才、搭建与国内高校合作交流平台的作用，解决企业技术和人才紧缺问题。⑤打造中亚“中文+”人才综合服务平台。建立中亚孔子学院管理中心，加强本土“中文+专业技能”培训，共同推进专业汉语教学。

来源文献：李晓东、刘玉屏、尹春梅：《中亚本土“中文+”复合型人才需求分析与培养方略研究》，《齐齐哈尔大学学报》（哲学社会科学版）2021 年第 1 期。

课程设置是高等教育建设和发展的基础，梳理高等院校中文课程设置的特点，反思现有课程设置中存在的问题，优化课程建设，有助于促进国际中文教学在高等教育机构的持续健康发展。殷凌薇、李继征在《韩国大学中文专业课程研究——以韩国首尔市五所大学为例》中，通过对韩国首尔市五所具有代表性大学——首尔大学、高丽大学、延世大学、韩国外国语大学、韩国中央大学的中文专业总体情况、专业课程设置、教学大纲等进行比较分析，掌握首尔市大学中文专业汉语课程体系的情况。

韩国大学中文科系设置可分六类：中语系、中国学系、中语中文系、中国通商系、中国语言文化系以及中国商务系。各大学的中文系特色明显，其教学侧重点有所不同，有侧重培养学生语言技能的“中语中文学科”，有侧重中文学教育的“中国语教育学科”，有侧重于地域学研究的“中国地域学科”。据相关统计，韩国首尔36所大学设有中文相关学科，设有37个中文相关专业，以中语中文系为主（17个专业，占比46%）。[①] 中语中文系的学习培养科目是将中国语言与中国文学相结合。中国文学以中国古代文学为主，一直到中国近现代文学，涉及唐诗、宋词、楚辞、近现代小说、散文。中国语言文化系旨在培养学生以系统学习汉语语言交流能力的方式深入了解中国研究、文学以及文化的人文学科，课程覆盖面广泛，是将语言学习与文化、文学相融合的专业。

第一，从课程建设方面来看，韩国大学的中文系课程主要分为五类：语言技能及知识类、文化历史类、文学类、教育类及其他应用类。语言技能及知识类课程用于语言学习，发挥其交际功能，一般包括听说读写，并且有些包含语法或者语言学课程。文化历史类多为介绍类型课程，介绍中国传统文化及艺术形式的表演。文学类课程分为古典文学类和现代文学类两种类别，涵盖诗歌、小说等不同文体。教育类课程涵盖中文教学及教法课程，一般多为二语习得课程。其他应用类多为语言实践类课程，一般包括

① 转引自梁允祯、信世昌：《韩国高等教育的中文相关科系类型分析——以首尔地区的大学为范围》，《国际汉语教学研究》2018年第2期。

翻译或商务汉语等课程。

五所院校在语言类、文化类、古代文学类、现代文学类、教育类的课程均有涉猎，且相对分散、比较平均。此外，还注重对学生中国古籍、古典文学和文化类（尤其是古代文化方面）的素质培养。课程的设置基本符合语言学习“由易到难”的学习规律。但也存在一些不足。①现当代中国文化的课程以及语言实践类课程相对较少，文化课程大多从中国传统文化艺术（如戏曲、哲学、太极拳等）角度来诠释中国文化，对于中国现代文化和中国现代社会的课程涉及较少，易造成学生对中国现代文化的理解偏差或缺失。②从“其他应用”类别课程来看，旅游业、商务汉语类、翻译类等实践性强的相关课程开设较少，使学生的培养方向与社会就业市场的人才需求脱节。

第二，从人才培养方面来看，五所大学在人才培养上各有侧重。首尔大学为中语中文系，侧重中国文学以及中国语言学方面的培养。教学目标为培养学生在掌握基本汉语语言的同时，具备一定的文学能力，为学生未来的研究打下坚实基础。高丽大学为中语中文系，旨在培养学生从标准的中文发音开始，借助语言深层次多方位地理解和认识中国文化以及社会的能力。其开设的韩中语言比较课程为学生提供系统的语言学知识储备，为其将来胜任翻译工作或进入研究生阶段翻译课程打下良好基础。延世大学为中语中文系，旨在培养理解中国的语言与文字、掌握相关的传统知识、能够为促进两国交流与发展起到助力作用的人才。韩国外国语大学为中国语言文化系，旨在培养学生的语言交流交际能力，能够在未来学习和研究中国的文学、语言学和文化。韩国中央大学为中语中文系，以中文文学为中心，以培养中韩文化交流活动和韩国社会各领域所需的中国专家为目标。

来源文献：殷凌薇、李继征：《韩国大学中文专业课程研究——以韩国首尔市五所大学为例》，《中国多媒体与网络教学学报》（上旬刊）2020 年第 9 期。

第四节　华文教育机构

我国的海外华文教育已有300多年的历史。[①] 截至2020年，全球华侨华人大约6000万，华校2万多所，华文教师10多万人，学生数百万。[②] 华文教育发展取得的成绩很大程度上得益于海内外华文教育机构长期持续的努力，不仅承担着促进中外文化交流的使命，更肩负着推广国际中文教育的重任。本节重点呈现与海外华文教育机构相关的研究成果，围绕新时期华文教育机构的发展、国别华文教育机构研究以及教学质量控制与疫情应对等三个方面展开。

一　新时期华文教育机构的发展

随着海外华文教育的发展，单一的办学形式已经不能适应时代的需求，海外华文教育的办学形式逐步走向多样化，参与华文教育的机构也日趋多元。耿红卫、刘鑫鑫在《海外华文教育的办学形式研究》中指出，当今汉语言文化的传播主体不再只是海外华文教育，还有当地教育机构开设的中文专业、中文课堂或中文课，也有近些年来兴起的致力于汉语国际推广的孔子学院（课堂），这些教育机构分布在世界各国，分属于不同的教育层面，各负其责，但又相互合作。

一是华侨华人创办的华文教育机构。华侨华人对海外华文教育的发展做出重大贡献。早期移居海外的华侨，为了子女的学习，在侨居地创办了侨民教育机构。借助中国国内的识字课本和语文教材学习汉字和中国文化，目的是传承和弘扬民族文化，当然也适当学习当地的主流语言。自20世纪50年代以来，由于国际局势复杂多变、中国政府的外侨政策等多种因

① 耿红卫、刘鑫鑫：《海外华文教育的办学形式研究》，《广州社会主义学院学报》2020年第3期。

② 郭熙：《新时代的海外华文教育与中国国家语言能力的提升》，《语言文字应用》2020年第4期。

素，很多华侨转变为外籍华人。华文教育也发展到华人华文教育阶段，华文学校成了居住国教育系统的一部分，办学形式也逐步走向多样化，既有全日制、半日制、周末制、夜校补习班，也有社会教育等多种形式。如今，华侨华人财团联合创办的华文学校成为华文教育的主流，随着各国华侨华人财团经济实力的增强，更多大规模的跨国华文学校或华文教育连锁机构开始出现。

二是海外各国的大中小学、社会培训机构开设的中文专业、中文课堂。随着汉语国际地位的不断提高，海外国家学习和使用汉语的人数剧增，中文正逐渐成为全球仅次于英语的新强势语言。中文学习人数持续高涨，为满足汉语学习的需要，海外国家各大中小学、社会培训机构、华文学校等机构纷纷开设中文课程或中文专业。越来越多的中文专业、中文课程的开设，给海外华文教育带来诸多发展活力与机遇。海外华文教育和汉语国际教育、世界汉语教学在办学形式上取长补短、互通有无。实现师资和教学资源共享是华文教育界努力的方向和趋势，共同推动汉语言文化在海外的发扬光大。

三是海外孔子学院。华人社会与当地主流社会之间“你中有我、我中有你”，世界“汉语热”和华文教育大发展同步共生、相得益彰，应世界“汉语热”而成立的孔子学院属于广义的华文教育范畴。孔子学院是中国对外文化交流、向外推广中国语言与文化的重要平台，在对外交流尤其是汉语言文化传播与发展方面发挥着积极的作用。在新方位、新起点下，孔子学院应明确角色定位，加强师资储备。

此外，还应建立与华文教育机构的协同发展机制。①实施合作办学，助力华文学校共享国内外的师资以及管理资源。如孔子学院与中国国内华文教育基地、海外华文学校加强合作，实现“强强联合”，大力发展华文教育。②联办或参与中国语言文化的推广活动，加强和中文学校、华人社区的联系。近年来，海外华文教育文化传播的功能凸显，通过举办诸多实践性活动，在中外文化交流与合作项目中发挥着更大的汉语推广和文化宣传作用。孔子学院和华文教育在传播中华文化活动目标策划上的趋同性，使二者在办学理念、办学方针、教材编写、教学计划与安排等方面，越来越有合作的必要。

来源文献：耿红卫、刘鑫鑫：《海外华文教育的办学形式研究》，《广州社会主义学院学报》2020 年第 3 期。

近年来，随着“一带一路”倡议和构建人类命运共同体理念的提出，以及国际政治经济格局的变化和新冠疫情的冲击，海外华文教育出现了新的局面，华文教育机构也面临前所未有的机遇和挑战。郭熙在《新时代的海外华文教育与中国国家语言能力的提升》中提到，新时期海外华文教育出现以下新情况。①传统华校转型，出现“三语学校”。华裔除了要学习所在地主流社会语言，还要学习华语和英语。除了英语国家和地区以外，大多华裔学习者都是“三语生”。因此，华文教育的教育目标需要进行新的思考与调整。②学习者呈低龄化趋势。海外华校原来多起步于学龄阶段，现在越来越多始于学前，而学龄阶段的学生则正在向族群外延伸。③学习动机出现差异化。新加坡 70% 以上是华人，但华人学习动机反倒不强，而印尼、缅甸华人学华语的动机则比较强。④华文教育的发展趋势因国而异。有的国家危机感较强，有的国家则认为华文教育的形势很好。

作者基于以上认识，对新时期海外华文教育的顶层设计和布局提出以下几点建议。

第一，加强华文教育智库建设。智库机制有助于从现有研究成果中汲取各种事实和数据，为顶层设计提供基础，推动海外华文教育的研究。

第二，让“华文教育”回归本原。华文教育是一个广泛的概念，它包括两个意思：①华文教育的主渠道是学校，但华人社会的方方面面都担负着华文教育的责任；②学华文是华文教育，用华文去学，即今天的“华文教育+”更是华文教育。今天的华文教育普遍被狭义化了，成了华文教学的代名词，且华文教育的重要力量——华文媒体的作用也被忽视了。应回归本原，发展“华语+专业／职业”，做到华语学习的学以致用，使学习成果得以巩固。

第三，积极推进新时代的侨民教育。尚无侨民子女学习的专门学校，侨民子女只能在居住国的主流学校读书，接受当地主流社会的国民教育。且华校的教学内容缺乏全面的国家通用语言教育，包括国情教育，尤其是中国主流意识形态教育，不利于国家意识和价值观建构。积极推进新时代的侨民教育是今后海外华文教育的一项重要任务。

第四，利用海外华校服务“一带一路”建设。华校的教师大多同时了解和掌握中文和当地的语言文化。充分发挥华文教师的重要作用，为中方员工介绍所在国的语言、政治、经济和文化；教中资公司当地员工中文，介绍中国的政治、经济和文化状况，提高他们的适应能力。加强华校与中资公司的合作，开办夜校式或半日制的“双语”学校，使校舍和设备这些资源物尽其用。

第五，积极探索公益和市场结合的海外华文教育模式。以前的华文教育主要靠公益，当下市场因素的影响力占比提升，已经可以称作“主导因素”。通过公益力量的干预，可以对一些不正常的竞争进行制约。

第六，重视海外汉语方言的作用。方言在海外华人社会维系和中华文化传承方面有重要的作用，方言也是华人的身份标识。在海外一些华文学校里，方言仍然是主要的教学语言。

最后，作者指出，教育部中外语言交流合作中心以及中国国际中文教育基金会如果能跟海内外华文教育机构团体形成合力，重视华文教育资源的开发和利用，探索适应时代的华文教育模式，打造适应新时代的华语教学和学习产品，培养新型华文师资，让华文教育回归本原，海外华文教育必将具有光明的前途。

来源文献：郭熙：《新时代的海外华文教育与中国国家语言能力的提升》，《语言文字应用》2020 年第 4 期。

二　国别华文教育机构研究

海外华文教育的产生与发展和华侨华人移民以及所在社区的经济、文化政策等因素息息相关，在多种因素影响下，海外各国的华文教育发展呈现差异化、国别化特征。对不同国家/地区的海外华文教育机构的发展传统和特色进行分析和梳理，了解新时代海外不同国家华文教育机构的发展现状和问题，对新时代海外华文教育的调整转型、持续健康发展有重大意义。

周棉、何勇在《论美国华人中文教育的历史和发展》中对美国中文教育进行了追本溯源。美国中文教育得以发展，从根本上看是美国华人的执着和中国综合国力不断提升的影响。具体的推动力量可以分为三方面：一是美国的历代华人社团；二是美国的美中文化交流组织和基金会；三是中国政府的支持和中华民族传统文化的凝聚力。

20 世纪前，随着自由自发的华人移民人数的增加，华人子女的教育问题也随之而来。在此背景下，私塾或专馆教育也就应运而生。这时华文学校办学规模较小，且聚集在中国城，教育内容也与国内一样，最初主要是识字、写字，教材是《三字经》《百家姓》《千字文》《幼学琼林》等启蒙读物，以后逐年提高，学习古诗、古文、四书五经等。此时期的华人组织热心于子女教育，如 1884 年旧金山市中华会馆筹建的大清书院。

20 世纪初（清末）到 1943 年开办新式中文学校，清政府开始重视海外侨民教育的问题。1909 年，清学部内阁侍郎梁庆桂与旧金山中华会馆合作，在旧金山开办了第一所新式学堂——大清侨民公立小学。民国时期，南京政府特设“华侨教育委员会”负责华侨教育事宜，制定法令，对侨校进行规范管理。传统的蒙塾私馆向新式学堂过渡，采用新型学制，开设现代课程，逐渐建立起从幼稚园、小学到中学的教育系统。此时的华人中文学校还是私立性质的补习学校。

由于战后移民的第二代土生华人增多，华人家庭的教育观念也发生了变化，华人渴望得到主流社会的认可，迫于同化的压力大多放弃了华文教育。生源数量的减少、教师教材的匮乏，华文学校一度衰落。华人中文教育由传统的华侨教育向现代的华人教育转化。

1965 年，美国颁布《1965 年外来移民和国籍法修正案》，放宽华人移民美国的限制，台湾、香港和印支地区的华人成为美国新移民。20 世纪

60 年代，出现了用国语作为语言的中文学校，教授繁体字和注音符号，并逐渐占据主导地位。台湾移民的子女成为华文学校的主要生源，在其聚居区华文学校数量增多。印支华人群体建立自己的华人学校，大多用国语授课，也使用由台湾侨委会印制的教材。其他少量的学校采用汉语拼音、简体字和普通话教学。美国华文教育逐步形成了以周末华文教育为主，暑期教学为辅的多样化办学形式和国语、粤语、普通话多语教学的多元化发展形态。

文章指出美国中文教育发展面临以下问题。①新冠疫情的蔓延和美国部分政客挑动中美对抗。②美国的中文教育角色发生转型，学习中文的人在很大程度上并不是将其作为谋生的手段和必要的交际工具，而仅仅是作为华人文化、语言继承的需要。③中文教育在多数美国华文学校成立时间不长，经验不足，规模小，流动性大，绝大多数是周末学校，属于民办的补习班性质，没有被纳入美国体制内教育系统；缺乏高水平的本土化教材；师资和管理人员不足，水平参差不齐，学校管理和教学水平不一；学生的语言背景不一，中文起点差异大，学校和班级的教学面临多种困难。

来源文献：周棉、何勇：《论美国华人中文教育的历史和发展》，《湖北民族大学学报》（哲学社会科学版）2021 年第 1 期。

海外华文学校主要有两种模式——全日制和非全日制，典型的全日制华校主要在东南亚，以马来西亚的国民型华文小学、华文独中和国民型中学，泰国华文民校中的华校为代表。其中，马来西亚的华文教育已形成自己的华校、汉语规划中心或华文文学体系。马来西亚是海外唯一拥有从小学、中学到大专的完整华文教育体系的国家。[①] 熊万曦在《马来西亚华文独立中学为何如此注重传承中华文化——基于对 25 位校长和行政主任的访谈》中，主要围绕华文独中传承中华文化的状况展开讨论。

① 熊万曦：《马来西亚华文独立中学为何如此注重传承中华文化——基于对 25 位校长和行政主任的访谈》，《民族教育研究》2021 年第 6 期。

华文独中以传承中华文化为使命自觉。2018年的《马来西亚华文独中教育蓝图》强调华文独中不仅要完成普通的中等教育机构所赋予的“一般教育使命”，还必须达成母语和文化上的“特殊教育使命”。华文独中在传承中华文化方面没有被弱化，并且普遍重视中华文化的传承，将中华文化内化在日常的教育教学行为中。但也存在东马华文独中传承中华文化的信念不如西马强烈的地域差异以及代际差异。

华文独中注重传承中华文化的原因主要有以下几个方面。①民族尊严的自觉维护。马来西亚在建国之后，华人在政治上受到打压，激发了传承中华文化的热情，增强了对中华文化的向心力。②文化寻根的心理需求。华人有着共同的文化认同基础，中华文化是华人的“根与魂”。③学校办学的特色彰显。华文独中将中华文化与德育深度融合，将儒家思想根植学生的品格培育中。围绕中华文化的核心价值设定德育目标，在每周周会和班会课上以专题形式传递“礼义廉耻”与品德教育，着力塑造学生人格。学校部门注重在纪律训导和管理疏导的结合中达成德育目标。④华教先辈的榜样引领。林连玉先生是马来西亚华文教育的英雄人物，主张马来西亚华人与其他种族共存共荣，其一生都在为争取华文教育地位而斗争。

马来西亚华文独中注重传承中华文化这一现象具有一定的独特性，表现在以下几个方面。①师生对中华文化倍感珍惜。马来西亚华文学校艰难的办学环境，激发了当地华人的危机意识和传承中华文化的责任与热情。②对中华文化进行创造性的转化和创新性发展。通过文化表演兴学，将“取之社会、回馈社会”的中华文化精神与理念，对内植根，对外发扬。让师生更深入了解中华文化内涵，加深对爱校与奉献精神现代意义的挖掘与普及性推广。③中华文化的德育教化首屈一指。充分利用中华文化注重家庭伦理的特点，始终坚持以家庭的稳定和繁荣为重。此外，还将中华文化中的“仁、义、礼、智、信”等道德元素根植在品格教育中，发挥中华文化的德育教化功能，实现道德价值观的传承。④坚持母语（华文）教学毫不松懈。为坚持母语（华文）教学进行长达几十年的抗争，在学校的日常生活中浸润与渗透着中华文化。

来源文献：熊万曦：《马来西亚华文独立中学为何如此注重传承中华文化——基于对25位校长和行政主任的访谈》，《民族教育研究》2021年第6期。

三　教学质量控制与疫情应对

除了上述对华文教育的现状、国别化的华文教育的发展历史、区域特色的研究与梳理外，华文教育的质量也受到学者关注。当前，在“一带一路”倡议实施的背景下，加强对东南亚全日制华校教学管理和质量控制也十分必要和迫切。宗世海、马天欢在《东南亚全日制华校华文教学质量问题分析》中指出，东南亚十国目前共有2400多所全日制华校，学生人数约200万，其中华裔占90%。作者借助中国国家汉办开发的第二代汉语教学大纲和与之配套的HSK、HSKK资源，通过课时量、应该掌握词汇量来推算东南亚全日制华校各学段教学目标，以此来指导东南亚全日制华校华文教学管理，鉴定这些华校生的华文水平高低。

研究得出以下结论。①东南亚十国全日制华校的华文教学管理和教学质量存在很大问题，大量华校花费了大量的时间和巨额课时量，但是缺乏合格的教学管理和质量控制，多数国家并没有统一的全日制华校华文教学大纲和测试，很多全日制华校没有明确设定各学段应达到的教学目标；即使是有设定目标的全日制华校也存在目标普遍偏低的情况。②从测试看，其华文学习者的实际华文水平比设定目标更低；除了马来西亚多数华校以外，很多东南亚全日制华校的华文教学都存在效率低下甚至无效教学的问题。③从个案研究和个别访谈可知，菲律宾不少华校，印尼部分华校，泰国、柬埔寨很多华校，甚至马来西亚部分华校，都存在华文学习者不断流失、华文教师数量和质量问题长期得不到解决；志愿者教师、华文教师很少懂得华文教学管理和质量控制；海外“华文教育示范学校”的教学管理水平和华文教学水平并没有显示出应有优势的问题。东南亚全日制华校是海外华文教育的主力军，应该是培养高水平华文人才的高地；海外“华文教育示范学校”更应该在教学管理和质量控制方面做出表率，然而实际情况却十分尴尬。这些华校面临很多条件限制和具体困难，所以出现管理不力和效率低下的情况并不奇怪；但是在当地和国内多年来的不断推动、扶助情况下，这些问题仍然长期存在、得不到解决，有的甚至还在继续恶化，应该引起业界的高度重视。

来源文献：宗世海、马天欢：《东南亚全日制华校华文教学质量问题分析》，《华文教学与研究》2021年第3期。

新冠疫情给国际中文教育事业和机构带来前所未有的冲击，华文教育机构面临同样的挑战。伍善雄在《全球疫情下英国华文教育的应对举措》中，总结了新冠疫情下英国华文教育的应对举措，介绍了相关经验，对后疫情时代海外华文教育机构的发展具有借鉴意义。

英国采取“封城禁足”的防疫措施，让各地的华文教育机构均受到巨大冲击。疫情期间，英国的华文教育经历了三个不同的阶段。

第一阶段：摸索尝试，寻找疫情期间华文教育新的教学模式。疫情日趋严峻的形势下，英国华校从2020年2月起就率先停课。为做到“停课不停学”，部分华校开始尝试网上教学，积极探索利用网络平台开展华文教学，如建立“微信”语音授课群。英国中文教育促进会和各个华文学校积极探索和尝试，寻找更适合的中文教学方案。各校之间互相交流学习，互通有无，取长补短，部分老师开始尝试开展网络教学，取得了很好的反响。

第二阶段：网课培训，确定推广华文教学行之有效的教学模式。英国中文教育促进会在此期间发挥重要作用，举办教师教学网课培训，为英国的华文学校顺利开展网络教学提供了帮助和支持。培训促进了华校之间的合作交流，增强了华校共克时艰的信心，顺利实现了从线下教学向线上施教的“课堂”转移。英国中文教育促进会还通过中国华文教育基金会和暨南大学等单位的组织，推出了丰富多彩的文化教育活动，丰富了各个华校的网上文化课程。

第三阶段：确立方向，华文教育“网络和课堂教学”协同发展。新冠疫情的蔓延加速了华文教育的转型升级，经过困惑期、适应期，在不断的教学实践和比较中明晰了华文教育的未来发展趋势，网络和课堂教学协同发展，实现两种教学模式的优势互补。

来源文献：伍善雄：《全球疫情下英国华文教育的应对举措》，《世界华文教学》2021 年第 1 期。

第五节　孔子学院

随着国际中文教育大会的召开以及新冠疫情在全球的蔓延，孔子学院迎来了关键的战略转型期，被赋予新的身份与角色。在事业和疫情的双轮驱动下，孔子学院积极创新，不断完善治理体系，丰富教育模式，以适应新的教育生态。

一　孔子学院的转型创新：理念创新与模式创新

随着新形势下国际中文教育事业的深入推进，孔子学院应准确识变、主动求变，通过优化顶层设计、全面深化改革，创新发展理念。余波在《国际中文教育转型背景下孔子学院的发展思路》中提到，孔子学院建设在经历了广泛建立、实现全球布局、各项管理制度逐步完善、运营机制日益成熟等规模化建设的基础上，迎来国际中文教育背景下的转型期，由重视数量增长转为关注内涵质量的提升，更加注重特色办学、品牌创新、本土化融入型发展。在办学规模平稳增长、教学质量稳步提升、服务功能持续拓展等成就的基础上，孔子学院也面临机构属性被过度解读、区域分布不均衡不合理、供需结构不对称、管理和评估反馈机制不够健全、师资力量不足等挑战。

在此基础上，文章指出面对国际中文教育转型的新形势，孔子学院应实现规模发展向内涵发展的转变，从附属状态向融入外方事业主体的转变，从体验式文化语言教育向专业学科化教育发展的转变，以解决办学思路、办学地位、办学内容等问题；同时，孔子学院办学要创新发展，积极推进人才培养目标与学生职业发展结合，人才培养模式与行业需求结合，中方师资合理派出与外方师资本土培养结合，从而为中外文化交流及友好往来搭建更好的平台。

白紫薇在《孔子学院转型发展研究》中，运用 SWOT 法分析了孔子学院发展的优势、劣势、机会和威胁，并在此基础上提出新时期孔子学院转型发展的具体策略。

第一，走内涵式发展道路，强化孔子学院品牌认同。“内涵式发展”表现为事物内在属性的发展，如结构协调、要素优化、质量提升、水平提高、实力增强等。① 孔子学院需要从课程建设、师资培养、管理机制等多方面入手规划转型道路。首先，在汉语教学和文化传播的核心功能上，应加强优秀师资的培育，建设对外汉语教育的专业化师资队伍，通过多方合作实现教材的“本土化”。其次，孔子学院应加强与当地政府、企业、学校及其他语言文化推广机构的合作，向综合服务平台转型，服务国家战略建设。最后，在孔子学院的管理机制上，应推行精细化管理，引入质量评估和监督机制，加强动态管理。最后，科技的快速发展为孔子学院的汉语教学和文化推广提供了便利，孔子学院应当增加线上教育资源供给，依托网络平台拓展语言文化教育渠道，加强文化沟通，用国际表达讲好中国故事。

第二，走多元化发展道路，打造特色孔子学院。在不同国家和地区采取因地制宜的办学方略，做到“一国一策”甚至“一校一策”，走多元化特色发展道路，使孔子学院具备文化融通的本土化特征。不同地区的孔子学院需要合理定位，科学规划，在课程和发展目标上进行差别化设置，突破同质化发展瓶颈。注重中华文化与当地文化的融合，采取柔性传播和双向交流的方式。

第三，优化文化传播机制，促进文明交流互鉴。在内容上，孔子学院作为海外文化教育机构，应当对中华文化进行更加深入、系统的传播。在传播方式上，孔子学院应当建立起文化传播的双向沟通机制，以现代传播理念指导文化教育工作。

① 转引自瞿振元：《高等教育内涵式发展的实现途径》，《中国高等教育》2013 年第 2 期。

第四，搭建沟通合作桥梁，展现新时代国家形象。进一步强化自身文化交流平台的特质，推进双边和多边合作，搭建中外深层次沟通合作的平台桥梁。

来源文献：

余波：《国际中文教育转型背景下孔子学院的发展思路》，《决策与信息》2021年第6期。

白紫薇：《孔子学院转型发展研究》，《中国人民大学教育学刊》2020年第4期。

新时期孔子学院发展由重视数量增长转为关注质量的提升，更加注重特色办学、品牌创新。为满足新时期海外多样化的人才需求，孔子学院大力发展“中文+”职业教育，开展特色的汉语教学，教育模式不断创新。罗小如在《“一带一路”背景下非洲孔子学院“中文+”教育发展探究》中指出，随着中非各领域合作不断加强，非洲孔子学院的功能得到进一步拓展，更加注重服务中非人文交流及当地经济发展。

文章提到，非洲孔院“中文+”教育模式的教学对象主要分为在校学员和成人学员，在校学员的培养一般纳入所在大学的培养计划，成人学员通常为与企事业单位合作办学，为单位培养懂汉语的复合型人才。

首先，在校生“中文+”教育模式主要有“中文+中国文化”“中文+学科（专业）”“中文+职业技术培训”三种。“中文+中国文化”是大部分孔子学院的教育模式，以培养掌握汉语、了解中国文化和当代中国的汉语人才。“中文+学科（专业）”教育模式通常是孔子学院与所在院校某一院系学科专业联合，培养懂汉语的复合型专业人才，如“中文+经济管理、法律、土木工程、计算机技术”等。最后是“中文+职业技术培训”教育模式，注重把汉语教学与职业技术培训结合起来，通常是孔子学院结合自身资源与中资企业和援建单位的优势联合开展。如南非德班理工大学孔院成立职业技能实践基地暨长城技能培训中心，是南非首个“汉语+”职业技能培训中心与实践基地，孔子学院与中资企业、华人企业开展合作，进行“订单式”培养，为学员创造实践、培训和工作机会，培养懂汉语又懂技术的复合型人才。

其次，孔子学院除了对在校生的培养、培训外，对社会在职人员的教学与培训也是其重要职能之一。南非中国文化和国际教育交流中心孔子课堂与南非旅游部合作项目“定制化导游汉语言文化培训”，为 20 名导游学员培训普通汉语和导游汉语，促进了中南两国旅游业的发展。

作者指出，非洲孔子学院“中文+”教育尚存在一些问题：孔子学院以语言文化传播为主，特色不鲜明；对“中文+”复合型语言人才需求调研不足；培养复合型语言人才的能力尚不足等。在此基础上，作者提出以下建议。①以“一带一路”倡议为导向，探索中文职业教育新方向，开展多层次职业教育和培训；②深化与当地中资企业、工业园区的合作，发展“中文+”职业教育；③联合中外方合作高校培养“中文+”复合型人才。如可以实施“2+1+1”的项目方式，即学员在孔子学院学习汉语 2 年，本土高校和中国高校各学习专业技能 1 年，使学员既具有汉语和中国文化的背景，又具有较高的专业技能水准；④与中非人文交流相结合，培养知华友华的“中文+”各领域人才。

来源文献：罗小如：《“一带一路”背景下非洲孔子学院“中文+”教育发展探究》，《文教资料》2021 年第 8 期。

张欣亮在《社会表征理论视域下的孔子学院跨境发展研究——以格里菲斯大学旅游孔子学院为例》中，从社会表征的视角透视孔子学院开展的特色化国际中文教育路径。文章以跨境教育的四个维度——跨境教学、师资培训、文化传播和学生体验作为分析框架，深度探究旅游孔子学院如何从融入当地社区发展入手，在以“他者”为视角的跨境教育场域中进行理性自我表达，如何通过教育、交流、体验等多元途径构建适应澳洲当地社会价值导向的认知符号以及表征结构。

文章指出，旅游孔子学院融入当地社区的路径建构主要有以下四种途径：第一，特色汉语教育凸显社会服务功能；第二，师资交互促进筑构社区教研空间；第三，多元文化传播呈现良好的中澳互动；第四，学员循环培养绵延中澳民间友谊。作者提出，在构建人类命运共同体的观照下，以跨境教育的方式呈现我国的主流价值观，传播优秀中华文明，在异域教育空间中建构符合我国真实形象和身份标识的跨境社会表征是推动中外人文交流、共建人类社会美好未来的重要举措。

一是跨境社会表征的构建基础：内生性动力的挖掘。首先是多元社区归属产生的互动需求。澳大利亚是全球最大的移民国家，多元化的社区正在以新的规范与包容成为社区居民赖以维系基本社会互动的旨归。旅游孔子学院为社区个体进行各类“在场”交流提供了确定、稳定的交互场域，使个体在获得情感支持的同时对活动场域产生“家园”的感觉。其次是经济社会发展产生的学习需求。随着“一带一路”的深入发展，中澳两国之间的科研和人文交流呈现全新的模式。中国成为澳洲重要的贸易伙伴之一，双方在文化教育、贸易投资等多个领域开展了卓有成效的合作。澳大利亚当地经济社会对学习汉语以及相关师资培养具有非常强烈的需求。

二是跨境社会表征的培育选择：结构性路径的架构。跨境社会表征的构建原则体现为“他者”语境中的适应。首先，跨境社会表征的构建方式是在异域社会场域中对本国身份的表述、呈现和再现；其次，跨境社会表征的构建和形成的实现方式不单单是“他者”对“我者”的价值或符号认同，而是以“我者”为核心的价值、教育、文化等要素在“他者”场域中获得适应；最后，跨境社会表征的评判标准是作为建构表征的主体从“他者”的描述中识别出自身的标识，并且对这种“身份”产生强烈的塑造力和传播力。

孔子学院在当地社区跨境社会表征的生成机制主要有以下几个方面。①打造理想汉学社区：符号表征营造汉语整体学习氛围。孔子学院开设的专向化、定制式汉语课程，始终围绕当地社区民众实际工作与生活需求进行设计，成为当地居民与汉语世界进行有效沟通的重要方式。汉语不再是局限于“他者”视角下的外来语言，而是主动建构为一种超越不同民族意识形态的通用符号。②串联专业师资网络：共享表征促进中外教师交往合作。汉语教研资源共享体系，让中外汉语师资在业务交流、知识产出、成果分享等方面形成一个质性契合、相互支撑的连续体。汉语教研资源共享体系中诸要素是符合当地社区教育生态优化的必要元素，当地教育系统更倾向于基于“我者”的视角对孔子学院给当地社区教育发展所贡献的积极力量予以理性审视。③创设跨境人本空间：文化表征增进多元社区民众互动。旅游孔子学院非常关注社区民众在文化活动中的主体性和话语性构建。学院在建构文化交互情境中所展现的对多元社会的超越、情感价值观的重塑以及民族文化特性的表达，不仅凸显出以人为本、以文育人的形式进化及意义指向，也增强了文化自信与普惠包容在现代社会文化传播及国际文化语境中的时代象征。④培育民间社会交往：情感表征推动社会体验持续扩展。以情感表征作为持续推动孔子学院建设稳定的招生渠道和资助来源的内源性因素，是孔子学院在异域社会中构建跨境社会表征的民心基础和动力之源。孔子学院最大限度地为当地社会各阶层的汉语学习者提供符合个人职业需求和生活期待的纽带联系，让当地民众从内心深处将孔子学院视作社会生活中必然的组成部分。

来源文献：张欣亮：《社会表征理论视域下的孔子学院跨境发展研究——以格里菲斯大学旅游孔子学院为例》，《教育发展研究》2020 年第 1 期。

二　新时期的孔子学院发展：融合发展与内涵发展

新时期孔子学院发展聚焦提升国际中文教育质量，强化教材建设、课程建设和师资培养培训，逐步实现融合发展和内涵发展。《孔子学院发展规划（2012~2020 年）》指出，支持各国孔子学院编写本土教材，加强本土师资使用教材能力的培训，加强教学案例库建设，注重与本土文化相结合。[①] 中文教材本土化是推动孔子学院/课堂融入海外教学体系的重要支撑。李宝贵、庄瑶瑶在《意大利孔子学院／课堂当地化汉语教材建设研究》中指出，

① 李宝贵、庄瑶瑶：《意大利孔子学院/课堂当地化汉语教材建设研究》，《辽宁师范大学学报》（社会科学版）2020 年第 1 期。

意大利各孔子学院／课堂汉语教学的当地化发展具有一定的典型性，在当地化汉语教材建设的实践中积累了一定的经验，研究其教材建设的现状与特点，对其他国家当地化汉语教材的编写具有重要的借鉴意义。

教材当地化是教学当地化的核心。当地化汉语教材是指从对象国或地区学习者的特点和需要出发，以满足特定对象国或地区学习者的学习需要为目标而设计、编写和制作的第二语言教学教材。从总体上看，意大利各孔子学院／课堂注重教程类教材的研发。意大利各孔子学院以“适应世界各国（地区）人民对汉语学习的需要，增进世界各国（地区）人民对中国语言文化的了解，加强中国与世界各国教育文化交流合作”为宗旨，携手合作院校编写了种类多样、内容丰富的教程类教材，推动当地汉语教学的深入发展。具体来看，意大利孔子学院／课堂当地化汉语教材建设特点主要表现在以下方面。

第一，教材功能不断拓展，兼顾针对性与趣味性。为有效对接意大利汉语学习者日益多元的汉语学习需求，在综合型教材的基础上，有针对性地开发和出版商务、旅游、科技和专业翻译等多领域的分科教材，为培养“汉语+”复合型人才打下坚固的基础。为满足学习者对语言和文化的好奇心，开发一系列语言和文化介绍类教材，丰富了汉语教材的功能。

第二，中意双方合作开发教材，贴近当地学习者的学习习惯。合作编写的形式能够最大限度地发挥中意双方汉语教师的优势，汇聚一线汉语教师的教学经验与智慧，通过不断地研讨和修正，最终打磨出符合当地语言学习习惯和学制要求的、应用性和适配度高的当地化教材。

第三，教材编写注重系统性，教材分级逐渐细化。首先，从纵向上看，意大利本土化教材编写的系统性较高。意大利应用最广的经典教材《意大利人学汉语》分为基础篇、中级篇和高级篇，各层次衔接科学，各单元设计合理，为当地汉语学习者循序渐进地系统学习提供便利。其次，从横向上看，教材分级逐渐细化，配套教辅不断完善。为有效解决小学到中学、高中到大学的汉语学习衔接问题，研发了一系列针对不同年龄段汉语学习者的“过渡型”教材，并在日常教学和教研中不断补充相应的配套教辅，助力当地汉语教材体系的构建和优化。

第四，自编教材按需设计，实用性持续增强。以学习者的特点和学习需求为出发点，自编教材比传统通用型教材的适配度更高，实用性和针对性也更强。如《意大利人学汉语》主要面向在校大学生，《我们说汉语》和《说汉语、写汉字》主要面向高中生。由于孔子学院的自办课程多为兴趣班，其自编教材在教学内容以及话题的设计和选取方面的实用性和趣味性也更强。

然而，意大利当地汉语学习需求的快速增长，对当地化汉语教材的编写提出了更高的要求，当地汉语教材的问题也逐渐凸显。文章指出意大利孔子学院／课堂当地化汉语教材建设主要存在以下问题。①教材内容陈旧固化，难以满足汉语学习者的新需求。教材编写没有跟上新词汇、新表达产生的速度，有些教材因出版时间较早，内容较为陈旧，无法为学习者介绍中国真实现状。②中意合作编写教材分工不合理，当地化发展不充分。双方合作仍处于合作初期的“一主一辅”阶段，合作的分工、进度安排和工作衔接问题较为突出，无法真正发挥双方的资源和教学优势。③立体化教材建设进度缓慢，配套教辅形式单一。立体化教材，也称“一体化教材”或“多元化教材”，是以学科课程为中心，以传统教材为基础，以网络传输为先导，以多媒介、多形态、多用途、多层次的教学资源和多种教学服务为内容的结构性配套的教学出版物的集合。意大利当地汉语教材的立体化体系建设目前还无法有效对接当地多元化、深层次、专业化发展的汉语学习需求。④缺少共建共享的语料库，规范化意识明显不足。部分自编教材不符合出版要求，最终成为小范围使用的“内部资料”。⑤教材适用范围受限，适应低龄化的教材过少。一方面，分级教材数量有限，教材的适用对象仍集中于成年人，适用范围较为局限，无法应对低龄汉语学习者数量激增的新趋势。另一方面，面向低龄汉语学习者的孔子课堂在低龄教材开发方面发挥的作用有限。

基于以上分析，作者提出意大利孔子学院/课堂当地化汉语教材建设需要：突出针对性和实用性；深化中意融合协作；充分利用“互联网+”模式，构建立体化汉语教材体系；建立大型汉语语料库，为编写当地化汉语教材提供有力支撑；重视分级教材编写，满足当地汉语学习者低龄化发展的新需求。新时代的当地化汉语教材建设只有主动服务于汉语纳入意大利国民教育体系和汉语学习者低龄化带来的汉语教学新需求，充分发挥大数据、融媒体的传播优势，以综合型教材为经，以分级分科教材为纬，构建和充实当地汉语教材网络，为满足当地汉语学习者多样化的汉语学习需求提供有力支撑，才能为孔子学院的内涵式发展夯实根基，为中国语言和文化的高质量传播贡献力量。

来源文献：李宝贵、庄瑶瑶：《意大利孔子学院/课堂当地化汉语教材建设研究》，《辽宁师范大学学报》（社会科学版）2020 年第 1 期。

英国孔子学院成立较早，已形成较成熟的汉语教学和课程安排体系。梁吉平、贾培兰在《海外孔子学院课程设置研究——以英国 14 所孔子学院为例》中，通过比较英国孔子学院的 2019 年度课程设置状况，考察制约课程设置的因素，为其课程体系改进提出可行性建议。英国孔子学院课程内容分为语言课程、文化课程以及文化活动课程三类。

从语言课程设置情况来看，语言课是中文教学的主体部分，通常分为初级、中级、高级 3 个等级，部分孔子学院分别在等级下再次细分等级课程。大部分孔子学院会根据孔子学院总部的目标及学习者的需求，提供一些与特定学科、职业及活动相关的课程内容，如班戈大学孔子学院开设了 QCF 语言资格课程，威尔士三一孔子学院开设了普通话 GCSE 和 A 级课程，并开设有侧重应用交际性的商务汉语、生存汉语等课程。此外，近年随着互联网技术的不断发展逐渐兴起了汉语在线课程。

从文化课程设置情况看，内容主要涉及中国服饰文化、饮食文化、球迷文化、中国传统故事、中国茶文化和戏曲文化。总体上，文化类课程在数量上还比较有限，在内容上以传统文化为主，缺乏对中国现当代文化知识的探索。

从文化活动课程设置情况看，文化活动主要有以下几种形式：①以技能为主的活动课程，如剪纸、书法、绘画、手工艺品制作等课程；②以讲座形式进行文化推广活动的课程，如中秋节、春节文化讲座以及各类中国传统文化讲座；③以文化体验为基本形式的活动，如中国日、中国周、中国年等体验活动；④俱乐部或比赛竞技形式的组织性活动，如汉语角、汉语桥、游戏俱乐部、电影俱乐部等。其中，武术、书法、绘画、剪纸、传统舞蹈、讲座、音乐所占文化活动课的比例最高。

综上，英国孔子学院课程设置主要有以下特点。第一，文化活动种类丰富、内容多样。文化活动在总课程中占比最高，文化活动课丰富多彩、内容多样，有助于学习者沉浸其中、体验中华文化乐趣，潜移默化提升汉语水平。不同文化内容的课程又各具特色，以技能性为主的文化活动课程针对性强；以体验形式为主的课程内容丰富，有体验项目和才艺表演环节；讲座形式的文化活动涵盖各种传统文化知识；团体性组织活动在内容上多样，促进参与者交流。第二，分层教学，教学对象明确。随着学习者身份和学习动机日益多样化，会根据学习者的汉语水平、年龄阶段、教育水平的标准进行针对性教学。第三，文化课程以讲座居多，专门文化知识课程较少。文化课程一般是以必修和选修形式进行，以讲授型居多，各种文化知识则以其他形式穿插在教学中，单独开设的少。通过梳理，作者指出目前英国孔子学院文化知识类课程过少、缺乏专项汉语技能课程、课时周期短等问题。并提出英国孔子学院设置课程应该从实际需求出发，开设专门课程；创新文化内容和形式；结合中方合作院校和所在地本土文化，开展特色孔子学院课程，打造自己的品牌。此外，英国孔子学院还应加大本土教师培训，弥补教师流动而带来的缺口；开设语言专项技能课，全面提高学生的汉语水平；利用网络的优势，提供多种类科目的在线课程；开发适合沉浸式课堂的汉语教材，充分发挥沉浸式教学的优势。

来源文献：梁吉平、贾培兰：《海外孔子学院课程设置研究——以英国14所孔子学院为例》，《云南师范大学学报》（对外汉语教学与研究版）2021年第2期。

加快本土化师资队伍建设对于新时期孔子学院的融合发展和内涵建设具

有深远的影响。陈艳艺在《泰国孔子学院本土汉语教师培训研究》中，通过搜集整理关于泰国 15 所孔子学院的所有与本土汉语教师培训相关的新闻共 351 则，分析泰国本土汉语教师培训的现状、特点和不足，从而为泰国本土教师培训的发展提供建议。

研究发现，泰国孔子学院本土汉语教师培训现状呈现以下几个方面。①现有泰国本土汉语教师培训缺乏针对性，对于培训需求和培训反馈的调查工作还未给予足够的重视。②泰国本土汉语教师培训以 1～14 天的短期培训为主。③在培训地点方面，在孔子学院本部进行培训是首选。在培训专家方面可以看出泰国本土汉语教师培训主要有三个特点：首先，培训专家主要来源于孔子学院的中方院长、公派教师和志愿者；其次，非曼谷中心孔子学院因为地缘以及自身孔子学院中方师资力量的关系，在培训中邀请国内专家的次数少于位于曼谷的孔子学院，培训专家更多的是从孔子学院中方师资队伍、资深本土汉语教师中挑选；最后，本土汉语教师随着学历和经验的提升，部分教师实现新手教师向熟手教师乃至专家型教师的转变，充实到培训专家的队伍中。④从培训次数来看，2014 年是泰国孔子学院本土汉语教师培训的巅峰年，达到 56 次，从 2015 年开始，培训次数逐年下降，2017 年培训的次数降到 2014 年的一半。培训人数方面，20～69 人的培训人数较为普遍；较大规模人数的培训较少，主要集中在 100～109 人以及 120～129 人。⑤培训方式和培训内容多样化。培训方式有专家讲座、课堂教学、小组讨论、研讨会、教学观摩／示范课、教学技能比赛、试讲、汉考、文化体验、文化考察、经验交流、教材展示、表扬／联谊会、与会代表主题发言、调研等。培训内容囊括教学法／汉语教学技能、汉语基础知识、中华文化知识、中华文化与才艺体验、教材、汉考、教具／课件／教案、教学实践、多媒体教学、文化考察、课堂管理、中泰文化对比等 19 类。

基于以上分析，作者认为泰国孔子学院本土汉语教师培训应该提高其有效性和针对性。首先，要加强培训前的需求调查和培训后的反馈调查。培训前的需求调查是提高培训针对性和有效性的重要依据，而培训后的反馈调查有助于了解培训不足并加以完善。其次，本土汉语教师因为自身教育背景、教学对象等因素的差异，对培训的需求也各不相同，要在充分调研基础上选取适合的培训内容和培训方式。最后，选择合适的培训时间是保证本土汉语教师参加培训的重要条件。

来源文献：陈艳艺：《泰国孔子学院本土汉语教师培训研究》，《云南师范大学学报》（对外汉语教学与研究版）2021 年第 3 期。

三　孔子学院的新挑战：疫情应对与文化安全

新冠疫情在全球持续蔓延给国际中文教育事业带来前所未有的冲击和挑战。提高孔子学院的危机处理能力，有助于国际中文教育事业的健康可持续发展。张鹏在《疫情期间英国汉语教育的线上发展》中，对疫情期间英国汉语教育应对经验、不足及问题进行了总结和分析。

英国设有 30 所孔子学院、165 个中小学孔子课堂，分别占全球孔子学院和孔子课堂总量的 5.5%和 14.0%，总量位居欧洲第一、世界第二。全英共有 1000 多所大中小学开设了汉语课程，正在学汉语的各类学生超过 20 万人。其中，大学近 70 所（39 所设有汉语专业）、中学 600 多所、小学 400 多所，包括英国著名的私立中学伊顿公学。另外，英国还有 200 多所华人华侨创办的汉语学校或汉语培训机构。

疫情初期的英国中文教育几乎一夜之间按下了“暂停键”。这一全球公共卫生事件在影响汉语教育的同时也促进了英国孔子学院的转型升级。孔子学院不仅及时转为线上教学，还探索出亮点纷呈的线上教学模式，积累了教学经验。疫情之初，孔子学院总部就及时指导各国孔子学院和汉语教师开展线上教学，并加大了慕课、微课等网络资源供给，全球最大的网络汉语教育平台“汉语联盟”紧急推出了一系列示范课、精品课。基于充足的资源保证和技术指导，很多教师纷纷按照既定教学计划，使用各种软件为学生开展在线授课，与学生互动并共享资源，为学生答疑等，尽可能地将口语和听力测评转到线上进行。除此以外，孔子学院的教师还尽可能帮助一些其他机构的线上汉语项目顺利开展。很多在线教育平台开始提供免费汉语学习资源。汉考国际本着“停课不停考”原则，紧急研制出汉语居家网考系统，实现了重大改革创新。

作者指出，后疫情时代英国汉语教育应该做到以下几点。①高度重视推广线上汉语教育。疫情期间，英国汉语教师使用的网络教学系统或软件有20多种，门类齐全。在线汉语教育做到了“教学考一体化”，也实现了即时、随地、自主教学和师生一对一、一对多、多对一授课，极大地方便了教学活动的组织，大幅度节省了教学成本，催生了以线上教学为核心的新的汉语教学模式。在线教学必将成为英国甚至是整个国际汉语教育的一种新业态、新常态，同时也需要继续加大资金投入、技术研发、平台建设、资源整合以及师资培训等全过程的设计与支撑。②清醒认识英国汉语教育总体情况。汉语尽管进入了英国大中小学各学段，但必修课、考试课、学分课比较少，存在进入程度不深、范围不广、规模不大的问题。此外，疫情期间一些本土汉语项目因缺乏充足的本土教师未能转战线上。今后应有针对性地加强中英合作、加大资源配置，积极促进汉语融入英国国民教育体系，支持学校设置汉语教师岗位，培养和聘任更多本土汉语教师，促进英国汉语教育内生式、本土化和可持续、高质量发展。③认真分析英国汉语教育政策走向。汉语虽在英国得到较高重视，但疫情之后英国汉语教育情形如何尚需继续观察，不排除受到一些冲击和影响的可能性。未来捉襟见肘的政府及家庭和个人，将会或多或少缩减对汉语项目的投入。针对英国民众的汉语学习意愿和需求，也需进一步观察，未雨绸缪，做好长远规划和积极应对。

来源文献：张鹏：《疫情期间英国汉语教育的线上发展》，《世界教育信息》2020年第7期。

文化安全成为新时期孔子学院面临的新挑战。以孔子学院为龙头的国际中文教育事业亟待加强文化安全，避免他国的文化霸权，减少意识形态领域的冲突。林迎娟在《美国孔子学院发展与教育议题安全化：解析误解的生成机制》中，对美国孔子学院不同版本误解的主要内容进行分析，并在教育议题安全化的理论视角下剖析误解的生成机制。

文章指出，美国孔子学院的发展面临的批评和误解主要集中在孔子学院的办学意图、办学影响以及办学的发展前景三个维度上。

首先，质疑孔子学院的办学意图。美国孔子学院的运行过程，实际是中华文化与美国文化双向接触、交流甚至碰撞的过程。美国个别政府官员、政治家进行片面理解或歪曲解读，指责其是中国政府的宣传机构，这在很大程度上源自对中国或中国发展的“外溢”效应的担忧。

其次，担忧孔子学院对美国教育体系和国家安全带来负面影响。第一，担忧“审查问题”对美国学术自由的干涉，一方面提出在教学与讲座内容上，对课程大纲及教学内容带来的潜在影响，另一方面还指出，选择与孔子学院合作的院校与机构还存在一个“自我审查”机制在间接发挥作用，进而无法保障美国学术自由的问题。第二，指责涵盖从 K-12 到高等教育阶段的汉语教学带来的消极影响，实质是对孔子学院推动的中文教育融入美国主流教育体系的方式存有疑虑。第三，指控孔子学院从事情报工作，指责美国孔子学院是中国政府的海外分支，从事教育、文化、经贸等信息搜集工作，直接危及美国国家安全。

最后，唱衰孔子学院办学前景。相关舆论包括对美国孔子学院自身办学资源统筹存有疑虑，即“三教”问题，质疑孔子学院平台提供的相应教师水平、教学内容以及教学方法与美国教学实践、当地人才培养目标的匹配度，对美国孔子学院能否满足教育需求提出异议。这在很大程度上与对中国的不信任紧密相关，还明显受美国国内教育等社会议题政治化的趋势影响。

安全化是哥本哈根学派思想的核心内容之一，安全化理论缘起是在解答“使具体事件或议题成为安全问题的原因”①的研究过程及学界讨论中发展的。安全化是指“一种威胁被指定和接受的过程”，言语—行为和主体间

① 转引自 Christopher Freeman, “The European Security Complex-Fait Accompli? A Critique of the Copenhagen School”, *Peacekeeping and International Relations* 2001, 30(5/6): 7-9。

性是两个核心概念。言语—行为强调语言的政治和社会功能，即通过相关话语的凸显，实现“以言行事”，进行一定程度的话语操控；主体间性强调安全是对威胁共同或较为一致认知的社会建构过程，安全与否取决于信任程度，而信任程度取决于对对方身份的认知。作者认为，孔子学院运行在美国遇到的发展阻力，是教育议题安全化的结果。

第一，话语权力与教育议题安全化。语言具有政治实践意义，是由“言语—行为”和“主体间性”功能决定的。孔子学院作为教育文化综合平台，提供具有公共产品属性的教育服务。个别行为体对其汉语国际推广与文化传播的话语塑造与影响力的担忧，是与中美关系特别是对中国身份认知关联的。对孔子学院身份的质疑，对中国信任的缺乏，直接影响对办学影响的价值判断。

第二，美国政治实践与教育议题安全化路径。近几年，孔子学院发展遇到的阻碍，实际上是教育议题安全化程度加深的结果。“9·11”事件后，美国政府通过宣布“国家安全语言计划”这一“言语—行为”，启动了语言安全化程序。语言教育问题安全化意味着该议题已上升到国家安全战略的高度，被纳入国家安全事务这一“高级政治”领域。

第三，教育议题安全化对美国孔子学院发展的影响。短期而言，直接影响机构的日常办学，包括通过对学校教育管理者、学区教育官员施压的方式，为新的孔子学院的设立及合同到期后美方合作教育机构的续约设置障碍。长期而言，将会影响到中美两国国家教育与交流项目的有效开展以及两国的双边关系。

基于上文分析，作者认为，各方对美国孔子学院办学的诸多误解主要源于缺乏对机构办学性质、基本运行模式及作用功能的客观认知与理解。

第一，非营利教育机构：身份属性。“孔子学院的意义起始于中国教学人员对语言文化教学情景的界定，但形成于学者的自主性解读和建构，以及向其他利益攸关人员的自主性延伸”。因而，脱离受教育人群真实利益，过分强调中国政府在孔子学院运行中的作用，脱离其机构身份属性去解读，势必会得出较为片面的结论。

第二，基本运行模式：中外合作。孔子学院平台上开展的形式多样的教育与文化交流实践，是孔子学院总部、中国高等院校等教育机构与美国教育文化交流协会及大学合作的结果，同时也是双边人文交流的有机组成部分。

第三，植根当地发展：社会服务功能。孔子学院通过与当地中小学、博物馆、艺术馆等机构合作方式，积极融入社区发展，面向社区不同人群开设汉语入门课程、举办主题文化活动、举办短期研修活动。形式多样且寓教育于主题文化活动中，无疑能惠及当地社区的普通民众。可以说，孔子学院也在通过提供教育公共产品的方式，促进当地学生提高外语能力。

最后作者指出，为促进美国孔子学院可持续发展、惠及更广泛学员，办学主体可从以下三方面入手，突破办学阻碍，实现可持续发展目标。①突破与化解制约因素。高度重视维护与当地的关系，保持与当地教育政策制定者和教育实践者的良好关系，在汉语教学的实践过程中特别注意与当地教育管理制度兼容的问题。②参与和融入当地发展。面对片面的抹黑舆论，唯有植根当地发展，融合孔子学院所在地的特色与资源，逐步进入外语教育体系中，以教育成效来对误解或批评进行有效回应。将高标准的师资、契合学员学习特点的教材、针对性强的教学方法等融入外语教学实践中。③适应与调整：进行人文交流综合平台建设。在项目整体方案设计上，增加人文社科领域中国问题的研究项目类别及资助力度，利于美国学者通过系统且深入的研究增进对中国发展的全面认知。学术研究成果的传播有助于民众客观认知两国关系从而减少误判，并能“减缓”或“抑制”对孔子学院的安全化进程。此外，还要积极探索同教育、文化领域的多边国际组织的合作，促进中外人文交流职能更好履行。

来源文献：林迎娟：《美国孔子学院发展与教育议题安全化：解析误解的生成机制》，《前沿》2020 年第 2 期。

小结与思考　国际中文教育不确定性的存在与应对

不确定性是社会生活中的一种普遍现象，也是社会研究中不容忽视的重要概念，主要体现在行为主体和环境的互动关系中。不确定性包括宏观环境的不确定性、竞争的不确定性、技术的不确定性、市场的不确定性和组织自身的不确定性等。[①] 随着国际中文教育进入新的发展阶段，在经历时代大变局、疫情的持续影响，以及行业转型的叠加影响下，国际中文教育面临的不确定性也在逐渐增加。不确定性的增加意味着增加风险的同时，也存在获益的机会。鉴于此，如何应对新时期不确定性成为国际中文教育发展的重要议题。

一　国际中文教育面临的不确定性

（一）外在不确定性

当今世界正在经历百年未有之大变局，这意味着当前国际格局和国际体系正在发生深刻调整，全球治理体系也正经历深刻变革，体现在政治、经济和科技等诸多方面。从某种程度上说，语言国际教育是国际政治经济格局的晴雨表，[②]在百年未有之大变局的背景下，国际中文教育事业发展的外部环境存在不确定性因素，面临一些挑战。经济方面，逆全球化思潮兴起，全球经济的不景气使国际中文教育的需求成为一个不确定的因素；政治方面，国与国之间的竞争全方位多领域展开，从硬实力到软实力，语言之间的交流与合作也不能幸免，一些“文化侵略”“中国威胁论”等论调不绝于耳，中国以期通过国际中文教育积极与世界各国开展多元对话，进行平等的语言文化合作交流，却屡遭曲解。

---

① 李鹏飞、席酉民、张晓军、赵新宇：《管理中的不确定性：一个整合性的多维概念体系》，《管理学报》2014 年第 1 期。

② 王春辉：《历史大变局下的国际中文教育——语言与国家治理的视角》，《云南师范大学学报》（哲学社会科学版）2021 年第 2 期。

随着2020年以来新冠疫情的蔓延，世界处于大变局和大疫情的叠加影响之下，人类历史进入了一个深度不确定性的阶段。[①] 社会交往方式发生变化，教育生态也受到很大冲击。对于国际中文教育来说，也处于一个机会和困难同在、机遇与挑战并存的不确定时期。疫情之下，留学生人数锐减，办学实体减少，这是一个近期的困境；从长期看，新冠疫情对汉语国际教育带来最明显的改变就是学习方式的变革，从线下教学到线上教学的转变必然涉及教学适应性和教学效果问题，以及随之而来的教学模式、资源、方法乃至教学观念、管理等方面的问题；从远期来看，怎样才能保证国际中文教育的远景发展，也需要进行广泛深入地研究和探索。总之，疫情改变了汉语教学的生态，国际中文教育界需在新生态的种种不确定中探索新的教学路径。

（二）内在不确定性

2019年12月，国际中文教育大会上首次提出“国际中文教育”这一崭新的概念。这一概念是事业发展到新阶段提出的，以建构语言国际教育的中国模式为目标。相较于对以往的汉语国际教育和对外汉语的概念内涵更加丰富，国际中文教育概念的提出符合新时期的形势发展要求，并成为中国参与全球治理、构建人类命运共同体的重要组成部分，其中既蕴含了行业当下转型的目标和方向，也预示着摆在行业发展道路上的种种不确定性：如何应对疫情导致的留学生招生人数出现断崖式下跌，以及教育需求发生的新变化；如何在新文科建设和跨学科的视野下谋求国际中文教育学科的新发展，抓好学科建设的调整和顶层设计，在理论和人才培养方面做出探索；如何平衡国际中文教育事业发展中政府、学界、市场和社会的角色定位，激发不同参与主体的优势和活力，引导社会力量的高效参与；如何健全国际中文教育体系，开创包含“中文+”在内的新教育范式，保障线上教学质量和教学效果，建立线上线下融合的新教育生态；如何借助新兴的网络技术、人工智

① 转引自王绍光：《深度不确定性：新冠疫情与世界变局》，《“新冠疫情与世界大变局”专题线上研讨会发言》，清华大学，2020年5月8日。

能，让国际中文教育与智慧教育更好地融合，实现大的转型升级；如何巩固包括学科、教学资源、科研和智库等在内的国际中文教育中的支撑作用。对这些行业所面临的新问题进行梳理，有助于进一步思考和理解国际中文教育行业自身发展所遇到的挑战和未来发展方向，能够在构建开放、包容、规范的现代国际中文教育体系的过程中获得新认识。同时也要认识到，对新问题的回应仍然蕴含着很多的不确定性，也体现出国际中文教育机会和困难同在、机遇与挑战并存的现实处境。

二　应对不确定性的制度安排

在不确定性条件下，人们在作决策之前只能保持一定的未知与不确定性，而人们又必须作出行动的选择，所以杜尔克姆对这一矛盾的解决就是让人们的行动依赖制度。[①] 面对“大变局”和“大疫情”的双重影响以及行业改革等种种不确定因素，国际中文教育事业在语言规划和语言政策层面积极予以回应，制度设计思路上呈现一体化和精细化的特点。

（一）一体化规划

从全球层面来看，汉语以世界语言生态成员的身份一体规划。世界语言繁复多样，但是语言一定是属于某个民族或国家的。当语言被其他国家的人学习或使用，这种语言就具有了外语的性质，外语原来所属的国家称为“本土国”，学习和使用外语的国家称为“外语国”。[②] 外语国推行的外语并不单单只有一种语言，从外语国推行本土国语言的角度看，汉语只是作为其中的一种外语。在此情形下，需要考虑在外语国除本土语言之外的各外语情况，在进行语言发展规划时，就不得不从“汉语”作为外语的角度出发，站在将汉语放进世界语言生态的站位高度上，对汉语进行作为外语在外语国推行的一体规划。整体而言，目前中文已经经历了外事外语、领域外语、泛领域外语等发展阶段，正在进入基础教育外语阶段。根据“外

① 王君柏：《应付不确定性：社会学研究的一个传统》，《江南大学学报》（人文社会科学版）2006 年第 5 期。

② 李宇明、唐培兰：《论汉语的外语角色》，《语言教学与研究》2020 年第 5 期。

语角色理论”，外语角色是迭代共存的关系，汉语外语角色的下一个发展目标就必然是成为外语国的“重要外语”，值得注意的是，虽然已经有 70 个国家把汉语纳入基础教育体系，但是其汉语教育总体上还处在初级水平，下一个阶段还应持续关注汉语作为外语在基础教育阶段的纳入深度和层次的问题。

从民族层面来看，中华民族和海外华人一体发展。语言是一个民族的文化印记，汉语是海外华侨华人保留的共同文化记忆，其天然与汉语有很深的情结，也是对自己中华民族文化身份认同的体现。作为华语的大本营，母语国有义务和责任去推动海外华文教育的发展，我们应该认识到华文教学有助于增强世界华人的凝聚力和自身民族身份的认同感。这是一项关系到海外汉民族特性、延续民族语言、传承中华文化的“护根”工程。[①] 近些年的海外华语教学在政策层面获得了相当的重视，也取得了一定的建设成果，在国家语委指导下编写了《全球华语词典》和《全球华语大词典》，“普通话水平测试”也延伸到华人社区；并提出了“大华语”理念，这些都是努力推动海外华语教育和华人语言的维持的举措，以期延续和巩固海外的民族语言和海外华人华侨的汉民族特性。

从国家层面来看，纳入所在国国民教育体系。国民教育体系是一个国家培养人才、关系国家发展前途和命运的教育系统，包括初等、中等、高等教育各个层次，是国家一体发展的一部分。外语教育是国民教育中不可分割的一部分，只有将作为外语的汉语纳入所在国的外语教育中，成为国民教育体系中的一部分，才能在一定程度上对抗国际中文教育发展的不确定性。目前，汉语已被 70 多个国家纳入国民教育体系，但是在纳入的深度和层次上存在国别的差异，总体而言，还是处于一个纳入的初级阶段，作为外语国外语教育中众多外语选择的一个，受到经济实力、贸易关系以及两国关系等因素的影响，很容易退出所在国的国民教育体系。所以，下一个发展阶段还需要在纳入的深度和层次上下功夫。

---

① 陆俭明：《树立并确认“大华语”概念》，《世界华文教学》2019 年第 1 期。

（二）精细化设计

一是围绕不同国别/区域政策的精细化研究，并制定相应的规划。在面向不同国家和地区进行汉语推广和传播时，会受到外语国的外语立法政策影响，在汉语“走出去”的过程中，对外语国进行政策方面的研究是很必要的。随着研究的深入，语言政策的相关研究逐渐精细化，加强了国别语言政策的研究，同时也关注到了一些比较特殊的区域。在国别政策研究方面，关注到了“一带一路”区域的一些国家，如南非、罗马尼亚等；在区域政策研究方面，关注到了一些在语言政策上呈现共性特征的区域，如多语政策的中亚区域，多语倾向的南亚区域以及多元发展阶段的加勒比区域。

二是围绕不同对象需求的精细化研究，并制定相应的规划。随着国际中文教育的发展，需求多元化特征日趋明显，国际中文教育建设和规划要适应新需求。不同教育层次，年龄层次、社会身份的学习者的学习需求各具特色，需要面向不同学习群体需求开展精细化研究。如针对不同教育层次的学习者，在高等教育阶段重视专业化人才和研究性人才的学习需求，单纯的语言教学正逐渐向“中文+职业技能型”教学转变；面对高中教育阶段的学习者，因地制宜制定中文教学大纲，建立中文教学标准等，助推高中教育阶段的中文教学统一规范化；中小学的基础教育阶段，应抓住低龄学生的心智特点，培养学生对中文的学习兴趣，为低龄学生量身打造具有特色的中文精品课程，进行相匹配的中文教材资源建设等。

三　应对不确定性的经验依据

面对充满未知与不确定性的社会，行为主体不可能每一次行动都依赖制度安排，真实社会中的行为主体往往大胆地采取行动，即使行为选择带有一定的盲目性或风险性。国际中文教育事业在新时期迎来新的发展活力，日趋多元的国际中文教育机构参与到这一事业中来，孔子学院/课堂、大中小学、企业、社会机构、社会组织团体等共同组成国际中文教育的共同体，成为国际中文教育的实践主体。面对内外部的不确定性，参与国际中文教育的各类机构协同发力、合作应对不确定性带来的新挑战，它们的实践为降低不确定性带来的风险提供了经验积累。

（一）融合发展

1. 国际中文教育机构与形势的融合

当今世界正在经历百年未有之大变局，2020 年新冠疫情的蔓延加剧了世界局势的不确定性，国际中文教育事业面临的机遇和挑战也是前所未有的。[①] 新形势加速了国际中文教育机构的战略调整、转型升级，于危机中育新机，于变局中开新局，迎来提质增效的重要转型机遇期。与此同时，中国“一带一路”倡议和人类命运共同体理念的深入推进，刺激了全球的中文教育需求，创造了友好的外部发展环境，给国际中文教育机构的发展注入内生动力。[②] 语言互通是“一带一路”互联互通的基础，国际中文教育机构应把握时代机遇，加快融合与创新，构建多层次全方位的国际中文教育体系，更好地服务于“一带一路”倡议和“人类命运共同体”建设，展现真实、立体、全面的中国，推动各国文明交流互鉴、共同繁荣。

2. 国际中文教育机构与本土的融合

国际中文教育机构的本土化程度决定着中文教育的国际化程度，体现为中文教学逐步融入当地因素、逐渐具有本土特色的发展趋势。[③]“本土化”是国际中文教育机构发展的一大趋势，也是国际中文教育机构实现长远发展的必经之路。

首先，要加强本土化师资队伍的培养与建设，建设成高质量的本土师资队伍。教师是国际中文教育事业的主力军，是不可或缺的中坚力量。与中方教师相比，本土教师有着与生俱来的优势，他们更加了解学生，对本土文化更了解，能够从文化对比的视角以学生可理解的方式讲授中文和文化知识，也不会面临中方教师派出后出现的水土不服、文化休克等现状。此

① 王春辉：《历史大变局下的国际中文教育——语言与国家治理的视角》，《云南师范大学学报》（哲学社会科学版）2021 年第 2 期。

② 刘东青、李晓东：《新冠肺炎疫情背景下的“一带一路”汉语国际教育发展策略》，《黑龙江教育（高教研究与评估）》2022 年第 5 期。

③ 李宝贵、刘家宁：《新时代国际中文教育的转型向度、现实挑战及因应对策》，《世界汉语教学》2021 年第 1 期。

外，与中方公派教师或志愿者相比，本土教师队伍相对更稳定，有利于本国中文教育的稳步推进与长远发展。

其次，重视本土化中文教材的编写与研发。教材是中文教育的重要依据，决定着“教什么”，教材的本土化编写与研发是推动国际中文教育实现本土化、融入型发展的关键所在。一方面要充分了解本国家或地区学习者的学习特点和需求，随着中文学习者队伍的日益壮大，学习者的个体因素也更为多样和复杂，有着不同的文化背景、知识水平、学习动机、学习需求等，教材编写要以学习者的学习需求为导向，增强教材的适用性和实用性。此外，中华文化与当地文化的关系也是不容忽视的，要促进中华文化与当地文化、古代文化与现当代文化、活的文化与静态文化的融合发展，灵活处理好不同文化的关系，才能编写真正的适合当地学生的本土化教材。另一方面，要完善中外方的合作机制，充分发挥双方了解本国文化、学生特点的优势，合作开发与编写与当地匹配度高的中文教材。

最后，大力推进中文课程的本土化建设，提高中文课程的本土化适配度。一方面要充分调查和了解当地学习者的学习兴趣和学习需求，开发多样化的中文课程，满足学生个体多元发展的需要。另一方面，课程体系和大纲要与当地语言评估标准相融合，虽有越来越多的国际中文教育机构纳入所在国的国民教育体系，但仍存在课程体系与当地语言评估标准未有效对接的问题，促进中文课程与本土的课程等级标准、语言评估的对接与融合依然任重道远。同时，课程内容要融入、贴合当地的文化，促进课程内容与所在国语言、文化的融合，在文化交流互鉴中减少意识形态的冲突，提高中文课程的可理解性和可接受度。

除了上述教师、教材、课程的本土化建设外，还应重视教学方法的本土化。国际中文教育的各类机构应与时俱进，推进教学方法的本土化，用当地人喜闻乐见、易于接受的话语体系阐释中文知识和传播中华文化，减少所在国意识形态的束缚和阻力。

3. 国际中文教育机构与主流教育体系的融合

国际中文教育进入由高速发展转向高质量发展的关键期，推动国际中文教育与当地主流教育体系的融合，实现国际中文教育标准与当地教育标准的有效对接，助力国际中文教育的融合发展。首先，大中小学纳入所在国的国民教育体系，开设的中文课程融入国家课程体系或考试体系取得可喜成绩。截至 2020 年 12 月，全球有 70 个国家将中文纳入国民教育体系，中国以外正在学习中文的人数约 2500 万，“十三五”期间全球参加 HSK（中文水平考试）、YCT（中小学中文考试）等中文水平考试的人数达 4000 万人次，[①]中文的价值被越来越多的国家看到，也是国际中文教育机构将中文教学与当地教育体系融合发展的阶段成果。其次，随着更多的非华裔学生进入华校学习，华校影响力的扩大必将助力华校融入当地教育体系中。[②]最后，孔子学院/课堂要继续充分发挥作为展现中国语言文化平台的优势，让所在国民众了解中国语言文化，成为中文教学机构融入所在国主流教育体系的强力支撑。

（二）创新驱动

创新是发展的动力，也是应对不确定性的有效手段。新时期，国际中文教育机构应顺势而为、把握机遇，补齐短板，完善体制机制，建立更加开放包容、多元立体的国际中文教育创新实践体系，创新治理体系，创新发展模式，创新教育技术，以实现国际中文教育事业的健康、长远发展。

1. 创新发展模式，塑造新发展格局

（1）大力推进“中文+”新发展模式，推动中文教育与职业教育创新发展。随着“一带一路”建设的推进和“人类命运共同体”理念的提出，中文的价值日益凸显，不同行业对中文的需求也与日俱增。单一的中文语言教学已不能满足学习者多样化、个性化、差异化的学习需求，必须将中文语

---

① 《中华人民共和国教育部介绍“十三五”期间教育对外开放工作情况新闻发布》，http://www.moe.gov.cn/fbh/live/2020/52834/。

② 李宝贵、吴晓文：《中文纳入东南亚国家国民教育体系动因机制与推进策略》，《辽宁大学学报》（哲学社会科学版）2021 年第 1 期。

言知识、文化知识、旅游、医学、铁路、法律等内容融合到中文教学中，开发与建设内容丰富多样的课程。需求驱动下的“中文+”发展模式应运而生，目前“中文+”课程已经涵盖铁路、经贸、旅游、医学、法律等多个领域，为“一带一路”沿线国家培养了大量急需人才，实现了中文教育与技能教育的融合创新和协同发展。除此之外，线上与线下教学、全日制、半日制、周末制、夜校补习班、社会教育等新形式也应运而生，呈现多样化的办学形式与发展模式。

目前，“中文+”发展模式仍存在一些问题，如“中文+”教育针对性和特色不明显，未充分调研市场对“中文+”人才的需求，培养的人才与市场需求有偏差。① 为此，国际中文教育机构应充分调研市场对“中文+”人才的需求，以中文教学为基础、以职业技术教育为特色，促进中文教育与职业教育的有效整合、深度融合，加强“中文+”人才培养的标准与教学资源建设，注重产教研融合发展，培养高质量的“中文+”复合型人才，增加人才有效供给，为“一带一路”建设的推进添砖加瓦。

（2）打造线上和线下教学相结合的新业态。新冠疫情是国际中文教育机构教学模式改革的催化剂，迎来了线上教学、远程教学的新模式。在后疫情时代，线上教学、线下教学、混合式教学呈现齐头并进、协力发展的新局面。未来也将是多种教学模式融合发展、合作共赢的趋势，国际中文教育机构应该创新教学理念、整合教学资源、攻克技术壁垒，在师资队伍建设、教学资源研发、教学方法及评估等方面进行创新和探索，提高国际中文教育事业主体的危机应对能力，开创国际中文教育的数字化、本土化、国际化、智能化的新发展范式。

2. 创新教育技术，大力发展智能化中文教育

科技的突飞猛进给国际中文教育机构的发展带来新机遇，开始借助“互联网+”、大数据、云计算、人工智能等先进的信息科学技术，大力发展现

① 王春辉：《历史大变局下的国际中文教育——语言与国家治理的视角》，《云南师范大学学报》（哲学社会科学版）2021 年第 2 期。

代智慧教育、远程教育，实现教育与技术的深度融合。同时，新冠疫情加速了教育技术与国际中文教育的融合发展。技术与国际中文教育的结合深刻影响着国际中文教育的现代化进程，国际中文教育模式也发生重要调整与变革，“由传统的线下教学模式向线下与线上教学相结合的智慧教育转变”，[①]进入线上线下融合发展的新业态，重塑着全球中文教育的生态环境。

目前，教育技术与国际中文教育领域的结合已取得一定实践成果：一是加强对教师的信息化技能培训，提高教师的信息化素养与转化为教学实践的能力，充分利用融媒体、短视频、H5 交互界面等丰富的课堂形式，提高教学能力和教学质量；二是充分利用大数据强大的统计、精准分析功能，在充分了解个体不同的学习动机、学习风格、学习策略、中文水平、语言学能等因素的基础上，实现“一人一课”的差异化、精准化课程推荐与教学；三是加强教学平台的建设，当前教学平台还存在一些技术壁垒与隔阂，只有以共商共建共享的原则建设集各种优势于一身的强大的网络教学平台，提高国际中文教育事业应对疫情的能力，才能实现线上线下教育相融合，扩大国际中文教育的传播力和影响力；四是加强数字化教学资源的建设，国际中文教育机构充分利用信息技术的强大力量，建立共商共建共享的、全面的数字化教学资源库和智库，为国际中文教学提供强大的支持，开发出丰富的慕课、微课等数字化教学资源，此外还有中文联盟等教学平台的建设，以及中文电子词典、口语练习等软件的开发，成为适应国际中文教学网络化、智能化、混合化的必然要求。

总体来说，教育技术与中文教育的融合仍处于初级阶段，未来国际中文教育机构还需持续探索创新，借助人工智能、大数据、虚拟现实等技术，在资源建设、教学模式、教学环境等方面进行升级再造，助推国际中文教学资源的开发与建设，以及教学方法和手段的创新、教学平台的开发与维护等，

---

① 李宝贵、刘家宁：《新时代国际中文教育的转型向度、现实挑战及因应对策》，《世界汉语教学》2021 年第 1 期。

提高国际中文教育的数字化、智能化、现代化水平。

3. 深化改革，创新国际中文教育治理体系

2020 年，“中国国际教育基金会”和“中外语言交流合作中心”两大机构的设立，标志着国际中文教育迎来调整与改革。国际中文教育办学主体淡化了官办色彩，使其向着更加民间化、市场化、专业化方向发展。但目前依然面临运行机制不健全、资源分配不合理等问题。因此，要全面深化改革，构建高水平的国际中文教育治理体系。首先，创新国际中文教育机构运营机制和管理模式。明确不同类别中文教育机构的角色和功能定位，进一步完善国际中文教育机构运营管理机制。合理规划布局，优化国际中文教育资源的配置机制，激发各类主体的发展活力，鼓励社会培训机构、社会组织等更多的主体参与国际中文教育事业，形成多元主体相互配合、协同发力的新格局，推动国际中文教育实现民间化、专业化、市场化发展。积极推进孔子学院转制，把新时代国际中文教育改革与发展引向深入。其次，建立健全国际中文教育质量监督机制。质量是国际中文教育机构的核心竞争力，加强质量监督评估体系、做好顶层设计与规划，形成可观察、可量化、可比较、可评估的工作机制，确保各中文教育机构运营和管理的透明度，有效提升国际中文教育的办学质量。最后，规范国际中文教育机构的准入标准和退出机制。每年定期对相关的国际中文教育机构进行专项检查考核，通过优胜劣汰实现教育资源配置优化，切实保障各机构民间化、市场化运作，进而有效推进国际中文教育水平不断提升。①

四　小结

奈特在《风险、不确定性和利润》一书中对风险和不确定性进行了区分②，吉登斯也将不确定性问题分解为风险性与机遇性③，他们一致认为不

① 李宝贵、刘家宁：《新时代国际中文教育的转型向度、现实挑战及因应对策》，《世界汉语教学》2021 年第 1 期。

② 奈特：《风险、不确定性和利润》，王宇等译，中国人民大学出版社，2015。

③ Giddens, *The Consequences of Modernity* (Cambridge: Polity Press, 1990).

图书在版编目（CIP）数据

国际中文教育研究报告 . 2021-2022 / 王彦伟主编
. --北京：社会科学文献出版社，2023. 11
（国际中文教育研究丛书）
ISBN 978-7-5228-2009-5

Ⅰ. ①国… Ⅱ. ①王… Ⅲ. ①汉语-对外汉语教学-教学研究-研究报告-2021-2022 Ⅳ. ①H195. 3

中国国家版本馆 CIP 数据核字（2023）第 113000 号

国际中文教育研究丛书
国际中文教育研究报告（2021~2022）

主　　编 / 王彦伟

出 版 人 / 冀祥德
组稿编辑 / 邓泳红
责任编辑 / 张　超
文稿编辑 / 秦　丹
责任印制 / 王京美

出　　版 / 社会科学文献出版社 · 皮书出版分社（010）59367127
地址：北京市北三环中路甲 29 号院华龙大厦　邮编：100029
网址：www. ssap. com. cn
发　　行 / 社会科学文献出版社（010）59367028
印　　装 / 三河市龙林印务有限公司

规　　格 / 开 本：787mm× 1092mm　1/16
印 张：17. 25　字 数：263 千字
版　　次 / 2023 年 11 月第 1 版　2023 年 11 月第 1 次印刷
书　　号 / ISBN 978-7-5228-2009-5
定　　价 / 98. 00 元

读者服务电话：4008918866

确定性不同于风险，可以出现获利的机会，同时人们在现代社会必须善于应对不确定性，即要善于在风险与机遇之间达成某种平衡。在国际中文教育大转型、大调整的背景下，国际中文教育事业面临诸多不确定性，对风险和机遇的思考和梳理有助于把握国际中文教育事业转型的关键期，探寻国际中文教育事业的发展路径，在制度设计和经验实践方面充分做好应对国际中文教育发展新态势的准备，制度规划层面从宏观和微观角度分别开展一体化和精细化设计，经验实践层面以融合发展和创新驱动增强发展活力与韧性，并以此推动国际中文教育事业实现大跨越，成为构建人类命运共同体和“一带一路”倡议的积极参与者和坚定实践者。